과정중심
평가로
대학 간다 <u>1</u>

과정중심
평가로
대학 간다 1

초판발행 2018년 1월 2일
초판 2쇄 2020년 2월 10일

지은이 박종석 외
펴낸이 채종준
기 획 이강임
편 집 이강임
디자인 김정연
마케팅 송대호

펴낸곳 한국학술정보(주)
주소 경기도 파주시 회동길 230 (문발동)
전화 031 908 3181(대표)
팩스 031 908 3189
홈페이지 http://ebook.kstudy.com
E-mail 출판사업부 publish@kstudy.com
등록 제일산−115호(2000. 6. 19)

ISBN 978-89-268-8186-6 13370

과정중심 평가로 대학 간다 1

박종석 김재국 류형철 이동훈 이민규 유진곤 이호승
김봉호 송동연 박주옥 조옥선 지음

—

과정중심평가 어떻게 가르치고 평가하지?

우왕좌왕 갈피를 못잡는 교사, 학부모에게
속시원한 해답을 드립니다.

이담
Books

Contents

머리말

이 책은 '과정중심평가'를 통해 학생부에서 'I'만의 세+특을 만들어 목표 대학에 진학을 하려는 방안을 구체적으로 설명했습니다.

한국의 교육 현실은 언제나, 변화무쌍합니다. 교육에 관한한 이 말밖에 더 할 말이 없다고는 하나, 이러한 현실의 급격한 변화를 교육이 수용해야만 하는 것, 또한 현실입니다. 2015개정 교육과정이 2018학년도부터 시작됩니다. 지식 암기 위주에서 탈피하여 학생 개인의 성장과 발달을 중시하는 과정중심평가로 전환되는 시점이기도 합니다. 그래서 교육 중심이 과정중심평가가 주를 이룰 것입니다. 결국 교육과정의 마무리는 평가로 완성된다고 합니다. 그런데 학교 현장에서는 이미 과정중심평가가 학교 단위, 교과 단위별로 오래 전부터 실행되고 있는 것 또한 사실입니다. 다만 용어의 통일성이 없을 뿐이지, 어떤 형태로든 과정중심평가의 한 축이 교과의 평가였음을 부인할 수는 없습니다.

그럼에도 불구하고 2015개정교육과정은 과정중심평가에 무게 중심을 놓은 현실을 외면할 수 없습니다. 그래서 과정중심평가에 대한 공공 교육 기관에서 이미 연구 결과를 전시하거나, 교육청 차원에서 시범과 연구 결과를 내놓거나 진행 중인 곳도 있습니다. 그리고 이미 실행했던 학교 현장의 교사들의 과정중심평가는 개별, 학교 단위이다보니 창의적이기는 하나, 과정중심평가의 기본인 객관성, 타당성을 바탕에 둔 것인지에 대해 진지한 고민을 해 볼 필요성이 있었습니다. 그러나 연구라는 것 자체가 갖는 체계성은 긍정적이기 때문에, 이를 바탕으로 좀더 깊이 진진하게 과정중심평가를 논의하고자 전국의 교과별 담당 교사들이 모여 '과정중심평가 모형과 평가 방안에 대한 고민'을 시작하였습니다.

교육과정 성취기준에 따른 수업- 평가의 연계성은 당연하나, 이를 바탕에 두되, 여기서는 '과정중심평가 모형- 평가(방안)- 'I'만의 세+특 만들기= 목표 대학 진학'에 초점을 맞추었습니다. 그래서 교과목 별로 현장 교사들이 모여, 좀더 창의적이고, 객관성과 타당성을 담보하는 과정중심평가 방안과 평가 채점 기준에 대해 쉽게 이해할 수 있는 내용을 여기에 실었습니다. 이 책은 다음과 같은 내용을 담았습니다.

우선, I 장에서는 과정중심평가를 통해 2015개정교육과정과 4차 산업시대와 연결하여 시대적 요청인 교육 현안에 대한 논의의 장을 열어 놓았습니다. 그리고 과정중심평가와 학생부의 구체적인 기록을 연계하는 방안을 제시했습니다.

Ⅱ장에서는 학종시대의 대학에서 평가하는 학업 역량을 직접적으로 보여주는 과정중심평가와 연결한 'I'만의 세+특 기록 방법과 학종에서 과정중심평가로 변별력을 갖는 방안을 설명하였습니다.

Ⅲ장에서는 과정중심평가 방안에 대한 논의를 정리하였습니다. 좀더 구체적으로 말하면, 1. 국어과 2. 영어과 3. 사회과에서 할 수 있는 과정 중심 모형과 평가[채점] 방안을 구체적으로 설명하면서, 이를 학생부의 'I'만의 세+특을 기록하여 대학 진학에 도움이 되는 방향을 설명하였습니다.

4차 산업혁명 시대에 걸맞는 교육과정과 과정중심평가에 대한 교사들의 고민을 교육 현장에서 공교육을 강화하고, 교사에게는 실제 과정중심평가 모형과 평가 방안을 활용할 수 있고, 더불어 과목별 세부능력 및 특기사항란에 학생 개인의 'I'만의 세+특을 기축하는 구체적인 방법을 제시했기 때문에 자료의 공유를 통해 전국 교사들 간의 교육적 고민을 해결하려고 시도했습니다. 또한 과정중심평가에 대한 학부모의 궁금증과 생소한 평가 방법에 대한 학생들의 고민도 간단하게 해결할 수 있도록 정리하였다는 점에서 이 책의 가치가 있을 것입니다.

2018년 1월 15일
저자 일동

I

과정중심평가를
알아야 대학 갈 수 있다.

1
미래사회
교육의 변화

1) 4차 산업혁명 시대의 도래

우리는 기계화, 전기화, 정보화를 넘어 인공지능(AI)과 사물인터넷(IOT) 및 로봇기술 등 첨단 ICT기술로 대표되는 4차 산업혁명 시대를 눈앞에 두고 있습니다. 독일의 경제학자 클라우스 슈 바프는 4차 산업혁명으로 사회의 변화는 속도나 범위와 깊이, 시스템 충격 측면에서 기하급수적 이고 다면적으로 변하는 것으로 예견하였습니다. 우리의 경제, 기업, 사회에 유례없는 총체적 패 러다임 변화를 유도할 것으로 인식하고 있습니다. 한국전자통신연구원에서도 4차 산업혁명 시 대 기술은 서로 융합되는 특징이 있으며, 그것을 지능화, 가상화, 초연결이라는 메가트렌드로 설 명하였습니다. 이러한 사회적 변화는 인간과 기계, 인간과 인간, 가상과 현실이 서로 공존하며 살아야 함을 의미합니다. 특히 교육이 새로운 시대적 상황을 인식하고 공존의 지혜를 마련해야 할 책무를 져야할 것입니다.

경제협력개발기구 데세코 프로젝트(OECD Defining and Selecting Key Competencies Project)에서는 학생 들에게 미래 핵심 역량을 제시한 바 있습니다. 핵심 역량은 일반적으로 다양한 현상이나 문제를 효율적이고 합리적으로 해결하기 위해 학생에게 요구되는 지식, 기능, 태도의 총체 등을 말합니 다. 프로젝트에서는 핵심 역량을 개인의 성공적인 생활과 행복한 사회를 유지하기 위하여, 삶의 여러 영역에 공통적으로 적용될 뿐 아니라, 누구에게나 중요한 역량으로 설명하였습니다. 그것 은 '자율적으로 행동하는 능력, 도구를 상호작용적으로 활용하는 능력, 사회적 이질 집단에서 상 호작용하는 능력'등으로 분류됩니다.

세부적으로 살펴보면, 자율적으로 행동하는 능력이란 넓은 시각에서 행동하는 능력, 인생의 계획과 개인적인 과제를 설정하고 실행하는 능력, 자신의 권리, 관심, 한계, 욕구를 옹호하고 주장하는 능력입니다. 도구를 상호작용적으로 활용하는 능력이란 언어, 상징, 텍스트를 상호작용하도록 활용하는 능력, 지식과 정보를 상호 작용하도록 활용하는 능력, 기술을 상호 작용하도록 사용하는 능력을 말합니다. 사회적 이질 집단에서 상호작용하는 능력이란 다른 사람들과의 관계를 잘 하는 능력, 협동하는 능력, 갈등을 관리하고 해결하는 능력을 의미하고 있습니다.

2) 미래 핵심 역량을 갖춘 인재 양성

우리나라 교육부도 이러한 시대적 흐름을 인식하고 2015 개정교육과정을 통하여 핵심 역량을 제시하였습니다. 아래 인용문에서 보는 것처럼 학생들이 미래 사회를 살아가는데 있어서 실질적으로 무엇인가를 할 수 있는 능력을 함양하기 위해서 핵심 역량을 제시하였습니다. 핵심 역량은 교과뿐만 아니라 창의적 체험 활동 등 학교생활 전반에서 길러야 할 덕목으로 명시하고 있습니다.

> - 미래 사회를 살아가는 데 필요한 능력 습득이 강조되면서 『2015 개정교육과정』에서는 학생의 삶 속에서 무언가를 할 줄 아는 실질적인 능력을 기를 수 있도록 하기 위해 핵심 역량을 제시하였습니다.
> - 핵심 역량은 교과와 창의적 체험활동, 그리고 학교생활 전반에 걸쳐 길러야 할 능력이며, 특히 교과에는 총론의 역량과 연계하여 교과에 맞는 역량을 제시하고, 교과의 특성에 맞는 교육과정을 운영하도록 하고 있습니다.
>
> 교육부, 〈2015 개정교육과정 안내 브로슈어〉, 2015

핵심 역량은 '자기관리역량, 지식정보처리역량, 창의적 사고역량, 심미적 감성역량, 의사소통역량, 공동체 역량' 등 6가지로 각각 다음과 같이 설명할 수 있습니다. 자기관리역량이란 자아정체성과 자신감을 가지고 자신의 삶과 진로에 필요한 기초 능력과 자질을 갖추어 자기주도적으로 살아갈 수 있는 능력입니다. 지식정보처리 역량은 문제를 합리적으로 해결하기 위하여 다양한 영역의 지식을 축적하고, 처리하여 활용할 수 있는 능력을 말합니다. 창의적 사고 역량이란 폭넓은 기초 지식을 바탕으로 다양한 전문 분야의 지식, 기술, 경험을 융합적으로 활용하여 새로운 것을 창출하는 능력을 의미합니다. 심미적 감성 역량이란 인간에 대한 이해와 문화적 감수성을 바탕으로 삶의 의미와 가치를 발견하고 향유할 수 있는 능력이라 하겠습니다. 의사소통 역량은 다양한 상황에서 자신의 생각과 감정을 효과적으로 표현하고 다른 사람의 의견을 경청하며 존중하는 능력입니다. 공동체 역량이란 지역, 국가, 세계 공동체의 구성원에게 요구되는 가치와 태도를 가지고 공동체 발전에 적극적으로 참여하는 능력에 해당합니다.

2016년 교육과정평가원에서는 이슈페이퍼 「지능정보사회 대비 학교 교육의 방향 탐색」을 발간하였습니다. 이 글에서는 기술 발달에 따른 학교 교육의 변화를 교육 내용의 변화, 교수·학습의 변화, 학교 교육 주체의 변화로 나누었습니다. 교육 내용으로는 역량 중심의 교육 지향, 고등 사고력의 중요성 강조, 교과 통합형 교육과정 및 개인 맞춤형 교육과정 구현을 들었습니다. 교수·학습 부분에서는 개별 학생에 초점을 두고 각 영역의 연계·융합을 중시하는 교수·학습방법이 다양하게 활용될 것으로 보았습니다. 학교 교육 주체의 변화 영역에서는 학생이 학습의 주체가 되고 교사는 학습 지원자의 역할, 학교는 학습을 지원하는 곳으로 변해야 한다는 것입니다.

하지만 우리나라의 4차 산업혁명 시대에 대한 대비가 그리 잘된 것으로 평가받지 못하고 있습니다. 이미 미국, 일본, 중국, 독일 등은 4차 산업혁명 시대라는 새로운 물결의 선두주자로 앞서가고 우리는 세계 25위 수준에 머물고 있다고 합니다. 이러한 상황을 반영하듯 매년 세계 최상위를 자랑하던 우리나라가 2015년 국제학업성취도평가(PISA)에서는 모든 분야에서 3위 안에 들지 못했으며 학업 흥미도는 최하위를 벗어나지 못했습니다.

그 원인은 국제학업성취도평가가 예년과 달리 협업적 문제해결 능력(Collaborative Problem Solving)을 추가하여 측정하였기 때문이라는 분석입니다. 기존의 평가영역인 읽기, 수학적 문제해결 능력, 과학적 문제해결 능력 등에 2명 이상의 학생이 한 팀을 이루어 문제를 해결하는 과정을 함께 평가한 것입니다. 협업적 문제해결 능력은 4차 산업혁명 시대를 맞이하여 어느 시대보다도 중요한 역량이라 할 수 있습니다. 현대는 정보기술의 발달로 인하여 오프라인뿐만 아니라 온라인상에서도 협업하여 과제를 수행해야 하는 경우가 많기 때문입니다.

이러한 조짐은 노벨상 수상 실태에서도 발견됩니다. 노벨상 수상자를 살펴보면 이미 오래 전부터 개인보다는 공동 수상자들이 많아지고 있다는 것을 확인할 수 있습니다. 사회적 구조가 복잡해지고 더불어 해결해야 할 과제가 난해해지다보니 혼자서 해결하기가 벅찬 것입니다. 지난 2009년 국제교육협의회(IEA)에서 실시한 설문에서도 우리나라 중학생의 사회적 상호작용 역량 지표가 최하위로 조사되었습니다. 조사대상국 36개국 중 35위를 기록하여 함께 더불어 사는 능력이 심각하게 저조하다는 것을 확인할 수 있었습니다.

협업적 문제해결 능력은 교수·학습방법과 평가 방법 개선을 통하여 향상시킬 수 있습니다. 학교 현장에 토론수업을 활성화하고 배움과 성장 위주 평가의 일반화를 통하여 학생들의 의사소통 능력이나 공동체 의식이 함양되는 것입니다. 새로운 정부가 들어설 때마다 그러하듯이 학교현장에서의 교육혁신을 주창하고 있긴 하지만 체감도는 그리 높은 편은 아닙니다. 때문에 과거의 개인 중심의 교육관행에서 벗어나 학생, 학부모, 교사로 구성된 교육 3주체의 협업적 역량을 통한 진정한 교육혁신이 필요합니다. 종래의 교실 수업방법을 탈피하고 학교 밖의 세계로 눈을 돌리고 삶과 밀착된 교육과정을 재구성해야 합니다. 이러한 과정에서 4차 산업혁명 시대를 대비하는 미래 핵심 역량을 갖춘 인재를 양성하게 되는 것입니다. 교육 3주체가 함께 어울려 어떻게 공동작품을 만들 것인가를 고민하고 토론하며 해결 방안을 모색해야 할 것입니다.

2
교육 선진국의
학생평가 실태

1) 핀란드의 학생 평가 방법

북유럽 국가의 학생 평가 양상은 우리나라 교육부에서 2018년에 발표할 '2022학년도 대학수학능력시험 개편안'과 무관하지 않습니다. 대학수학능력시험 개편안은 현재 중학교 2학년 학생들부터 적용받게 됩니다. 개편안은 2015 개정교육과정의 문·이과 구분 없이 인문사회·과학기술 기초 소양을 지닌 융·복합형 인재를 양성하겠다는 내용을 토대로 합니다. 이러한 과정을 통해 학생간의 경쟁과 시험 부담을 줄이고 학생들의 미래 핵심 역량 함양을 지원하게 되는 것입니다. 이러한 배경을 지닌 대학수학능력시험 개편안은 소위 교육선진국이라 일컬어지는 북유럽 국가의 평가 방법과 맞닿아 있다 할 수 있습니다. 그것이 북유럽 국가와 우리나라가 역사나 사회문화적 배경이 다른 데도 불구하고 평가 방법을 고찰하는 이유라 하겠습니다.

일반적으로 북유럽 국가란 스칸디나비아 제국 즉, 덴마크, 노르웨이, 스웨덴, 핀란드, 아이슬란드를 말하나 이 책에서는 핀란드와 스웨덴을 중심으로 학생 평가 양상을 살펴보고자 합니다. 여기에 대해서는 이윤미의 「북유럽에서의 교육평가와 선발」을 참고하겠습니다. 핀란드는 국제학업성취도평가(PISA)에서 높은 평가를 받으면서 우리나라에 알려졌습니다. 이후 핀란드 교육과 관련된 서적들이 서점에 깔리면서 관심이 높아졌다고 하겠습니다. 그리고 진보적 교육 성향을 가진 교육감들이 선거에서 대거 당선되면서 그들에 의해 구상된 혁신학교와 함께 널리 퍼졌다고 할 수 있습니다. 핀란드의 교육평가는 교사의 평가자율권을 존중하며 국가교육과정의 목표를 바탕으로 절대평가를 시행하고 있습니다. 초등학교 단계의 저학년에서는 문장평가, 3학년 이상에서는 점수평가를 합니다. 중등과정에서는 교사의 평점을 중요시하며, 9학년 말에 국어, 과학, 외국어 등의 교과 평점을 기록한 최종 성적이 통지됩니다. 최종 성적은 개인이나 학교의 서열을 목적으로 하지 않고 학생 개인의 학업 성취도를 확인하는 용도로 활용합니다. 고등학교 진학은 중학교 성적에 따라 지원할 수 있으며 중학교 과정에서 성적이 저조한 학생은 특별학급에 배정되거나 보충 수업을 받습니다. 이러한 차별적 과정은 저학력 학생들에게 개별 교육으로 학업성취도를 보충하는 기회를 주는데 목적이 있답니다. KBS 스페셜 세계탐구기획 2부작 중 '핀란드의 숨겨진 성공비결'에는 핀란드 전 교육부 장관, 야꼬 이딸라가 등장합니다. 그는 경쟁은 일을 더 빨리 하기 위해서 도움이 될 수 있고, 적당한 경쟁은 나쁘지 않다고 말합니다. 하지만 학교의 근본은 경쟁이 될 수 없으며 그것은 다른 중요한 것들을 압박하고 발견하지 못하게 하기 때문이라는 것입니다.

2016 제주교육 국제심포지엄에는 핀란드 국가교육위원회 교육자문위원인 앤 라사카가 참석하였습니다. 그에 의하면 핀란드는 우리나라의 중간·기말고사 같은 시험 제도는 없으며 다양한 학생 평가 방법을 활용하지만 그것은 교사가 결정한다는 것입니다. 평소 학생들이 배워가는 과정을 중시하는 프레젠테이션 테스트나 토론 등으로 평가합니다. 평가는 학생들과 지속적으로 대화를 나누면서 발전 단계를 체크하는 방법, 지필고사가 외에 다른 방법의 테스트, 포트폴리오 작성 등이 있으며 교사가 선택하여 평가하게 됩니다. 평가는 한두 번으로 끝나는 것이 아니라 학기 중에 수시로 이루어지는 과정중심평가로 진행됩니다.

- 수업방해, 학칙위반, 부정행위시 최대 2시간까지 방과후 잔류 혹은 서면경고
- 위반행위가 심각하거나 1단계 지도 불응시 최대 3개월까지 정학
- 다른 학생이나 학교 시설에 폭력적 행위를 가하거나 수업에 혼란을 줄 우려가 있을 시 등교 정지
- 학교는 정학생을 위한 개인학습 및 교정계획 수립해야 함
- 수업을 방해할 경우 교사는 해당 학생에게 교실을 떠나 별도 장소에 가 있도록 지시할 수 있음
- 숙제를 안 해 올 경우 교사는 방과 후 남아서 최대 1시간까지 하도록 지시할 수 있음
  이윤미, 「북유럽에서의 교육평가와 선발」, 《교육연구와 실천》 제77권, 2011. 141~142쪽

하지만 핀란드 교육의 훈육은 북유럽 국가 중에서 가장 엄격하다는 것을 알 수 있습니다. 인용

문의 설명처럼 법적으로 교사의 훈육권을 보장하는 것은 교사의 훈육권과 학생의 학습권이 대립하는 경우 바람직한 해결방안을 마련하기 위함입니다. 우리나라 학교 현장에서 학생의 인권은 존중되는 것이 마땅하지만 학생의 학습권과 교사의 수업권이 충돌할 경우 해결할 수 있는 방안이 미비한 것이 현실입니다. 핀란드 교육법을 검토하여 우리 학교 현장에 어울리는 구체적 대안을 모색하는 것도 필요하다는 생각을 해봅니다.

특히 핀란드에서는 학생 스스로 자신이 어떤 과정에서 무엇을 배우고 있는지 스스로 점검하는 자기 평가를 평가항목으로 정하여 중요시 여깁니다. 학생 각자가 스스로 잘하는 분야와 못하는 분야를 판단하고 이후 이것에 대한 목표를 세우고 대안을 마련합니다. 교사는 평가 결과를 학생들의 가족에게 지속적으로 전달하며 온라인을 통해서도 학교에서 배운 학습 내용과 어떻게 배웠는지에 대한 보고가 수시로 이루어집니다. 이에 따라 교사와 학부모의 소통이 이루어져 학부모는 학생의 성장과 발달의 협력자로서의 역할을 합니다. 이러한 과정에서 학생의 평가 결과뿐만 아니라 일상적인 소통이 가능해지며 교사의 교육철학까지 전달할 수 있습니다. 그럼으로써 학생, 학부모 교사는 교육공동체로서의 역할을 수행하고 결국은 학생의 전인적 발달을 이루는 것입니다.

핀란드의 교육평가는 교사에 대한 신뢰와 전문성을 바탕으로 평가권을 철저하게 보장합니다. 기초교육에서 학생 평가는 교사의 책임이며 학생들의 학습 능력 평가에 관한 자율성을 가지고 있습니다. 실질적으로 교사가 교수·학습방법과 평가방법 등 모든 것을 결정합니다. 국가에서는 무엇을 어떻게 평가할 것인가에 대한 전체적인 틀만 제공하고 최종적으로 교사가 선택하는 제도를 견지하고 있습니다.

우리나라 고교단계에 해당하는 핀란드의 후기중등 교육과정은 무학년제로 운영되며 학생 개인별 학습계획을 세워서 학습하며 졸업학점을 취득하면 졸업자격을 갖춥니다. 이 과정은 인문교육 과정과 직업교육 과정으로 구분되고 인문계 고등학교와 직업고등학교 비율은 각각 50%를 유지하고 있습니다. 인문계 고등학교를 졸업한 학생들은 대학 진학을 준비하고 직업고등학교 학생들은 직업을 준비하는 과정입니다. 학생들이 대학 진학을 위해 국가가 주관하는 대입자격시험을 통과해야 합니다. 대학은 대입자격시험(40~50%), 본고사(30~40%), 내신(20%)의 성적 등으로 진학합니다. 하지만 대학에 따라 본고사의 비중이 높아 당락 결정의 요인이 됩니다.

핀란드 대입자격 시험은 대학입학자격을 부여하려는 것이 아니라 고교 교육과정의 이수여부를 파악하기 위한 것입니다. 정해진 기간에 합격하지 못하면 불합격한 과목에 대하여 재응시 기회가 주어집니다. 직업고등학교 학생들도 대학이나 폴리텍대학에 진학하는 경우가 있습니다. 그러나 인문고등학교 학생들이 진학하는 대학은 학문과 이론 위주의 공부를 하고 직업고등학교 학생들이 진학하는 대학은 주로 실무와 직업과 관련된 공부를 합니다. 그렇다고 이들 사이의 뚜렷한 사회적 차별이 존재하는 것은 아닙니다. 다만 학생들의 성적과 적성 및 흥미가 그들의 진로를 결정하는데 중요한 요인이 되는 것입니다.

이렇듯 핀란드 학생들이 대학에 진학하기 위해서는 내신 성적뿐만 아니라 우리나라의 수능과 유사한 대학입학자격시험과 각 대학에서 치르는 대학입학시험을 거치는 셈입니다. 이러한 시험의 유형은 모두 주관식이거나 서술형이기 때문에 학생 스스로 계획을 세워 공부하지 않으면 자신이 원하는 대학 학과에 합격을 보장하기가 어렵습니다. 때문에 대학 합격을 위해 사교육을 받거나 몇 년씩 준비를 하는 등 우리나라 학생들보다도 더 많은 공부를 하기도 합니다.

2) 스웨덴의 학생 평가 방법

스웨덴은 초등교육에서부터 고등교육까지 전면 무상교육으로 이루어지고 있습니다. 이는 교육의 기회균등에 기인하며 교육을 사적인 영역으로 보기보다는 사회적 권리이자 공적 자산으로 여기고 있다는 근거가 됩니다. 스웨덴의 교육에서 공식적 성적은 8학년 때 처음으로 공개하고 있으나 공개시기를 6학년으로 앞당겨야 한다는 사회적 여론도 만만치 않습니다. 과목별, 개인별 성적은 존재하나 석차를 산정하지 않는 것을 원칙으로 하고 있습니다. 교사는 국가교육과정 목표에 기반하여 자율적으로 수업을 진행하며 평가기준과 성적을 학교 단위로 협의하여 정하지만 성적 부여는 자율적으로 이루어집니다. 위에서 말한 것처럼 8학년 이후 학기당 1번씩 과목별, 전체 성적표를 작성하여 배부합니다. 과목별 성적표는 과목담당교사들이 작성하고 담임교사는 이를 수합하여 학부모와 학생을 동반하여 협의하는 시간을 마련합니다. 특히 학생들은 잘한 부분, 개선할 부분, 향후 계획 등을 정리한 자기평가서를 작성하여 제출하여야 하는 의무가 있습니다. 이 제도는 앞에서 논의한 핀란드 방식과 매우 흡사합니다.

스웨덴의 교육평가는 우선, 기존의 상대평가가 학생들의 상대적 위치만 알려줄 뿐 질적 평가에 도달할 수 없다는 것을 인식하고 절대평가를 시행하고 있습니다. 학생의 학습권과 교사의 교육과정 자율성과 권한을 강조하여 평가에 대한 신뢰성을 강조하는 편입니다. 그리고 평가의 객관성이나 엄밀성을 유지하기 위하여 평가대상의 행동이나 상태를 수량화하는 양적평가를 지양하고 있습니다. 오히려 학생들의 학습과제나 수행하는 과정이나 결과를 보고 평가는 질적 평가를 강조하고 있습니다.

질적 평가는 서열화나 수량화 중심의 평가에서 탈피하여 학생들의 산출물이나 행동을 있는 그대로 언어적으로 기술합니다. 그럼으로써 교수·학습의 양적인 측면보다는 질적인 측면을 평가하고 그 과정의 개선을 위한 노력을 통해 학생 개개인의 교육적 성장을 돕는 것입니다. 아울러 모든 학생들이 성취기준에 도달할 수 있도록 지원하는 과정의 일부로 운영하고 있습니다. 이들에게 평가는 교수·학습과 밀접한 연관성을 지니며 피드백을 통한 학습동기를 부여하게 됩니다. 배움에서 소외되거나 느린 학생들을 낙인찍기보다는 배려하기 위한 성격이 강합니다. 여기서 단 한 명의 학생도 교육적·사회적 부적응자로 만들지 않겠다는 그들의 각오를 엿볼 수 있습니다.

스웨덴에서는 국가에서 주관하는 시험은 다른 기능을 수행해서는 안 되며 오직 학생들의 학습이나 교사의 교수·학습을 돕기 위해서 시행해야 한다는 입장을 고수합니다. 시험으로 인하여 학교 교육과정이나 교사의 교수·학습 과정이 왜곡되어서도 안 됩니다. 국가시험은 학생들에게 균등한 교육을 보장하고 교사들의 평가를 보조하기 위한 지침 제공 및 공정하고 신뢰성 있는 평가를 지원하기 위해서 시행해야 한다는 것입니다.

대학 진학을 위한 기본 자격으로 의무교육 이후 과정인 후기중등 교육을 마쳐야 하며 토플(TOEFL) 등 국제적으로 승인된 영어 평가 점수를 제시해야 합니다. 수학 점수를 필수적으로 제출해야 하며 지원 학과와 관련된 세부적 조건을 만족시켜야 하는 경우가 많습니다. 대학 입학은 고교 학점에 근거한 석차에 의해 진행되며 지원자가 많을 경우에는 성적을 기준으로 선발 경쟁을 거칩니다. 대학 입학을 위해서 고교 내신 성적을 중요시 하지만 별도로 대입수학능력이나 자격시험을 시행하고 있지는 않습니다.

교육평가란 일반적으로 교육목표가 바르게 설정 되었는지와 목표 달성을 위해 교육 활동 과정의 적절성 여부를 판단하여 교육목표를 성취하였는지를 확인하는 과정을 의미합니다. 평가는 이러한 과정을 통하여 학생들에게 학습결과에 대한 진단과 처방을 제시하여 보충과 심화학습의 방안을 제시합니다. 또 학교 교육과정과 학습 목표 및 교수·학습방법에 대한 개선 정보를 제공하는 것입니다. 지금까지 살펴본 것처럼 핀란드와 스웨덴은 학생 평가의 본질적 목적에 어울리는 평가 방법을 활용하고 있습니다.

핀란드와 스웨덴의 학생 평가는 공통적으로 국가 성취기준에 근거한 절대평가를 실시하고 있습니다. 상대평가를 중심으로 시행되는 우리나라 평가처럼 학생을 극단적인 경쟁으로 내몰지 않습니다. 학생 평가가 상급학교 진학에 목적이 있는 것도 아니며 성취기준에 도달할 수 있도록 끊

임없이 기다려주는 배려와 포용의 성격이 강합니다. 이러한 과정에서 학생의 학습동기가 유발되어 스스로 자신의 장단점을 파악하고 학습을 계획하고 추진해나가는 자기주도학습력을 강화하게 됩니다. 아울러 평가의 주체인 교사의 전문성을 인정하고 신뢰하며 평가권을 보장한다는 공통점을 발견할 수 있었습니다. 그러나 우리나라 교육에서 평가란 학생을 극단적으로 경쟁시킬 뿐만 아니라 교사의 평가권을 불신하는 경향이 매우 강합니다. 평가는 교수·학습을 위해서 존재하기보다는 오직 선발을 위한 도구로 전락하였다 할 수 있습니다. 그나마 다행스러운 것은 2015개정교육 과정과 2018년으로 유예된 대학수학능력시험 개편안이 이러한 한계를 극복하려는 시도를 하고 있다는 점입니다. 이러한 교육평가 방법을 시금석으로 평가에 대한 인식이 변하고 있다는 것은 우리교육의 미래가 희망적이라는 메시지를 전하고 있다 해도 과언이 아닙니다.

3
우리나라 학생평가의 변화와 양상

1) 개정교육과정에서의 학생 평가 방법

2015 개정교육과정은 지식 위주의 암기식 교육을 탈피하여 배움을 즐기는 행복교육으로 전환을 꿈꾸고 있습니다. 핵심개념 원리를 중심으로 학습내용을 적정화하고 학생 중심의 교실수업 개선을 통한 공교육 정상화를 시도합니다. 공교육 정상화로 학생들에게 미래사회에 대비할 수 있는 핵심 역량을 길러주고자 인문·사회·과학·기술에 대한 기초소양교육을 강화하였습니다.

> 미래 사회에는 지식을 많이 습득하는 것 보다 학습한 내용을 바탕으로 새로운 환경과 상황 속에서 선택, 조정, 통합하여 문제를 해결하고 새로운 가치를 생성할 수 있는 창의·융합형 인재가 필요합니다. 지금 우리 교육은 성취도는 높지만 학생들의 흥미와 학습 동기를 효과적으로 이끌어 내지 못하고 있습니다. ...(중략)... 교수·학습 및 평가 방법을 개선하여 교실수업을 혁신하고자 하였습니다. - 토론학습, 협력학습, 탐구학습, 프로젝트 학습 등 교과 특성에 따라 다양한 교수·학습방법을 강화하고 과정중심평가를 확대하여 학생들의 활발한 수업 참여를 유도하였습니다.
>
> 교육부, 〈2015 개정교육과정 안내 브로슈어〉, 2015

2015 개정교육과정의 개정 배경에서 설명하고 있듯이 미래 사회를 살아갈 우리 학생들을 창

의 · 융합형 인재로 육성하는 것이 가장 중요합니다. 그런데 현재와 같은 교수 · 학습이나 평가 방법으로는 이러한 인재를 양성할 수 없습니다. 따라서 교수 · 학습과 평가 방법을 개선하여 학교현장에 새로운 바람을 불어 넣어야 하는 것입니다. 교수 · 학습 부분에서는 학생들의 미래 핵심 역량 강화를 위하여 각 교과의 기초 · 기본 요소들이 체계적이고 지속적으로 학습될 수 있도록 하였습니다.

학교는 학생의 학습 결손이 유발되지 않도록 계획을 세우고 교사와 학생 간, 학생과 학생 간 상호 신뢰와 협력이 가능한 교수 · 학습 환경을 제공해야 합니다. 또 개별 학습 활동과 더불어 소집단 공동 학습 활동을 통하여 협력적으로 문제를 해결할 수 있는 분위기를 만드는 것이 중요합니다. 교과 활동에서는 발표 · 토의활동과 실험, 관찰, 조사, 실측, 수집, 노작, 견학 등의 직접 체험 활동이 충분히 이루어지도록 강조하였습니다. 학교 현장에서 실시되는 교과 수업에서 학생들의 융합적 사고력 함양을 위하여 교과 내나 교과 간의 연계성을 중시합니다. 융합적 사고는 교과의 핵심개념이나 원리를 이해하고 이를 새로운 상황에 적용시킬 수 있는 충분한 기회가 주어질 때 강화됩니다. 특히 학생 참여형 탐구활동을 토대로 학습 내용을 실제적 맥락에서 이해하고 적용합니다. 이러한 과정에서 학생들의 학습동기와 학습의욕을 향상시켜 성취 목표에 도달할 수 있습니다. 평가 영역에서는 학습 후 학생의 일회적 지식 습득 정도나 수행을 측정하기 위한 것에서 벗어나 교육과정 – 수업 – 평가 일체화를 내세웁니다.

가. 평가는 학생의 교육 목표 도달도를 확인하고 교수 · 학습의 질을 개선하는 데에 주안점을 둔다.

1) 학교는 학생에게 평가 결과에 대한 적절한 정보 제공과 추후 지도를 통해 학생이 자신의 학습을 지속적으로 성찰하고 개선할 수 있도록 지도한다.

2) 학생 평가 결과를 활용하여 수업의 질을 지속적으로 개선한다.

나. 학교와 교사는 성취기준에 근거하여 학교에서 중요하게 지도한 내용과 기능을 평가하며 교수 · 학습과 평가 활동이 일관성 있게 이루어지도록 한다.

1) 학생에게 배울 기회를 주지 않은 내용과 기능은 평가하지 않도록 한다.

2) 학습의 결과뿐만 아니라 학습의 과정을 평가하여 모든 학생이 교육 목표에 성공적으로 도달할 수 있도록 한다.

3) 학교는 학생의 인지적 능력과 정의적 능력에 대한 평가가 균형 있게 이루어질 수 있도록

한다.

다. 학교는 교과의 성격과 특성에 적합한 평가 방법을 활용한다.

1) 서술형과 논술형 평가 및 수행평가의 비중을 확대한다.

2) 정의적, 기능적, 창의적인 면이 특히 중시되는 교과는 타당한 평정 기준과 척도에 따라 평
   가를 실시한다.

3) 실험·실습의 평가는 교과목의 성격을 고려하여 합리적인 세부 평가 기준을 마련하여 실
   시한다.

4) 창의적 체험활동은 내용과 특성을 고려하여 평가의 주안점을 학교에서 결정하여 평가한다.

5) 전문교과Ⅱ의 실무 과목은 성취 평가제와 연계하여 내용 요소를 구성하는 능력단위 기준
   으로 평가할 수 있다.

교육부, 「2015 개정교육과정」 총론, 2015

인용한 「2015 개정교육과정」 총론에서 명시하듯이 학교는 다양한 평가 방법을 활용하여 학생의 목표 도달도를 확인하며, 평가 결과를 수업과 학습의 질 개선을 위한 자료로 활용합니다. 이때 학습 결과뿐만 아니라 학습 과정을 평가하여 모든 학생이 교육 목표에 성공적으로 도달할 수 있습니다. 특히 학생의 인지적 능력과 정의적 능력에 대한 평가가 균형 있게 이루어질 수 있도록 하였습니다. 그리고 교과의 특성과 역량을 고려하여 적합한 평가 방법을 활용하되, 서술형과 논술형 평가 및 수행평가 비중을 확대하도록 강조하였습니다. 학생들에게 평가결과에 대한 적절한 정보 제공과 추수지도를 통해 학생들이 자신의 학습을 지속적으로 성찰하고 개선하도록 명시합니다.

각 학년(군)별·교과별 성취기준을 중심으로 학교에서 가르친 내용과 기능을 평가하게 하였습니다. 소수 학생의 변별만을 위해 지나치게 어렵거나 타당도가 결여된 문항을 출제하지 않아야 합니다. 일제식 평가보다는 학교급별·교과별 특성에 적합한 다양한 평가 방식을 도입함으로써 수업 혁신을 유도하고, 선택형 평가보다는 서술형·논술형 평가와 수행평가의 비중을 높이도록 고려하였습니다. 과제물 위주의 수행평가를 지양하고 학생 참여형·협력형 수업의 과정에서 자연스럽게 이루어지는 과정중심의 수행평가 활성화를 지향합니다.

특히 정의적, 기능적, 창의적인 면이 중시되는 교과의 평가는 타당한 평정 기준과 척도에 따라 실시합니다. 실험·실습이 강조되는 평가는 교과목의 성격을 고려하여 합리적인 세부 평가 기준

을 마련하도록 합니다. 학교와 교사는 성취기준에 근거하여 학교에서 지도한 내용과 기능을 평가하고, 학생들에게 배울 기회를 주지 않은 내용과 기능은 평가에서 배제시킵니다.

이러한 평가규정을 정리하면, 2015 개정교육과정은 기존의 결과 중심 평가관과 달리 과정중심평가를 중시하여 평가 패러다임에 확연한 차이가 있습니다. 우선 평가관에서 행동주의적 학습관에 기반한 성취결과 중심의 평가에서 구성주의적 학습관에 기반한 '학습을 위한, 학습으로서의 평가'로 전환하였습니다. 다음으로, 평가목적 및 기능에서 상대적 서열 정보와 총합적 결과 중심 평가에서 성취기준 중심의 학생의 성장과 변화를 진단하는 형식으로 바꾸었습니다. 또, 평가 내용에서는 사물에 대한 새로운 인식과 발견을 중시하는 인식적 영역 중심에서 사물에 대한 개인의 규범이나 실천을 연관시키는 정의적 영역으로 확대하였습니다. 끝으로, 평가방법 및 시기에서 기존의 평가는 수업이 끝나거나 학기말 등 특정시기에 일제식으로 피드백이 부재된 채 시행되는 경우가 많았습니다. 하지만 수업과 평가가 구별 없이 시행되고 과정중심평가 중심의 다양한 평가를 실시하며 즉각적으로 상호작용적 피드백이 이루어지도록 하였습니다.

2) 성취평가제와 절대평가

성취평가제는 2015 개정교육과정과 연계된 절대평가를 표명하는 새로운 평가 방식입니다. 국가 교육과정에 근거한 성취기준을 토대로 교수·학습이 이루어지고, 성취기준에 따라 학생의 학업 성취 정도를 평가합니다. 즉, 각 교과목에서 학생들이 학습을 통해 성취해야 할 지식, 기능, 태도의 특성을 진술한 것으로, 교사가 무엇을 가르치고 평가해야 하는지에 대한 실질적 근거를 명시한 것입니다. 그것은 4차 산업혁명 시대의 창의·인성교육 여건을 조성하여 학생들의 잠재력과 소질을 발현시켜 미래 핵심 역량 강화를 목적으로 하고 있습니다. 성취평가제는 학생들에게 공통과목 이수 후 자신의 적성과 진로에 따라 다양한 과목을 선택해 이수하게 하였습니다. 이를 통하여 학생 간의 과도한 경쟁심으로 유발되는 스트레스를 해소하고, 나눔과 배려의 협력학습을 토대로 다양한 적성과 소질을 개발하고 진로를 선택할 수 있습니다.

성취평가제는 '중등학교 학사관리 선진화 방안'에 기반하여 만들어진 평가방법입니다. 성취기준은 교과를 통해 학생들이 배워야 할 지식과 기능 및 태도로 교과를 통해 배워야 할 지식뿐만 아니라, 그 지식으로 할 수 있어야 할 수행 능력을 나타냅니다. 이는 수업 후 학생들이 할 수 있어야 할, 또는 할 수 있기를 기대하는 능력을 나타내는 도달점입니다. 다시 말하면 교육과정의 학교 현장 적합성과 활용도를 제고하는 차원에서 학생이 무엇을 공부하고 성취해야 하는지, 교사가 무엇을 가르치고 평가해야 하는지에 관한 실질적인 지침입니다. 성취기준은 교과의 내용을 적용하고 문제해결을 하는 수행 능력으로 교과 역량은 성취기준을 통하여 구체화되고 달성하는 것입니다.

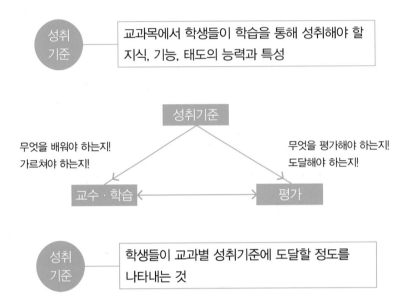

교육과정평가원, 「문답식으로 알아보는 성취평가제」, 2013

위의 성취기준과 성취수준을 재구성한 표에서 보듯이 성취기준을 척도로 하여 학생들의 도달한 수준을 나타내는 것을 성취수준이라 합니다. 각 교과목별로 성취기준에 도달한 정도를 몇 개의 수준으로 구분이 이루어집니다. 그것은 각 수준에 있는 학생들의 지식, 기능, 태도의 특성을 반영하여 설명한 지표를 나타내는 것입니다. 성취기준에 도달한 정도에 따라 기초교과, 탐구교과, 생활교과의 일반 및 심화과목은 A-B-C-D-E로 구분합니다. 그리고 체육, 예술교과의 일반과목은 A-B-C로, 교양교과와 기초교과의 일반과목은 P로 표시합니다. 이는 서술형 평가 및 수행평가 내실화로 평가방법의 질적 혁신을 시도하고 교과별 성취기준과 성취수준을 개발하여, 학교급별. 교과별 특성에 따라 단계적으로 도입하여 시행합니다.

성취평가제는 학생 수준에 적절한 정보를 제공하고 성취 수준에 적합한 다양한 학습을 가능하게 합니다. 진정한 의미의 학업성취 정도를 효과적으로 파악할 수 있어 학생이 무엇을 알고, 무엇을 할 수 있는지에 대해 직접적이고 구체적인 정보를 제공할 수 있습니다. 그것은 교육개선을 위한 실질적인 자료가 되며 학생들이 경쟁을 지양하고 협력을 장려합니다. 성취평가제는 일정한 학업성취 수준에 도달하였는지 여부가 중요하므로 학생의 내적동기를 유발합니다. 학생이 학습자체의 즐거움을 맛보며, 희망한 목표에 도달할 때 성공감과 성취감을 경험하기 때문입니다. 이를 통해 학생들은 자신의 잠재력을 개발하고 소질을 발휘하는데 도움이 됩니다. 그래서 인간의 재능은 교육을 통해 얼마든지 계발할 수 있다는 발달적 교육관에 근거하여 고등정신능력을 배양하기에 적절합니다. 특히 미래 핵심 역량을 함양하는 수업방식을 활성화하여 토론식 수업, 협동학습, 프로젝트 수행 등 다양한 협력적 교수·학습방법이 도입되는 근거를 마련합니다.

> 미국의 어느 학교에 인디언 학생들이 전학을 왔습니다. 어느 날, 시험을 치를 준비하라는 교사의 말에 학생들은 책상 간격을 벌리고, 가리개를 올리는 등 시험을 보기 위해 준비합니다. 그런데, 인디언 아이들은 여느 학생들과 다른 행동을 하여 모두들 어리둥절하게 만들었습니다. 시험을 본다는 얘기를 듣고 이들은 어떤 행동을 했을까요? 핀란드 어느 교실 속 시험을 보는 학생들의 모습입니다. 열심히 시험 문제를 풀고 있는 모습이 우리나라 학생들과 별반 다르지 않습니다. 그런데 한 학생이 아무리 생각을 해도 그 문제를 어떻게 풀어야 할지 모르는 표정입니다.
>
> 참교육원격연수원(http://campus.eduhope.net/)

위 인용문을 살펴보면, 인디언식 평가와 핀란드식 평가가 우리나라의 평가 방법과 다르다는 것을 알 수 있습니다. 미국 학교에 전학을 온 인디언 학생들은 미국 학생들과 다른 태도를 취하고 있습니다. 미국 학생들은 시험을 보기 위하여 책상 간격을 벌리고 가리개를 올리고 있지만 인디언 학생들은 자기들끼리 둘러 앉아 문제를 해결할 대형을 취하고 있었던 것입니다. 인디언의 전통 방식대로 문제가 발생하면 원탁에 둘러 앉아 중지를 모아 해결했던 방법을 따른 것이지요. 인디언 학생들은 문제가 발생하면 서로 협력하면서 해결해야 한다는 방법을 보여 주었던 것입니다.

핀란드 학교에서 시험을 보는 모습에서 열심히 문제를 풀고 있다는 것은 우리와 다르지 않습니다. 하지만 학생이 풀지 못한 문제를 대하는 태도가 우리와 다르다는 것을 알 수 있습니다. 우리나라 학생들이 시험을 볼 때 해결하지 못한 문제가 있어도 시험지를 제출하고 점수가 나오기를 기다리는 것이 일반적입니다. 하지만 핀란드에서는 시험 시간이라 하더라도 교사와 학생이 함께 문제를 해결한다는 차이가 있습니다. 핀란드식 평가 방법은 교사가 학생에게 문제의 정답까지는 알려주지는 않지만 문제해결 방법을 알려준다는 것입니다. 핀란드에서는 모든 학생들이 성취기준에 도달해야 한다는 평가의 본질적 목적을 간과하지 않은 방법을 선택하고 있는 것이지요. 이러한 인디언식과 핀란드식의 평가 방법을 우리나라 잣대로 재단한다면 도저히 용납이 되지 않는 광경일 것입니다.

이형빈은 『교육과정-수업-평가 어떻게 혁신할 것인가』에서 우리나라 사회 수업시간 수행평가 사례를 들면서 인디언식 평가나 핀란드식 평가의 가능성을 예고하고 있습니다. 이 수업 시간을 관찰해 보면, 교사는 이전부터 진행해온 학생들의 학습활동이 끝나자 학생들에게 학습 내용을 이해했는지 확인합니다. 교사는 학생들에게 수행평가를 진행해도 되겠냐고 질문을 한 후에 수업시간에 다룬 학습활동 내용을 변형한 문항의 평가지를 나누어줍니다. 학생들은 약 20분간 각자 문항을 해결하고 답안을 제출합니다. 교사는 답안을 채점하고 바로 학생들에게 피드백을 하였습니다. 대다수 학생들이 정답을 작성했지만 몇몇 학생은 잘못된 답안을 작성한 것입니다. 그러나 교사는 답안을 잘못 작성한 학생의 이름을 부르고 그들에게 다시 도전할 기회를 제공하였습니다. 이름이 불린 학생들은 교사 앞으로 나와 다시 답안을 작성하였고, 교사는 모든 학생이 성취기준에 도달했다고 말합니다.

이러한 과정은 평가가 학습활동과 연계되어 있어서 수업 과정 속에서 피드백을 제공하기에 알맞습니다. 또 학생들에게 재도전의 기회를 주고 함께 성장할 수 있도록 하여 학생 간의 협력적 문화를 일상화 시킬 수 있습니다. 여기서 한 학생도 포기하지 않은 책임교육의 전형을 확인할 수 있습니다. 이처럼 성취평가제는 모든 학생이 성취기준에 도달할 수 있으며, 도달시켜야 한다는 책무성이 바탕이 되는 역동적 평가방법이라 하겠습니다.

비고츠키의 근접 발달 영역(Zone of Proximal Development) 이론에 의하면 협력은 인간적 혹은 교육적인 면보다는 가장 효과적인 학습과정으로써 바람직합니다. 진정한 배움을 혼자 달성할 수 있는 낮은 수준에서 다른 학생이나 교사의 도움을 받을 때 더 높은 수준으로 배움을 끌어올리는 데 있습니다. 그는 협력을 통한 배움의 가능성을 지적하면서 배움은 흉내 내거나 모방하면서 상대방의 생각을 읽어 내면화시키는 것으로 인식하였습니다. 아울러 도덕적 차원이 아닌 '발달'의 차원에서 '협력'을 중시하였으며, 협력은 올바른 발달을 위한 관건이자 과정임을 강조합니다. 또 인간 발달은 사회적 상호작용을 통해 이루어지는 것으로 인식하고 있습니다. 이는 교사 및 성인과의 상호작용 그리고 동료, 또래집단과의 상호작용으로 모두 협력이 중요한 역할을 수행하게 됩니다.

협력학습은 학습과정에서 학생 상호간에 협력하면서 소통하는 과정에서 공동의 목표를 달성할 수 있는 학습방법입니다. 이러한 학습방법은 학생이 중심이 되고 교사는 조력자의 역할을 수행하게 됩니다. 교수·학습에서 중심이 된 학생들은 학생과 학생, 학생과 교사 상호 간의 협력을 통해 지식의 탐구를 넘어서 새로운 지식을 창조해 나갈 수 있습니다. 조력자로서의 교사는 학생들의 문제해결 과정에 적절한 도움을 제공하여 상호작용을 통한 학습목표가 달성될 수 있도록 해야 합니다. 협력학습은 가르침과 배움이 동시에 일어나기 때문에 학생들은 자존감을 회복하고 학습에 대한 흥미를 느낍니다. 그러니 협력학습은 교수·학습방법 개선에 도움이 될 뿐만 아니라 학생들의 창의력과 인성교육에도 바람직한 영향을 미친다고 하겠습니다.

협력학습은 또래집단과의 상호작용 속에서 뒤 처진 학생은 앞선 동료를 통해 효과적으로 도움을 받고, 앞선 학생은 동료와의 관계 속에서 새로 획득한 개념이나 정신기능을 효과적으로 성숙시킬 수 있습니다. 따라서 둘 모두에게 도움이 됩니다. 반면 경쟁적 관계에서는 뒤 처진 학생이 도움을 받을 기회가 없을 뿐 아니라, 앞선 사람도 제대로 소화하고 성숙시킬 기회를 가지지 못합니다. 발달의 차원에서는 둘 모두에 보탬이 안 되는 것입니다. 우리나라 학생들이 엄청난 학습량에 비해 실제적 정신기능, 다시 말해 발달이 떨어지는 핵심적 이유가 바로 여기에 있는 것입니다.

결국 동료와의 협력적 상호작용은 서로에게 보탬이 될 뿐 아니라 발달의 관점에서 본다면 경쟁보다 훨씬 효과적입니다. 핀란드 교육자들은 '경쟁은 교육과 반대되는 개념'이라 하여 협력의 개념을 중시합니다. 이러한 협력학습은 교수·학습의 기본과정이며 이질적 학습 집단으로 구성될 때 효과를 발휘할 수 있습니다. 이처럼 경쟁 중심의 상대적 서열에 의한 평가는 학생의 정확한 성취수준을 파악하기 힘듭니다. 학생의 성취수준에 대한 정보가 부족하여 교수·학습에 대한 피드백이나 학생의 잠재력과 소질을 발현시키기 어렵다는 한계가 있습니다. 따라서 기존의 결과중심 평가를 지양하고 2015 개정교육과정을 고스란히 담아낸 성취평가제가 학교 현장에 일반화해야 합니다. 교육평가는 과거를 위한 잣대가 아니라 미래를 위한 잣대로 자리매김할 필요가 있습니다. 우리나라의 입시위주 교육에서 상대평가가 초래하고 있는 병폐가 심각한 만큼 성취평가제를 통하여 절대평가가 학교현장에 정착되어 모두가 함께 행복한 학교를 만들어야 할 것입니다.

4
과정중심평가로
대학가기

1) 과정중심평가란 무엇인가

우리나라 교육에 조금이라도 관심을 지닌 사람들은 학생 평가가 제대로 이루어지고 있지 않다는 것을 지적합니다. 지금까지 우리나라 학생 평가의 모순점을 한 마디도 표현하면 본말이 전도되었다는 말이 적절합니다. 이 말은 중요한 부분과 중요하지 않은 부분이 뒤바뀌었다는 의미입니다. 여기서 '중요한 부분'이 평가가 학생들의 학습과 교사의 교수·학습방법을 도와주는 역할이라면, '중요하지 않은 부분'은 평가가 학생들을 석차 중심으로 서열을 매겨서 과도한 경쟁을 유발하여 막다른 골목으로 몰아넣는 것이라 할 수 있습니다.

이제 평가의 본질에 대한 반성과 성찰을 통하여 교육공동체의 평가에 대한 인식을 전환시키고 평가 방법의 변화를 모색해야 할 때입니다. 학생 자신은 스스로를 위한, 학부모와 교사는 학생을 돕기 위한 반성과 성찰이 이루어져야 합니다. 기존의 잘못된 평가방법이 대학입시나 학생 개인의 성취에 매몰된 수단으로 활용 되어서는 안 됩니다. 과정중심평가 방법으로 학생에게 미래 핵심 역량을 길러 그들이 우리의 미래를 짊어질 수 있는 올곧은 인재로서의 역할을 수행할 수 있도록 해야 합니다.

위에서 지적한 것처럼 교수·학습방법 개선과 더불어 학습 평가방법 개선에 대한 교육공동체의 목소리가 높아지고 있습니다. 2015 개정교육과정에서도 평가의 중요성을 인식하고, 평가 항목을 신설하여 의미 있는 학습경험이 평가를 통해 학생들에게 제공될 수 있도록 하였다는 것을 위에서 확인하였습니다. 이는 기존의 학습 결과 중심의 평가 방법에서 벗어나 학습 과정을 평가하여 모든 학생들이 교육목표에 도달할 수 있도록 하는데 목적이 있는 것입니다.

과정중심평가는 '과정형 수행평가, 행복성장평가, 성장중심평가, 성장평가, 기본학습능력평가' 등으로 혼용되나 교육과정-수업-평가 일체화의 개념으로 볼 때 '과정중심평가'가 적절합니다. 그것은 교육과정의 성취기준에 기반한 평가 계획에 따라 교수·학습 과정에서 학생의 변화와 성장에 대한 자료를 다각도로 수집하여 적절한 피드백을 제공하는 평가로 정의할 수 있습니다. 과정중심평가는 교수·학습 과정에서 이루어지기 때문에 학생들의 사전 지식을 이끌어 내고 잘못된 개념을 점검할 수 있습니다. 궁극적으로 간단한 지식 습득을 비롯하여 점진적으로 심화된 사고를 요구하는 과제를 수행할 수 있도록 안내합니다. 또한 학생의 인지적, 정의적, 심동적 영역에 대하여 균형 있게 진행하며, 교사 중심에서 벗어나 학생을 중심으로 하는 평가 방법이라할 수 있습니다.

교수·학습과정 중에서 교사보다는 학생 간의 상호작용이나 사고 및 행동의 변화 등을 모색합니다. 그래서 과정중심평가는 결과 중심의 평가와는 거리가 있는 학생 개개인의 성장과 발달을 돕는 평가 방법입니다. 교육과정의 일부인 평가가 학생의 성장과 발달을 돕기 위해서는 학교별로 특정한 시기에 진행되는 집단적이며 총괄적 평가 방법에서 벗어나야 합니다. 그래야 교사별 평가가 가능해져 평가의 시기나 횟수 및 방법 등을 계획하여 과정중심평가를 실시하기가 용이해 집니다. 교사별 평가가 가능해지면 교수·학습의 변화로 이어져 결국은 학교 변화를 일구어 냅니다.

기본 방향	- 교수·학습을 극대화하기 위한 평가 - 정보 수집을 위한 도구 및 과정으로의 평가 - 학습 전략 및 교수법 교정을 위한 평가 - 교수·학습과 평가가 연계된 순환적 구조에서의 평가		
평가관	- 학습에 대한 평가 - 결과 중시	⇨	- 학습을 위한 평가 - 학습으로서의 평가 - 과정 중시
평가방법	- 지필평가 중심 - 구조화된 문항 형식 위주 - 정기평가 - 교사가 주로 평가	⇨	- 지필평가, 수행평가 등 다양한 방법 적용 - 구조화, 비구조화된 방식 혼용 - 수시평가 - 교사, 학습자, 동료 등 평가 주체의 다양화

평가내용	- 단편적 지식 및 기능 - 인지적 성취영역 위주	⇨	- 통합적 지식 및 기능 - 핵심 역량(competency)에 대한 평가 - 인지적 · 정의적 특성 영역
평가결과 보고 및 활용	- 상대적 서열 정보 중심 - 피드백의 부재	⇨	-성취기준 및 내용에 근거한 결과보고 -즉각적이며 수시적인 피드백

전경희, 「과정중심평가의 방향과 과제」, 한국교육개발원 이슈페이퍼, 2016, 16쪽

표에서 보듯이 과정중심평가는 교수 · 학습을 극대화하고, 정보 수집을 위한 도구 및 과정으로서의 평가 방법입니다. 또 학습 전략과 교정 및 교수 · 학습과 평가가 연계된 순환적 구조의 의미를 지닌 평가라 할 수 있습니다. 수업시간에 수시로 진행되어 학습 과정을 중시하는 '학습을 위한 평가요, 학습으로서의 평가'라 하겠습니다. 과정중심평가는 통합적 지식과 기능 그리고 핵심 역량에 대한 평가 및 인지적 · 정의적 · 심동적 영역을 평가합니다. 이러한 평가 결과는 성취기준 및 내용 준거에 의하여 보고하고, 즉각적이고 수시적인 피드백이 이루어집니다.

피드백은 평가 과정이나 결과를 놓고 학생의 실제 수준과 도달해야 할 목표 사이의 간격을 알려주어 학습과 성장에 도움을 주는데 목적이 있습니다. 그것은 일반적으로 전체학습→소집단→학생 개별의 순서로 진행하며 잘하거나 미비한 부분은 전체나 소집단으로, 특별한 사항은 개별적으로 이루어집니다. 피드백은 배움이 느린 학생뿐만 아니라 빠른 학생 모두를 대상으로 제공해야 합니다. 피드백 형태로는 개별 면담, 서면 등이 있으며 교사가 학생을 대상으로 진행하는 일방향적 형태를 지양하는 것이 좋습니다. 그것보다는 학생과 학부모 및 교사가 함께 하는 쌍방적 형태를 지녀야 하며 학생 성장에 도움을 줄 수 있는 정보를 공유해야 합니다.

2) 교육과정-수업-평가-기록 일체화

과정중심평가는 교육과정 - 수업 - 평가 - 기록의 일체화를 지향하며 내실 있는 수행평가, 일상적인 수시평가, 수업과 연계된 평가, 실생활을 반영한 평가 등으로 구현할 수 있습니다.

첫째, 내실 있는 수행평가는 기존의 교사가 준비한 답지 중에서 학생이 선택하는 방식에서 탈피하여 아는 것과 실제로 할 수 있는 것을 판별할 수 있는 기회를 제공합니다. 즉 구술, 토론, 발표를 하거나 산출물을 만들어내어 학생 스스로 문제를 해결할 수 있도록 하는 방법입니다. 둘째,

일상적인 수시평가를 통하여 수행 과제 중심의 형성평가를 실시하고 학습 결손을 예방하는 차원에서 수시 피드백을 실시합니다. 이러한 평가는 서열이나 경쟁이 목적이 아니기 때문에 교사나 학생들의 부담이 적고 교수·학습 방향과 문제점 파악에 도움을 줍니다. 셋째, 수업과 연계한 평가는 교수·학습과 평가를 밀접하게 연계시키는 평가방법입니다. 이를 통해 프로젝트, 실험, 실습, 토론 등 다양한 수업 방법과 발표, 보고서 작성 등의 평가 방법을 연결시켜 학생 중심의 평가 방법을 진행하는 것입니다. 넷째, 실생활과 연계한 평가는 기존의 암기능력 중심의 평가 방법이 아닌 학교에서 배운 지식과 기능을 사회적 문제해결에 적용할 수 있는지를 평가합니다. 이러한 과정에서 학생 스스로 프로젝트를 계획하고 수행해 나갈 수 있으며 다양한 아이디어를 중심으로 학습활동을 진행할 수 있습니다.

과정중심평가는 교사와 학생, 학부모와 상호작용을 강화하여 학생들의 성장과 발달을 도모합니다. 특히 교사의 교수·학습방법 개선의 자료가 되며 학생들에게 학습 흥미도와 자존감 및 자기주도적 학습 태도를 갖게 합니다. 뿐만 아니라 학생들의 미래 학력이라 할 수 있는 창의성과 문제해결력, 비판적 사고력, 판단력, 정보수집 및 분석과 통합능력 등을 신장시킬 수 있습니다. 그간의 평가 방법은 평가의 본질적 목적을 외면한 평가를 하고 있었던 것은 주지의 사실입니다. 과정중심평가는 결과 중심의 평가를 벗어나 모든 학생들의 성장과 발달을 도울 수 있는 역동적 평가이면서 참 평가로서의 역할을 감당하게 될 것으로 기대할 만합니다.

참 평가는 학습자의 작품이나 활동, 태도, 가치 등을 실제 생활과 관련지어 실시하는 평가를 의미합니다. 그렇기 때문에 평가 상황이 실제 상황과 동일해야 한다는 전제에서 이루어지는 것이 바람직합니다. 평가 내용으로는 학교 밖의 세계에서 부딪힐 수 있는 것으로 질문에 대한 답이 한 가지 이상 되어야 합니다. 문제해결을 위해 집단 활동으로 협업할 수 있으며, 지적공동체의 가치를 반영하는 것을 중시합니다. 아울러 배운 것을 새로운 생활에 적용하도록 할 수 있어야 하며 결과뿐만 아니라 과정도 보여 줄 수 있어야 합니다.

'평가가 교육의 방향을 결정짓는다.'는 말처럼 4차 산업혁명 시대를 담아낼 수 있는 새로운 평가 방법이 모색되어야 한다는 것은 두 말할 필요가 없습니다. 단순한 암기와 수용보다는 지식 간의 네트워크 형성과 융합을 통한 새로운 창조가 필요합니다. 과정중심평가 방법은 기존 결과 중심의 한 줄 세우기식 선발적 평가에서 벗어나 있습니다. 수업 과정과 결과를 통한 성장과 발달을 평가하여 학생이 최선을 다하고 있는가, 얼마나 향상되고 있는가에 평가의 초점을 맞춥니다.

과정중심평가는 궁극적으로 교육과정-수업-평가-일체화의 하나 된 구조 속에서 성장하고 발전합니다. 박승철과 이명섭은 「교육과정, 수업, 평가 운영 실태 및 일체화 방안 연구」에서 교육과정-수업-평가-일체화-기록 일체화를 명료하게 풀어냅니다.

첫째, 교육과정은 국가 교육과정에서 선정한 내용으로 어떻게 효과적인 수업을 진행할 것인가에 대하여 교사가 재구성하는 것입니다. 학생들의 전인적 성장을 위해 지성, 감성, 민주시민성 등 다양한 측면과 지식, 탐구, 실천이 통합되도록 해야 합니다. 교사는 어떻게 학생들에게 배움이 일어나도록 할 것인가에 대한 구체적인 대안을 마련하게 됩니다. 여기에서 모든 학생들이 참여하고 성장할 수 있는지, 교실현장에서 실제로 실현될 수 있는지, 성취기준을 중심으로 구성되어 있는지를 확인합니다. 둘째, 수업은 배움 중심의 철학과 가치가 반영된 학생 중심으로 진행되는 것입니다. 교사는 효과적인 교수·학습방법을 제시하여 학생들이 다양한 학습역량을 발휘할 수 있도록 할 필요가 있습니다. 모든 학생이 교실의 학습공동체에 소속되어 협력적 교실문화를 구축하고 다양한 책상 배치를 하도록 합니다. 여기에서 교육과정을 재구성한 것인지, 성취기준 중심의 수업인지, 지식보다는 이해와 생각을 심어줄 수 있는지, 배움중심수업인지, 계획하고 탐구하고 표현하게 하는 수업인지를 확인해야 합니다. 셋째, 평가는 학생의 전인적 성장을 돕는 과정중심평가입니다. 모든 학생들이 교육목표에 도달할 수 있도록 배움과 성장 중심의 삶이 묻어나는 진정한 평가를 의미합니다. 다양한 준거 기준에 의한 전인적 평가와 선별적 평가보다는 발달적 측면의 평가를 합니다. 여기서는 수업밀착형 평가인지, 관찰, 조사, 게시 등을 통한 평가인지, 정량평가와 정성평가의 조화를 이루었는지 확인이 필요합니다. 넷째, 기록은 학생의 성장과 발달을 중심으로 학생 스스로 목표를 세우고 실천할 수 있도록 학부모와 교사가 함께 작성합니다. 형식에 치우치지 않고 교사의 전문성에 의거하여 함께 고민하고 협의한 흔적이 담겨 있어야 합니다. 기록은 과정 중심적으로 즉시, 자주, 개별적, 구체적, 누적적, 쌍방향적으로 이루어집니다. 여기에서는 개인적 성장에 대한 기록인지, 평소에 관찰과 누가 기록을 통해 기록하고 있는지, 객관적 사실을 구체적 맥락에 의해 기록하고 있는지를 확인해야 합니다.

과정중심평가는 교육과정-수업-평가-기록 일체화로 완성됩니다. 개정교육과정에서 명시한 성취기준을 중심으로 교육과정을 재구성하고 배움 중심의 교수·학습을 실천합니다. 이러한 과정을 관찰하고 평가·기록하여 피드백 자료나 진학자료로 활용하게 됩니다. 과정중심평가는 창의적이고 고차적인 사고력, 문제해결력 중심의 수업과 학교별, 학년별 평가에서 학급별, 교사별 평가로 전환하는 토대가 될 수 있습니다. 또 선다형 문제풀이 중심의 사교육 축소에 기여하며 공교육을 정상화시킵니다. 무엇보다도 학생들의 수업권을 보장하여 한 학생도 교육에서 소외되는 일이 없도록 합니다. 성적으로 학생들을 줄 세우고 통제하는 방식에서 벗어나게 되므로 학생 인권을 존중하는 평가라 하겠습니다.

대학수학능력시험이 점차 학교생활기록부종합전형 중심으로 변하고 있습니다. 대입 논술시험이 폐지되고 수학능력시험도 절대평가로 시행합니다. 수학능력시험이 절대평가로 정착한다는 것은 그야말로 대학에서의 수학능력을 측정하는 역할만 하게 됩니다. 이렇듯 대입수학능력시험의 위세가 약화되고 있는 현실에서 과정중심평가는 학생이 대학가기 위한 기초적 토대가 되는 평가 방법입니다. 학생이 대학을 가기 위해서는 내신 성적과 학생종합생활기록부에 전적으로 의지할 수밖에 없습니다. 이중에서 과정중심평가가 내신 성적과 학생종합생활기록부 작성에 가장 중요한 역할을 합니다.

결국 과정중심평가는 모든 학생들을 학교에서 평등하고 스스로 민주적인 질서를 형성하여 사회 구성원으로서의 요건을 갖추게 합니다. 사회경제적으로 소외되고 배움이 느린 학생들을 끝까지 기다려 주는 배려와 포용의 정신을 아끼지 않습니다. 아울러 학생의 학습권과 교사의 수업과 평가에 대한 권한의 조화를 이루게 합니다. 그렇게 때문에 과정중심평가로 협업적 문제해결력을 신장하고, 학생들의 건전한 성장과 발달을 이룰 수 있도록 교육공동체 모두가 힘을 모아야할 것입니다.

학종의 양쪽 날개는
과정중심평가와 'I'만의 세+특이다

5

학종시대의 대학&
'I'만의 세+특

2018학년도부터 대입 자료의 준거라 할 수 있는 수능 개편안으로 혼란이 가중되는 가운데, 2015개정 교육과정의 또 다른 중심축 역할인 '깃대종'인 과정중심평가가 뜨거운 감자로 떠올랐습니다. 이는 학생부종합전형(이하 '학종')에서 핵심이 되는 학생부 가운데, 과목별 세부능력 및 특기사항(이하 '세+특')과 직결되는 부분입니다. 이 부분을 과정중심평가(이하 '과중평')를 통해 학생의 지적 호기심과 지적 성취, 학업역량, 또한 학생의 개인의 잠재능력과 협력이라는 인성까지 평가받기 위해서는 'I'만의 세+특을 기록해야 합니다. 학종에서 선발의 중요한 지표 중 하나는 학생부에 기록된 'I'만의 세+특입니다.

주지하다시피 소위 '학종'은 2018년 이후, 지속적으로 증가하고 있습니다. 특히 학종에서는 비교과 활동과 함께 과목별 세부특기사항의 기록을 통해 학생의 학업 능력, 지적 호기심, 지적인 성취, 그리고 협력적 문제해결 능력을 평가합니다. 우선 대교협에서 밝힌 학종의 선발 인원에 대해 알아봅시다.

[표-1]

구분	수시모집		정시모집		계(명)
	모집인원(명)	비율(%)	모집인원(명)	비율(%)	
2019학년도	265,862	76.2	82,972	23.8	348,834
2018학년도	259,673	73.7	92,652	26.3	352,325

| 2017학년도 | 248,669 | 69.9 | 107,076 | 30.1 | 955,745 |

[표-2]

구분	전형유형	2019학년도	2018학년도	2017학년도
수시	학생부(교과)	144,340명(41.4%)	140,935명(40.0%)	141,292명(39.7%)
	학생부(종합)	84,764명(24.3%)	83,231명(23.6%)	72,101명(20.3%)
정시	학생부(교과)	332명(0.1%)	491명(0.1%)	437명(0.1%)
	학생부(종합)	445명(0.1%)	435명(0.1%)	671명(0.2%)
합계		229,881명(65.9%)	225,092명(63.9%)	214,501명(60.3%)

[표-3]을 대교협에 발표한 자료로, 수시 비율이 2017학년도부터 69.9% → 2018학년도 73.3%, 2019학년도는 76.2%로 점차 확대되어 가는 것을 볼 수 있습니다. 그리고 학종 역시 2017학년도부터 20.3%, 23.6%, 24.3%로 증가 추세입니다. 이로 볼 때 학종에서 학생부의 중요성이 강조됩니다. 과정중심평가는 특히 수업 과정에서 평가하는 방식이기 때문에 학생의 성장과 발달을 확인할 수 있다는 점에서 학생만의 특기사항을 기록해야 합니다.

그럼, 대개의 대학에서 평가하는 학생부의 핵심요소를 한번 봅시다. 도대체 무엇을 평가의 핵심 요소로 보는지 [표-3]을 통해 알아둘 필요가 있습니다.

[표-3]

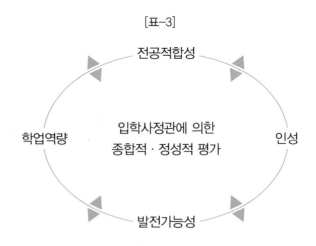

전공적합성

학업역량　　입학사정관에 의한 종합적 · 정성적 평가　　인성

발전가능성

[표-3]은 대부분의 대학에서 자기소개서를 평가하는 지표입니다. 물론 대학마다 조금씩은 다르다고는 하나, [표-3]처럼 평가지표는 대동소이하다고 대학당국은 말하고 있습니다. 평가 항목은 1. 학업역량, 2. 전공적합성, 3. 인성, 4. 발전가능성 등이 학생부와 연결해서 평가합니다. 즉, 학생부의 세+특을 위와 같은 평가요소를 반영하여 기록하면 대학평가자들에게 좋은 평가를 받을 수 있기 때문에 'I'만의 세+특을 기록하는 것이 중요합니다. 한 가지 사례를 들자면[다음 장에서 구체적인 과정중심평가 모형의 설명이 있습니다.], 리더십 토의 모형의 경우, 교사의 주제적 질문에 대해 학생들의 경청 태도, 토의 과정에서 발현되는 배려, 협력의 원칙 등을 깨달으며, 소통을 통한 문제를 해결하는 역량을 배양합니다. 그리고 주제와 관련한 토의 자료를 바탕으로 하여 산출한 결과물에 대한 의견을 표현하는 능력을 기릅니다. 그리고 다른 모둠의 활동을 공유하는 시간을 통해 지식을 확장합니다. 그리고 리더가 갖추어야 할 자질과 인성을 겸비한 미래 인재양성의 평가와 같은 부분을 기록할 수 있습니다. 여기서 진로가 한국의 정치가를 꿈꾸는 학생이라면, 전공적합성, 리더가 갖추어야 할 인성, 발전가능성, 수업 모형 학습 과정을 통해 발휘되는 학습 태도와 학업 역량이 자연스럽게 연결됩니다. 이러한 모형 수업과 평가가 세+특에 기록되면, 평가 지표와 맞물리게 됩니다.

6

과정중심평가로
'I'만의 세+특 기록하기

교육부에서 제시한 '8. 교과학습발달상황'의 '세부능력 및 특기사항'을 통해 과정중심평가가 어떻게 수행되며, 어떻게 학생부에 기록되는지 살펴봅시다.

[예시] 발표 활동에 대한 과정중심평가/ 〈8. 교과학습발달상황, 2학년〉

(과목) 세부능력 및 특기사항
(1학기) 사회: 자료를 조직적으로 분석하는 능력이 뛰어나며 이를 통하여 '**인권과 관련한 사회적 쟁점**' 발표 활동[**과정중심평가 1**]에서 사형제도 존폐 논쟁에 대한 찬성과 반대의 입장을 고르게 자료 수집하였고, 다른 나라의 사례들도 구조적으로 정리를 잘함. 또한 자신의 입장을 분명하게 발표하여 친구들의 박수를 받음. 지역갈등 관련 단원 수업 중 쓰레기 매립장 유치문제를 해결하는 **역할극 놀이**[**과정중심평가 2**]에서 지역대책위원장 역할을 맡아 매립장을 유치할 경우 마을에 나타나는 문제점을 잘 지적해내어 지역주민의 입장을 확실하게 대표해 내는 등 평소 시사문제에 관심이 많아 신문을 꼼꼼하게 숙독하여 주요 내용을 스크랩을 해 놓으며 신문사별 사설을 비교하여 정리함으로써 현실 사회의 주요 이슈들에 대한 균형 있는 태도를 가짐. - 2017학년도 학생생활기록부 기재요령, 193쪽.

위 자료에서는 과정중심평가는 ①발표 활동과 ②역할극 놀이에 대한 학생들의 세+특을 기록했습니다. 이러한 과정중심평가에 대한 학생부의 기록이 대학 평가자들에게 어떤 평가를 받는지를 예측해 보면, 앞으로 과정중심평가를 준비하는데 도움이 될 것입니다.

위의 예에서 (1학기) 사회과에서 발표 활동과 역할극 놀이는 바로 과정중심평가의 모형이기도 하고, 두 가지 과정중심평가를 실행한 교사는 세부능력 및 특기사항을 기록하여, 'I'만의 세+특을 기록합니다.

발표 활동[과정중심평가 1]에서의 'I'만의 세+특은 발표와 관련한 '①자료 수집을 통한 균형 잡힌 가치관 형성의 계기, ②자신의 주관이 뚜렷함에서 역시 가치관 형성'을 보여 주었습니다. ①과 ②를 대학평가자들이 평가항목으로 봅니다. 그리고 역할극 놀이[과정중심평가 2]에서의 'I' 만의 세+특은 ③지역대책위원장 역할을 통한 리더십, ④신문 스크랩을 통한 균형적인 태도라는 인성을 확인할 수 있습니다. 대학평가자들은 사회과 과정중심평가를 통해 학생의 학습 경험을 통한 리더십과 균형감의 가치관을 평가할 수 있습니다.

현행 학생부에서는 위와 같은 과정중심평가와 관련한 세+특의 기록을 볼 수 있습니다. 다만, 이와 같은 과정중심평가의 점수는 나이스에 반영비율[중간, 기말 고사 2회를 반영 , 지필평가 %+ 담당 교사의 재량에 따른 횟수, 과정평가 %]과 점수[100점으로 환산]로 표기하기 때문에, 이를 등급 간의 점수 서열화를 통해 세+특의 의미는 분명하게 달라질 것입니다. 그리고 다양한 방법의 과정중심평가는 평가의 객관성과 신뢰성 뿐만 아니라, 학생 개개인의 성장과 발달을 확인하여 피드백하여 교육과정에서 요구하는 목표 지점을 확인할 수 있도록 하는 계기가 됩니다. 이를 통해 학생 개개인의 잠재 역량을 평가할 수 있습니다.

7

과정중심평가의
'I'만의 세+특 변별력

학종에서는 학생의 내신 점수가 비슷해 교과만으로는 변별력을 확보하기 어렵습니다. 대개 상위권 대학은 내신이 대개 1점대에 있는 경우가 많습니다. 그래서 학생들의 개인 역량을 평가할 수 있는 학종에서 과정중심평가의 'I'만의 세+특이 중요합니다. 이는 학생 개인 심성과 발달에 초점을 맞추는 평가이기 때문에 학생의 개인 역량과 인성을 동시에 평가할 수 있다는 장점이 있습니다. 그리고 과정중심평가는 학생의 융합적 사고 역량을 돋보이게 합니다. 단순하게 한 가지 활동만을 기록하기보다는 하나의 활동을 위해 다양한 과정 활동으로 'I'만의 세+특에 기록되어야 한다는 의미입니다. 가령, 문학 수업에서 과정중심평가로 발표 활동을 할 경우, 주어진 발표 주제에만 자료 조사를 해서 발표하기보다는 주제와 관련한 주변 활동을 매우 구체적으로 하면서, 또한 발표를 위한 협력학습 활동도 과정중심평가의 세+특이 됩니다. 동시에 다양한 자료 검색, 역사적 배경 조사 및 독서 활동을 곁들이는 경우도 'I'만의 세+특에 좋은 보기입니다.

교과 학습발달 상황: 발표 활동 과정중심평가(2학년)

(과목) 세부 능력 및 특기사항
A학생의 경우: 중간고사 성적을 통한 세특 입력 사례 (1학기) 문학: 문학작품의 수용과 생산을 둘러싼 다양한 맥락에 비추어 작품의 내적 요소를 다양하게 해석할 수 있음. 백석의 '수라', 조세희의 '난쟁이가 쏘아올린 작은 공' 등 작품 해석에서 생긴 의문점을 수업 종료 후, 해결하려는 질문이 많았음. 중간고사 및 기말고사 때에는 교과서와 평가문제를 공부하면서 각각 70개, 35개를 질문하는 등 교과 내용 이해에 대한 적극적인 태도를 보임. 백석의 '수라'에 대해 교과서 밖의 심층적인 내용을 이해하고자 1930년대 당시 역사에

관한 자료를 찾아 탐구함.

B학생의 경우: 과정중심평가 활동을 통한 'I'만의 세+특 입력 사례

(1학기) 문학:한국문학의 역사 단원에서 과정중심평가인 '문학 장르 조사, 발표하기'에서 서사, 서정, 극 장르에 대한 갈래별 특징을 정리 발표하였고, 또한 가사문학이 가진 장르적 특징인 교술 문학의 특징을 조사하여 학생들이 한눈에 볼 수 있도록 정리하여, 발표 때 나누어 주었음. 조선시대 문학의 특징과 함께 가사 문학의 대표작가인 송강 정철에 대한 전기적 사실과 함께 역사적인 배경인 동인과 서인의 갈등 속에서 창평 귀양지에서 창작한 속미인곡에 대해 발표함.

'청소년을 위한 고전문학사'를 읽고, 송강 정철과 관련한 자료를 정리, 분석하는 활동을 하였으며, ○○○의 '조선왕조실록'을 읽고 동인과 서인에 대한 지식을 습득하여 정철의 속미인곡을 남녀 애정관과 충신연군지사의 작품 주제를 발표하였고, 또 친구들의 시조와의 관련성에 대한 질문에도 논리정연하게 대답하는 태도를 보임. 그리고 중간고사 시험 때 '수라'시에 대한 멘티의 질문에 자신이 알았던 내용에 답하는 등 배려하는 태도를 보임.

A학생의 경우는 문학 과목에 대한 세부능력 및 특기사항를 기록한 것이라면, B학생의 경우는 과정중심평가를 중심으로 한 'I'만의 세+특을 기록한 내용입니다. B학생의 경우는 문학과 역사적 배경을 통한 융합적 역량을 보여 준 사례입니다. 이러한 사례를 2015개정에서는 더욱 명시적으로 강조하기 때문에 'I'만의 세+특에 부각할 필요성이 있다는 겁니다.

2015개정 교육과정의 핵심 역량인 융합적 사고를 보인 학생의 조사, 발표형 과정중심평가는 조선시대의 역사와 문학의 가사 장르와 대표작품을 연결하는 문제해결 능력과 함께 지적호기심과 열정과 적극성을 볼 수 있습니다.

현행 학생부에서는 과목별 세부 특기사항이 중요하나, 앞으로 과정중심평가는 2015 개정교육과정의 핵심 역량이 돋보이는 세+특이 좋은 평가를 받을 겁니다. 그래서 학생들은 'I'만의 세+특이 기록되도록 과정중심평가 활동을 적극적으로 해야 할 필요가 있는 겁니다. 그럼 구체적으로 대학 평가지표와 과정중심평가, 그리고 세+특 기록과의 연계성을 예를 들어 확인해 봅시다.

대학평가지표	과정중심평가 활동 모형	'I'만의 세+특
학업역량(학습 경험, 학업 노력) 및 학업 태도	국어과(문학): 문학 장르 조사, 발표하기	(1학기) 문학:한국문학의 역사 단원에서 과정중심평가인 '문학 장르 조사, 발표하기'에서 서사, 서정, 극 장르에 대한 갈래별 특징을 정리 발표하였고, 또한 가사문학이 가진 장르적 특징인 교술 문학의 특징을 조사하여 학생들이 한눈에 볼 수 있도록 정리하여, 발표 때 나누어 주었음. 조선시대 문학의 특징과 함께 가사 문학의 대표작가인 송강 정철에 대해 역사적인 배경인 동인과 서인의 갈등 속에서 창평 귀양지에서 창작한 속미인곡에 대해 발표함. '청소년을 위한 고전문학사'를 읽고, 송강과 관련한 자료를 정리, 분석하는 활동을 하였으며, ○○○의 '조선왕조실록'을 읽고 동인과 서인에 대한 지식을 습득하여 정철의 속미인곡을 남녀 애정관과 충신연군지사의 작품 주제를 발표하였고, 또 친구들의 시조와의 관련에 대한 질문에도 논리정연하게 대답하는 태도를 보임. 그리고 중간고사 시험 때 '수라'시에 대한 멘티의 질문에 자신이 알았던 내용에 답하는 등 배려하는 태도를 보임.

　　대개 자기소개서의 1번 항목에서 학업을 위한 노력과 학습 경험에서 학업 역량을 확인합니다. 학업은 주로 교과에 대한 항목이라면 학습 경험은 교과와 비교과 활동을 통해 학생의 학업 역량을 확인합니다. 위의 표는 과정중심평가를 통해 'I'만의 세+특을 기록한 경우입니다. 문학에 대한 교과 성적은 구체적인 내신 대신 등급으로 표기되고, 교과 활동 가운데 과정중심평가인 조사발표 활동[지식정보처리 역량, 의사소통 역량]에서는 독서를 통해 자기주도적인 자료 조사[지식정보처리 역량, 창의적 사고 역량]를 하는 경우와 문학과 역사를 융합한 문제해결 능력[창의적 사고 역량, 융합적 사고 역량]을 보인 학업 역량을 확인할 수 있다는 점입니다. 또한 발표 후, 질문에도 논리정연하게 대응하여 문제[자기관리 역량]를 접근하는 능력 또한 기록하는 것이 중요합니다. 이는 의사소통 역량과 함께 학업 태도에 대한 긍정적인 평가를 받을 수 있기 때문입니다.

III

과정중심평가와
'I'만의 세+특 만들기

교과별로 과정중심평가에서 다루는 내용이 조금씩 다르기 때문에, 그 미묘한 차이점들을 알아가면서 학종에 대비하는 것도 도움이 되리라 생각합니다. 이러한 중요성을 다음 장에서 상세하게 알려 줄 겁니다. 그리고 국어과에서 할 수 있는 과정중심평가 방안도 영어과, 사회과에서도 다룰 수 있습니다. 가령 과정중심평가에서 중요하게 다루는 토론의 경우는, 영어과와 사회과에서도 활용할 수 있는 모형이기 때문에 서로 상호 관계에 있는 모형입니다. 그래서 여기에서는 활용이 가능한 방안만 대별하여 정리하였습니다. 물론 교과마다 교사마다 과정중심평가를 개발하여 시행하는 경우는 얼마든지 가능한 일입니다. 다만 여기에서는 몇 가지 개발 모형만을 소개하는 것입니다.

　　2019학년도부터는 인문사회계열과 과학기술계열을 구분하지 않으나, 계열별, 과목별로 과정중심평가에서는 각각의 특징이 있어, 여기서는 인문사회계열 중 국어과, 영어과, 사회과를 중심으로 활동 모형과 평가 방안을 설명할 겁니다. 물론 이러한 모형은 교과별로 서로 활용이 가능하기 때문에 모형 중심으로 알아두면 좋습니다. 그리고 활동 결과로 세+특을 기록하는 구체적인 예시도 들었습니다. 'I'만의 세+특이 학생의 역량을 돋보이게 해야 학종에서 대학 평가자들의 긍정적인 반응을 끌어내어 목표하는 대학에 다가갈 수 있습니다.

8

문제해결 과정 독서토론 활동 모형
: 시대 분석과 창의성

　2015 개정 국어과 교육과정에서는 국어과 핵심 역량을 비판적 · 창의적 사고력, 자료 · 정보 활용 능력, 의사소통 능력, 공동체 · 대인 관계 능력, 문화 향유 능력, 자기 성찰 · 계발 능력으로 설정하였습니다. 국어 과목은 2009 개정교육과정의 '국어 Ⅰ, 국어 Ⅱ'가 2015개정교육과정에서는 '국어(8단위)' 한 권으로 통합되었으며, 2009 개정교육과정의 '문학, 독서와 문법, 화법과 작문, 고전'이 2015 개정교육과정에서는 '문학, 독서, 화법과 작문, 언어와 매체'로 개편되었습니다. 또한, 진로 선택과목으로 실용국어, 심화국어, 고전 읽기'가 새롭게 만들어졌습니다. 특히 독서 교육 강화를 위해 수업 시간에 한 학기 한 권의 책을 읽고, 생각을 나누고, 쓰는 통합적 독서 활동을 제시하고 있습니다. 이제 국어수업에서도 학생들이 핵심 역량을 향상할 수 있도록 과정중심의 평가가 더욱 활성화될 것입니다. 국어과에서 시행될 수 있는 과정중심평가는 독서토론/토의, 구술/면접, 쓰기, 포트폴리오, 연극/역할극 등이 있습니다. 국어과 과정중심평가 유형별 특징에 대해 살펴보고, 평가를 통해 대입 전형에서 중요한 '깃대'인 학생부의 세+특과 연결해서 작성할 경우, 대학에서 어떤 평가를 받는지를 알아두면 목표 대학에 합격할 수 있을 겁니다.

1) 문제해결 과정 독서토론 과정중심평가

① 문제해결 과정 독서토론 과정중심평가란?

2015개정 교육과정에서는 문제해결력을 강조하고 있습니다. 문제해결력을 기르기 위해서는 비판적·창의적 사고력이 필요합니다. 앞으로 우리 학생들이 살아갈 미래는 예측 불가능한 변화의 시대입니다. 그러므로 우리 학생들이 미래사회를 이끌어갈 인재들로 성장하려면 현실에서 부딪힐 여러 문제들을 해결해 나갈 수 있어야 합니다. 문제해결력을 기르기 위해서는 독서 텍스트를 읽고 현실 사회와 관련된 문제점을 발견하여 '논제'를 만들어 보는 훈련이 필요합니다. 이는 비판적 사고력을 촉진합니다. 다음은 이렇게 제기된 논제(쟁점)에 대해서 토론을 통해 해결책을 제시할 수 있어야 하는데, 이를 통해 창의적 사고를 향상시킬 수 있습니다. 예를 들면 다음과 같이, '독서 텍스트 감상하기 → 문제점 발견하기 → 논제 만들기 → 토론을 통해 해결책을 찾기'와 같은 과정을 거치게 됩니다. 다음은 예시입니다.

'난쟁이가 쏘아올린 작은 공' 독서토론
도시 재개발 추진으로 삶의 터전을 빼앗기고 몰락해 가는 도시 빈민의 삶을 사실주의와 동화적 기법을 적용하여 표현하고 있다.
문제점 발견하기 (독서 내용을 현재 사회 문제와 관련시키기)
요즘도 사회의 이익과 개인의 이익이 충돌하는 경우가 많다. 사드 배치 문제로 성주 주민과 정부 간의 갈등이 심화되고 있는 상황이다. 또한, 노인복지시설이나 장애인 시설 때문에 집값이 떨어지니 우리 동네에는 들어오지 못한다고 반대하는 님비현상이 문제가 되고 있다.
관련 논제 만들기
사회적 발전은 개인의 생존권에 우선할 수 있는가?
토론을 통해 해결책 찾기
현재 우리 사회는 급격한 발전으로 많은 변화를 겪고 있다. 경제 성장으로 국민들의 생활수준은 과거에 비해 월등히 높아졌지만, 도시 재개발 등으로 서민들의 생존권은 여전히 위협받고 있다. 최근에 인권 침해의 대표적 사례로 진상 조사가 다시 시작된 용산 참사는 도시 재개발 과정에서 적절한 보상을 받지 못한 세입자들의 생존권 보장 요구가 주된 원인이 되었다. 1970년대 창작된 '난쟁이가 쏘아 올린 작은 공'에서 도시 빈민들이 당했던 비극이 지금도 반복되고 있는 것이다. 지금 우리나라는 개발도상국에서 선진국으로 진입하고 있다. 국민 소득도 3만 불 시대에 접어들고 있으며 국제 사회에서의 위상도 높아졌다. 따라서 과거와 같은 개발 논리로 서민들의 생존권을 위협하는 일은 없어야 한다. 조금 더 성장하기 위해, 조금 더 편하기 위해 힘없고 가난한 서민들의 생존권을 위협하는 것은 비윤리적인 짓이다. 법원에서 용산의 상가세입자들이 적절한 보상을 못 받고 쫓겨나는 것에 대해 위헌법률제청 결정을 내린 것은 이러한 시대 상황을 반영한 양심적인 판결이었다. 이제 우리 사회는 서민들의 생존권을 중시해야 한다. 다수의 이익을 위해 소수를 고통으로 몰아넣던 전근대적인 사회에서 소수의 생존권을 위해 다수가 고통을 분담할 수 있는 성숙한 사회로 나가야 한다. 이런 배려가 사회의 발전에 일시적으로 장애가 되는 것 같다. 하지만 사회통합에 기여하여 사회를 안정시켜 장기적으로 봤을 땐 사회의 발전에 도움이 될 것이다. 물론 개인도 자신의 절박한 생존권이 아닌 작은 이익을 추구해 사회를 혼란스럽게 해서는 안 되겠다. 사회가 개인을 배려해 주듯이 개인도 사회 전체를 생각하며 자신의 작은 이익에 너무 집착해서는 안 되는

것이다.

토마스 모어가 말했던 것처럼 인간은 유토피아를 꿈꾼다. 유토피아는 다수의 사람이 잘 살기 위해 소수가 고통 받는 사회가 아니다. 그 어떤 사람도 기본적인 삶의 조건이 충족되고 더불어 행복하게 사는 사회가 유토피아일 것이다. 따라서 우리 사회도 힘없는 서민들이 고통 받는 일이 없도록 개발 과정에서 가난한 소작인이나 세입자들을 위해 섬세한 법적 보호 장치를 만들어 주어야 한다.

문제해결 과정 독서토론 과정중심평가란 수업 시간에 배우고 있는 작품 혹은 주어진 도서를 읽고서 문제를 제기하여 여러 사람이 논의하는 과정을 평가하는 것을 말합니다. 다시 말해서 주어진 작품에서 논제를 정하고 여러 사람과의 토론을 통해서 자기 생각의 폭을 넓히고 문제점을 발견하고 해결하는 과정을 평가하는 것을 문제해결 과정 독서토론 과정중심평가라고 볼 수 있습니다. 배움의 과정에 있는 학생들이 세계에 대한 이해의 폭이 좁아 때로는 대상을 주관적으로 해석하기도 하고, 획일적인 잣대로 모든 것을 바라보기도 합니다. 그래서 학생들은 타인과의 협업 속에서 다른 사람의 생각을 공유하고 자신의 사고를 발전적으로 개선하는 것이 더불어 살아가는 사회에 있어서 더없이 필요합니다. 따라서 독서토론을 통해 학생들이 비판적·창의적 사고 역량, 공동체 역량, 의사소통역량 등을 향상하여 우리 사회의 미래를 이끌어갈 인재로 성장할 수 있습니다. 그러므로 2015개정 교육과정에 맞춰 과정중심평가가 주목받는 2018년부터 과정중심 독서토론은 과정중심평가에서 더욱 비중 있게 시행될 것입니다.

② 과정중심평가의 객관성과 공정성 확보 방안

과정중심평가의 객관성을 믿을 수 없다?

과정중심평가를 실시하는 데 있어 학부모님, 학생, 교사들이 걱정하는 것이 객관성과 공정성 문제입니다. 그래서 과정중심평가에서 객관성을 확보하기 위해 평가에 학생을 동참시키려는 노력이 있습니다. 학생들이 자기평가도 하고 모둠평가, 모둠 내 동료평가를 하게 하는 것입니다. 평가에 학생을 동참시킨다는 것은 좋은 시도이며 평가에 있어 이상적인 방안입니다. 하지만 아직 우리 학생들에게는 과정중심평가를 할 만한 전문적인 교육이 되어 있지 않습니다. 선생님들조차 과정중심평가에 대한 전문적인 교육이 이루어지지 못한 것이 현실입니다. 더구나 우리 학생들은 대학교 입시라는 엄청난 부담감이 있는데, 상대평가를 시행하며 학생들에게 친구들을 객관적으로 평가하라는 것 자체가 모순될 수 있습니다. 그러므로 학생들을 평가에 동참시키며 객관성도 확보하기 위해 학생들의 자기평가, 다른 모둠평가, 모둠 내 평가는 수치화되는 정량평가를 하지 않고 평가를 하는 학생의 성실성과 참여도만 평가하는 정성 평가를 실시하는 것이 바람직합니다. 학생들이 자신의 평가 점수가 다른 학생들의 평가 점수에 영향을 미치지 않으면 부담감 없이 공정하고 객관적인 평가를 할 수 있으며, 학생 개개인이 주인 정신을 갖고 몰입하여 흥미진진한 독서토론 과정중심평가 수업을 할 수 있습니다.

모둠 토론 평가 시 유의점

모둠 토론으로 과정중심평가를 하면 발생하는 학생과 학부모의 불만 중 대표적인 것이 바로 모둠 활동의 결과를 개인 평가에 반영하는 것입니다. 본인은 최선을 다했지만 불성실한 다른 모둠원으로 말미암아 좋은 점수를 받지 못하는 것은 어찌 보면 당연히 이해하기 어려울 것입니다. 별로 한 일도 없이 다른 모둠원의 노력으로 좋은 점수를 받는 것도 바람직하진 않습니다. 공동체 역량이 중요하다고 하지만 아직 자라는 청소년으로서 감당하기 어려운 일도 모둠에서 발생할 수 있습니다. 더구나 대학교 수시모집의 비중이 커지며 내신이 중요한 이때 모둠 활동을 개인 점수에 반영하는 것은 매우 신중해야 합니다. 협업능력과 공동체 역량을 기르기 위해 모둠활동이 중요해서 이를 개인 점수에 반영해야 한다면, 학기 초에 학생과 학부모의 공감과 동의를 이끌어 내는 절차가 필요합니다.

③ 문제해결 과정 독서토론 과정중심평가 정복하기

문제해결 과정 독서토론 과정중심평가에서 중요한 것은 채점 기준표를 분명히 분석하고 그에 따른 전략을 수립해야 한다는 것입니다. 채점 기준표는 학기 초에 학생들에게 공개하게 되어 있습니다. 그러나 대부분의 학생은 공개된 채점 기준표는 까맣게 잊고 자신만의 방법으로 과정중심평가를 하는 데 급급한 경우가 많이 있습니다. 하지만 평가는 학생의 기준으로 평가하는 것이 아니라 공개된 채점 기준표에 따라 한다는 것을 명심하고 이에 맞춰 전략을 세워 평가에 임해야 좋은 점수를 받을 수 있습니다. 채점 기준표는 학교 여건과 교사의 관점에 따라 다르지만 그래도 큰 틀에서는 공통된 점들이 많습니다. 문제해결 독서토론 과정중심평가에서 기본적으로 중요한 것은 적극성입니다. 과정중심평가는 학생 개개인의 성장과 발달을 돕는 평가 방법입니다. 따라서 학생이 최선을 다해 토론을 준비하고 열정적으로 토론에 참여한다면 다른 요소가 다소 부족하더라도 채점자에게 좋은 인상을 줄 수 있을 것입니다.

일반적인 채점 기준

첫째, 텍스트 이해도입니다. 독서토론은 일반 토론과 달리 텍스트가 주어진 토론입니다. 그러므로 텍스트로 제시된 문학 작품이나 책에 대한 충분한 이해가 전제되어야 좋은 결과를 얻을 수 있습니다. 그러므로 텍스트를 꼼꼼하게 읽으며 특징을 파악하고 이 텍스트가 나에게 주는 의미를 곱씹어 보고 자신의 관점에서 작품의 의미를 파악해 보아야 합니다. 또한, 텍스트 내용과 관련지을 수 있는 다른 문학 작품이나 책 또는 사회 현상을 찾아 연결해 보는 사고의 확장성을 추구해야 합니다.

둘째, 논제 이해도입니다. 논제와 쟁점을 정확하게 이해해야 합니다. 논제는 독서토론의 주제이고, 쟁점은 자신의 견해가 옳다고 서로 다투는 중심 사항입니다. 예를 들어 논제가 '사회의 발전은 개인의 생존권에 우선할 수 있는가?'라면 '사회의 발전'과 '개인의 생존권'의 의미를 먼저 파악하여 이해하여야 합니다. 그리고 사회와 개인의 이익이 충돌할 때 무엇이 우선인지에 대한 쟁점을 파악하고 이에 대한 자신의 주장을 정립해야 합니다.

셋째, 주장에 대한 논거입니다. 많은 학생들이 독서토론에서 범하는 잘못이 논거 없이 주장만 하거나, 논거보다 주장을 내세우는 것입니다. 독서토론에서는 주장보다 논거가 더 중요하다는 것을 인식하고 주장을 논거로 충분히 뒷받침하여야 하며 논거에 대해 인용 및 출처 등을 명확하게 제시할 수 있어야 합니다.

넷째, 반박의 논리성입니다. 상대방 주장에 대한 반박 없이 자신의 주장만 내세운다든지, 상대방 주장에 대해 반박을 하는데 어려움을 겪는다면 좋은 결과를 얻을 수 없습니다. 또한, 상대방 주장에 대해 반박을 할 때는 반박을 구체적인 자료를 통해 명확하게 할 수 있어야 합니다. 이를 위해서 독서토론 전에 충분한 준비가 필요하며 평소 폭넓은 독서 활동을 하고 다양한 분야에 관심이 있어야 합니다.

다섯째, 논증력입니다. 논증력이란 논리의 일관성 및 체계성입니다. 독서토론을 진행하다 보면 논리적인 일관성을 유지하지 못하고 우왕좌왕하는 학생, 자신의 견해를 체계적으로 제시하지 못하는 학생들이 있습니다. 이래선 독서토론을 이끌어 갈 수 없습니다. 자신의 주장을 일관된 논리로 구조화하여 펼쳐야 합니다.

여섯째, 규칙 준수 및 태도입니다. 독서토론의 규칙을 준수하며, 상대방을 존중하는 태도를 지닐 수 있어야 합니다. 독서토론 과정중심평가는 토론에서 이기는 것을 평가하는 것이 아니라, 독서토론 과정을 통해 규칙을 준수하며 민주적 시민의 자질을 기르고 타인의 의견을 경청하고 수용하는 사회성 등을 평가하는 것이라는 것을 알아야 합니다.

④ 과정중심평가 실제 사례

문제해결 과정 독서토론 과정중심평가는 모든 교과에서 활용할 수 있습니다. 국어과에서는 '국어, 문학, 독서, 고전 읽기' 과목에서 주로 시행할 수 있습니다. 문학 수업 시간에 실제로 이루어지는 독서토론형 과정중심평가를 예로 들어 보겠습니다. 학습 작품은 조세희의 「난쟁이가 쏘아올린 작은 공」입니다. 배움 중심의 수업을 한 후 작품의 내용을 현재 사회 문제와 관련하여 문제점을 발견하고 관련 논제를 만듭니다. 이렇게 만들어진 '사회적 발전은 개인의 생존권에 우선할 수 있는가?'란 논제로 모둠 토론을 실시합니다. 모둠 구성원과 협력하여 정보를 수집하고 협력하며 주어진 논제에 대해 모둠별 토론을 수행하여 비판적 · 창의적 사고를 키울 수 있습니다. 학생 좌석 배치 형태는 찬성 1, 2, 3조와 반대 1, 2, 3조가 서로 얼굴을 마주 보는 모둠 찬반 마주 보기입니다. 찬성 조와 반대 조가 마주 보며 서로 반론을 펼쳐 좀 더 생동감 있고 흥미진진하게 토론을 진행할 수 있습니다. 진행 순서는 반드시 정해진 절차가 있는 것은 아니지만 기본적으로 모둠별 입론 – 모둠별 숙의 – 반론과 재반론 – 모둠별 숙의 – 모둠별 최종 발언의 순으로 진행합니다. 다음은 문제해결 과정 독서토론 과정중심평가의 한 장면입니다.

> A학생: 「난쟁이가 쏘아올린 작은 공」에서처럼 도시 개발이란 명분으로 충분한 보상도 해주지 않고 도시빈민들의 거주지를 철거하는 일은 올바르지 못하다고 생각합니다. 왜냐하면 '2016년 5월 이탈리아 법원은 '굶주린 자가 음식을 훔친 건 죄가 아니다. 생존의 욕구는 소유에 우선한다.'라고 판결하였습니다. 또한, 우리나라에서도 2015년 11월 대법원에서 '대형마트 의무 휴업일 지정 · 영업시간 제한 조치 적법' 판결을 내렸습니다. 이렇듯 우리나라뿐만 아니라 세계적인 흐름도 개인의 생존권을 중시하고 있습니다. 따라서 개인의 생존권은 사회의 발전에 우선할 수 있다고 생각합니다."
>
> B학생: "모든 판례가 그렇지는 않을 것입니다. 실제로 헌법 제23조 2항에 따르면 '재산권 행사는 공공복리에 적합하게'라고 되어 있습니다. 이에 대해서는 어떻게 생각하나요?"
>
> A학생: "헌법 제23조3항에는 재산권은 불가침의 영역이 아니지만, 적당한 보상이 이루어져야 함이 나타나 있습니다. 이는 공공복리에 적합한 재산권 행사를 중시하지만 개인의 최소한의 권리는 인정하는 것입니다"

A학생은 「난쟁이가 쏘아올린 작은 공」의 내용을 충분히 이해한 후 사회와 개인의 이익이 충돌할 경우 개인의 생존권이 우선시 되어야 함을 이탈리아 법원의 판결과 우리나라 대법원의 판

결을 근거로 자신의 주장을 전개하였다. 또한, 헌법 제23조 2항을 근거로 든 반론에 대해 헌법 제23조 3항의 내용으로 차분하고 논리적으로 반박하여 채점 기준인 '텍스트 이해도, 논제 이해도, 주장에 대한 근거, 반박의 논리성, 규칙 준수 및 태도'에서 최고 점수를 받았습니다.

활기찬 토론을 위한 팁

모둠 토론을 할 때 **모둠별 숙의 시간**이 있어야 모둠 내 토의를 통해 자신들의 의견을 정리하고 토론 전략을 세워 열띤 토론을 진행할 수 있습니다. 또한 모든 모둠원들을 토론에 참여하게 하여 한 명의 학생도 소외되지 않는 배움 중심 수업을 실현하고, 민주적 의사소통 능력과 민주시민의 자질을 함양하게 할 수 있습니다.

⑤ 학생들이 겪는 문제 상황과 해결책

너무 떨려서 사람들 앞에서 말을 못 한다?

토론이야말로 가장 공정한 과정중심평가일 수 있습니다. 왜냐하면, 학교 성적이 우수한 학생 중에도 토론에 참여하지 못하고 고개만 숙이고 있는 학생이 있는가 하면, 성적은 좋지 못해도 토론에 자신 있게 참여하여 자신의 의견을 논리적으로 주장하는 학생도 흔히 볼 수 있기 때문입니다. 이는 토론을 잘하기 위해서는 단순히 공부만 잘해선 안 된다는 방증이기도 합니다.

토론에 잘 참여하지 못하는 학생들에게서 흔히 듣는 말이 "선생님, 토론할 때 너무 긴장돼서 말을 못하겠어요.", "토론을 잘 해보려고 자료를 준비해 왔는데 머뭇거리다 보면 다른 친구들이 제가 할 말을 먼저 다해서 저는 할 말도 없어요.", "다른 학생들이 논리적으로 말하는 것을 보면 겁이 나서 기가 죽어요." 등입니다. 이를 종합해 보면 대중 앞에서 말을 하는 것에 공포심을 갖고 있다는 것입니다. 이를 극복하지 못하면 과정중심평가가 대세인 요즘 학교에서 좋은 성적을 거둘 수 없고, 대학교 수시 모집의 전형 요소인 구술·면접을 통과할 수 없으며, 인기가 폭등하고 있는 사관학교 등의 토론 시험에서 좋은 결과를 기대할 수 없습니다. 또한, 발표형 수업이 많아진 대학교 수업과, 기업의 면접시험에서 자신의 역량을 충분히 발휘할 수 없습니다.

자신을 사람들 앞에 반복적으로 '노출'해라!

이에 대한 가장 좋은 해결책은 자신을 반복해서 사람들 앞에 '노출'하는 것입니다. 이때의 노출은 사람들 앞에서 말할 기회를 자주 얻는 것입니다. 토론할 때 떨리더라도, 얼굴이 붉어지더라도, 눈물을 흘리더라도 계속 자기 의견을 말해 보는 것입니다. 한번은 토론할 때 한마디도 제대로 하지 못하고 벌벌 떨며 눈물까지 글썽이던 여학생이 있었습니다. 평소 성실한 모범생이었기에 더 안타까웠습니다. 그래서 부끄러워하며 자책하던 여학생에게 '무대 공포증은 대부분의 사람에게 있으며 오히려 없는 게 비정상적인 것'임을 말해 주고 극복할 방법은 떨리더라도 자신을 대중 앞에 계속 드러내는 것이라고 말해 주었습니다. 그 후 이 여학생은 토론 수업에 더욱 열심히 참여하였고 조금씩 두려움을 극복하여 토론 평가에서 가장 좋은 성적을 거두게 되었습니다. 다른 학생들도 이 학생의 변화를 바라보며 놀라워하였습니다.

학생들이 토론을 부담스러워하는 이유는 토론에서 이겨야 한다는 부담감 때문인 경우도 많이 있습니다. 그래서 요즘은 '비경쟁 독서토론'이 주목을 받고 있기도 합니다. 하지만 찬반 토론에서도 특별히 부담을 가질 필요가 없는 것은 토론형 과정중심평가는 토론에서 이기는 것을 평가하는 것이 아니라, 토론 과정을 통해 준비성, 배경 지식, 발표력, 토론을 이끌어가는 협업능력, 적극성, 타인의 의견을 경청하고 수용하는 사회성, 논리성 등을 평가하는 것이라는 것을 알아야 합니다.

⑥ 'I'만의 세+특 만들어 대학 가기

과정중심평가 활동을 생활기록부에 기록하기

과정중심평가를 할 때 항상 잊지 말아야 할 것이 '과정중심평가 활동'이 구체적으로 생활기록부에 기록되어야 한다는 것입니다. 입학사정관들이 공통적으로 강조하는 것 중의 하나가 학생부종합전형에서 과목별 세부능력 및 특기사항의 기록이 중요하다는 것입니다. 그러므로 학생은 과정중심평가에 적극적으로 참여하고 교사는 학생의 활동을 관찰하고 기록하여 이를 평가에 반영해야 합니다. 또한 자기 평가 기록과 동료 평가 기록도 과목별세부능력특기사항에 반영해 주어야 합니다. 실제 사례에 나타난 학생의 생활기록부 과목별 세부능력 특기사항 기록을 보겠습니다.

[예시] 과목별 세부능력 및 특기사항

(문학) 세부능력 및 특기사항
뫼비우스의 띠를 읽고 '사회의 발전은 개인의 생존권에 우선할 수 있는가?'를 논제로 한 모둠별 토론에 참여함. 모둠장을 맡아 생존권에 대한 정의, 생존권과 사회 발전과 관련된 헌법 조항, 국내·외 판례 등을 찾아 '사회의 발전은 개인의 생존권에 우선할 수 없다.'는 반대 측 주장을 '2016년 5월 이탈리아 법원의 '굶주린 자가 음식을 훔친 건 죄가 아니다. 생존의 욕구는 소유에 우선한다.'는 판결과 2015년 11월 우리나라 대법원의 대형마트 의무 휴업일 지정·영업시간 제한 조치 적법 판결' 등의 사례를 논거로 뒷받침하며 논리적으로 펼쳐 나가 지적탐구역량과 탐구력을 보여줌. 찬성 측의 '헌

법 제23조2항에 따르면 '재산권 행사는 공공복리에 적합하게'라고 되어 있다.'는 반론에 '헌법 제23조3항에는 재산권은 불가침의 영역이 아니지만, 적당한 보상이 이루어져야 함이 나타나 있다. 이는 개인의 최소한의 권리는 인정하는 것이다.' 라며 논리적이고 비판적으로 재반론하여 창의적 문제해결 능력을 보여줌. 모둠별 숙의 과정을 거치며 팀장으로서 어떤 쪽에 초점을 맞추어 토론을 하여야 할지 방향을 제시함. 또한, 다른 친구들이 토론장에서 의견을 말하다 머뭇거릴 때 용기를 가지도록 북돋아주어 조원들이 토론 활동을 적극적으로 할 수 있도록 도와 학급에서 가장 우수한 토론 조로 선정되는 데 크게 기여함. 협력적 문제해결 능력과 리더십이 돋보이며 사회구성원으로서의 기여 가능성이 커 앞날이 기대됨.

학생부종합전형 평가 채점 영역에 따른 해설

학생부종합전형 평가의 채점 영역은 대학마다 용어는 다소 다르지만 크게 보면 학업 능력, 학업 태도, 학업 외 소양으로 나눌 수 있습니다. 다음은 학생부종합전형 평가 채점 영역과 여기에 해당하는 학교생활기록부 내용 예시입니다.

평가 영역	주요 평가 항목	해당 학생부 내용
학업 능력	학업 성적, 학업 역량, 지적 성취, 지적탐구역량, 기초학업능력, 전공학업능력, 탐구력	교과 성취도, 과목별 세부능력 및 특기사항, 교내 수상 등
학업 태도	지적 호기심, 자기주도성, 적극성, 열정, 목표의식, 자기 계발 능력, 창의적 문제해결 능력, 창의 · 융합적 사고	과목별 세부능력 및 특기사항, 독서 활동, 진로 활동 등
학업 외 소양	공동체 의식, 성실성, 봉사정신, 리더십, 협력적 문제해결능력, 사회구성원으로서의 기여가능성, 책임감	자율 활동, 봉사활동, 동아리 활동 등

입학사정관의 학생부종합전형 평가 채점 기준에 따른 해설

과정중심평가 활동을 할 때 할 수 있으면 진로목표에 맞춰 과정중심수행평가에 참여하는 것이 유리합니다. 예를 들어 사회과학 계열로 진출하길 원한다면 논제와 관련 있는 법 조항과 판례, 관련 사회도서 등을 찾아보고 논거로 활용하여 진로희망 학과에 대한 학업 능력과 학업 태도를 보여주어 이를 생활기록부의 과목별 특기사항에 기록될 수 있도록 하는 것이 필요합니다. 이런 활동이 학생부종합전형 서류평가 시 입학사정관들의 '학업 능력, 학업 태도' 영역 평가에서 좋은 점수를 받을 수 있게 합니다. 위의 사례의 경우에도 사회과학 계열로 진학을 희망한 학생이라 전공 관련 적성 및 학업 역량, 자기주도적 학습능력, 적극성, 열정 등이 우수하다는 좋은 평가를 받아 합격한 것으로 보입니다.

학생부종합전형을 대비한 생활기록부 작성 요령

학생들의 돋보이는 '학업 능력'을 보여주는 구체적인 활동을 찾아서 적어 준 후 여기에 해당하는 입학사정관들의 중요 평가 항목인 '학업 역량, 지적 성취, 지적 탐구 역량, 기초 학업 능력, 전공 학업 능력, 탐구력' 등의 용어를 사용해서 평가하며 마무리합니다. 또한 학생들의 두드러진 '학업 태도'에 해당하는 사례를 자세히 적고 여기에 해당하는 입학사정관들의 중요 평가 항목인 '지적 호기심, 자기주도성, 적극성, 열정, 목표 의식, 자기 계발 능력, 창의적 문제해결 능력, 창의 · 융합적 사고' 등의 용어를 사용해서 평가하며 마무리합니다. 그리고 학생들의 칭찬할 만한 '학업 외 소양'을 보여주는 구체적인 모습을 적어주고 여기에 해당하는 입학사정관들의 중요 평가 항목인 '공동체 의식, 성실성, 봉사정신, 리더십, 협력적 문제해결 능력, 사회구성원으로서의 기여가능성, 책임감' 등의 용어를 사용해서 평가하며 마무리합니다. 이렇게 하면 학생부 종합평가의 평가항목을 점검하며 빠짐없이 기재할 수 있고, 입학사정관들이 학생부를 평가할 때 가독성을 높여 줘서 좋은 평가를 받을 수 있습니다.

⑦ 문제해결 과정 독서토론으로 1등급 도전하기

문학과 비문학 독서를 균형 있게

학생들은 문학 작품보다 비문학 독서를 멀리하는 경향이 있습니다. 하지만 문학과 비문학 독서를 균형 있게 해야 사회를 바라보는 안목이 깊어지고 넓어져 자신의 가치관을 세울 수 있습니다. 또한 배경지식을 확장하여 창의적인 논거를 만들어내는 힘을 기를 수 있습니다. 그러므로 학생들이 관심 있는 분야부터 시작해서 인문, 사회, 과학, 예술 등의 비문학 독서를 학년이 올라가며 자신의 진로에 맞춰 심화시켜 간다면, 문제해결 과정 독서토론에서 남과 차별화된 지적 탐구 역량을 보여줄 수 있어 최상위점수를 받을 수 있습니다.

논제의 쟁점을 심층적으로 파악하자

독서토론의 쟁점에는 사회적인 갈등이 있습니다. 이 갈등의 핵심과 역사성을 파악해야 합니다. 예를 들어 '사회의 발전은 개인의 생존권에 우선할 수 있는가?'라는 논제에는 '개인의 이익과 사회적 이익의 충돌'에서 생기는 갈등이 역사적으로 논란이 되어 오고 있음이 함축되어 있습니다. 그러므로 독서토론의 쟁점을 정확히 이해하고 갈등의 핵심과 역사성을 파악해야 하며 갈등 해결을 위한 지금까지의 노력들에 대한 사전 지식과 이해가 있어야 합니다. 이를 바탕으로 자신의 견해를 논리적 제시하면 논제에 대한 통찰력과 논리적 사고력, 합리적 판단력이 돋보여 좋은 결과를 얻을 수 있습니다.

다면적 사고를 보여주자

독서토론에서는 '문제(problem)'거리만 논제로 제시됩니다. 주어진 정답은 없으며 시대와 사회적 환경에 따라 가치판단이 달라질 수 있습니다. 그러므로 극단적인 주장을 피하고 주어진 논제의 의미와 쟁점의 배경이나 연원을 분석하고 그 문제의 영향을 파악한 후. 상대방 주장의 긍정적인 측면도 바라봐 주며 자신의 주장을 일관성 있게 펼쳐나가는 다면적 사고를 보여줘야 합니다. 이를 통해 학생의 생각이 경직되어 있지 않고 여러 측면을 바라보는 유연성 있는 사고와 민주적인 의사소통 능력과 공동체 역량을 갖추고 있음을 보여주어 평가자에게 좋은 인상을 줄 수 있습니다.

⑧ 문제해결 과정 독서토론 과정중심평가 자료

독서토론 과정중심평가를 진행한 예시 자료들입니다. 교사들이 활용할 수 있도록 하고 학부모님의 이해를 돕기 위해 과정중심평가 자료를 덧붙입니다.

독서토론 과정중심평가 교수 · 학습과정안

과정 중심 평가 형태	독서토론					
논제	'사회적 발전은 개인의 생존권에 우선할 수 있는가?'				학생좌석 배치형태	모둠 찬반 마주보기
핵심 역량	자기관리 역량	지식정보 처리 역량	창의적 사고 역량	심미적 감성 역량	의사소통 역량	공동체 역량
			○		○	○

단계	학습 과정	과정중심평가 교수–학습 활동	평가	자료 및 유의점
도입 (5')	• 전시학습 확인 및 보충 • 학습 목표 제시 • 동기 유발	• 전시학습 상기 및 학습 목표 제시 • 멀티미디어 자료 영상 시청 → 영상을 보며 토론할 준비를 한다.		• 멀티미디어자료 • 동기유발에 초점을 둔다.
전개 (40')	• 필수 쟁점을 통한 논증 구성 • 입론하기 • 일차 모둠별 숙의 • 반론하기 • 전체 교차 질의 • 이차 모둠별 숙의 • 최종 발언하기	• 논제에 따라 쟁점을 분석하여 논증을 구성한다. → 논제: 사회적 발전은 개인의 생존권에 우선할 수 있는가? → 주장을 뒷받침하는 논거를 정리한다. • 모둠별 입론을 발표한다. → 모둠별 입론을 경청하고 반론을 준비한다. • 일차 모둠별 숙의하기 → 모둠별 토론 전략을 짜고 토론을 준비한다. • 상대방의 논거에 대해 논리적으로 반론을 제기한다. → 상대방의 주장을 경청하고 예의를 갖춰 논리적으로 반론한다. • 전체 교차 질의를 한다. → 상대방의 의견을 존중해 주며 토론에 임한다. • 이차 모둠별 숙의 → 모둠 의견을 수렴하여 정리한다. • 모둠별 최종 발언하기	모둠 내 평가와 다른 모둠 평가를 준비한다.	• 토론에 적극적으로 참여한다. • 토론의 논거를 선명하게 제시한다. • 토론에서 소외되는 학생이 없도록 한다.
정리 (5')	• 배움 성찰 • 학습내용 정리 및 공유 • 차시예고	• 자기 평가지와 모둠평가지, 수업평가지를 작성한다. • 차시 학습 내용을 파악한다.		

과정중심평가 방법 및 평가 문항

평가방법	토론	평가 도구	관찰평가, 모둠평가, 자기평가, 모둠 내 동료평가
평가과제	'사회의 발전은 개인의 생존권에 우선할 수 있는가?'		
평가관점	논제 파악 능력을 갖추고 설득력 있는 논거를 제시하여 주장하며 발표태도가 올바른가?		

	학생 성취 수준	수준별 피드백 방향
잘함	토론 논제의 필수 쟁점을 도출하여 찬반의 관점으로 분석하여 창의적인 논거를 제시하며 논리적으로 토론할 수 있다.	창의적인 논거 생성을 위해 배경지식 확장 자료를 제시하고 다면적 사고 방법을 안내한다.
보통	토론 논제의 필수 쟁점을 도출하여 중심 내용을 분석하여 토론할 수 있다.	논제 파악 방법과 토론 순서 및 논리적인 논거 제시 방법을 안내한다.
노력 요함	토론 논제의 필수 쟁점을 파악하여 토론에 참여할 수 있다.	토론 방법과 주장, 논거에 대해 설명하고 자신감 있게 토론에 참여할 수 있도록 안내한다.
평가상의 유의점	내용과 형식의 측면에서 평가하며 피드백을 통해 창의적 사고 역량, 의사소통 역량, 공동체 역량 등이 향상될 수 있도록 한다.	

토론 모둠평가지

제시문	난쟁이가 쏘아올린 작은 공 - 조세희
논제	사회적 발전은 개인의 생존권에 우선할 수 있는가?
성취 기준	토론 논제의 필수 쟁점을 분석하여 토론할 수 있다.
학습 목표	1. 토론 논제에 대해 자신의 주장과 논거를 정리할 수 있다. 2. 토론 논제에 대해 논리적으로 토론할 수 있다.

1. 모둠평가지

평가 내용	채점 기준 및 내용			합 계
	민주시민의식	의사소통능력	정보처리 및 활용 능력	
평가 기준	1. 모둠 내 역할 분담이 잘됐 는가? 2. 모둠 내 참여와 협력이 잘 됐는가?	1. 논거와 주장이 설득력이 있 는가? 2. 다른 모둠의 발표를 경청하 며 반론을 논리적으로 제기 하는가?	1. 다양한 정보를 수집하였는 가? 2. 정보를 상황에 맞게 재구성 하여 활용하고 있는가?	
모둠1	3 2 1	3 2 1	3 2 1	
모둠2	3 2 1	3 2 1	3 2 1	
모둠3	3 2 1	3 2 1	3 2 1	
모둠4	3 2 1	3 2 1	3 2 1	
모둠5	3 2 1	3 2 1	3 2 1	

2. 토론 수업을 통해 내적으로 성숙해진 점을 적어보세요

자기평가 및 모둠자체평가

주제	사회적 발전은 개인의 생존권에 우선할 수 있는가?
성취 기준	토론 논제의 필수 쟁점을 도출하여 분석할 수 있다.
학습 목표	1. 토론 논제에 대해 자신의 주장과 논거를 정리할 수 있다. 2. 토론 논제에 대해 논리적으로 토론할 수 있다.

1. 프로젝트 토론을 한 후, 다음 항목에 해당하는 친구의 이름을 쓰고 그 이유를 적어 보세요.

평가 내용	관찰 항목	해당 학생 이름과 그 이유
참여	모둠에서 주도적으로 이끌어간 사람은 누구인가요?	
책임감	모둠에서 자신이 맡은 역할을 완수하기 위해 끝까지 노력한 사람은 누구인가요?	
상호 작용	모둠에서 모둠원의 의견을 경청하고 배려하며 협력하는 태도를 보인 사람은 누구인가요?	

2. 토론 활동을 되돌아보며 자신의 태도를 점검해 봅시다.

평가 준거		평가 척도				
		매우 그렇다	대체로 그렇다	보통 이다	대체로 그렇지 않다	전혀 그렇지 않다
참여도	나의 역할을 성실하게 수행했다.					
협업능력	모둠활동에서 협동하고 서로 가르쳐주며 활동하는 분위기를 만들었다.					
적극적 태도	적극적으로 학습하고 활동한 내용을 적극적으로 발표 하였다.					

3. 생각 넓히기: 토론활동에 대한 느낌, 어려웠던 점, 좋았던 점, 새롭게 알게 된 점 등의 소감을 적어 보세요.

9
비경쟁 독서토론 활동 모형
: 집단지성 간 토의 능력

1) 비경쟁 독서토론 과정중심평가란?

독서토론의 종류는 크게 찬·반형(쟁점형) 독서토론과 대화형(비경쟁) 독서토론으로 나눌 수 있습니다. 그 동안 교실에서 실시되던 쟁점 중심의 찬·반형 토론은 경쟁적인 분위기와 논리 싸움에서 이겨야 한다는 승부 의식 때문에 학생들의 협력적 공동체의식과 감성 교육적 측면에서 부정적 영향이 문제로 제기되었습니다. 새롭게 변화되고 있는 사회 환경에서는 협업적 문제해결 능력(Collaborative Problem Solving)이 중요해졌습니다. 협업적 문제해결 능력은 4차 산업혁명 시대를 맞이하여 우리 학생들이 갖춰야할 중요한 역량입니다. 협업적 문제해결 능력을 기르기 위해선 경쟁적인 평가보다 집단지성을 중시하는 협력적 과정중심평가가 실시되어야 합니다. 이를 위해서 독서토론도 승부를 떠나 대화를 통해 집단지성을 이끌어 내는 비경쟁 독서토론 과정중심평가가 교육현장에서 활성화되어야 합니다.

비경쟁 독서토론 과정중심평가란 다른 사람의 생각과 가치관을 인정할 줄 아는 열린 사고 속에서 대화를 통해 작품을 폭넓게 이해하고 자신과 이 시대를 성찰해 가는 과정을 평가하는 것이라 할 수 있습니다. 교육현장에서 이루어지는 평가의 과정이기 때문에 일반적인 비경쟁 독서토론과 다소 진행과정에 차이가 있을 수밖에 없습니다. 학교 교육과정과 학생 눈높이에 맞추어 집단지성을 중시하는 협력적 과정중심평가가 되도록 유의하며 비경쟁 독서토론을 재구성하여 진행하면 됩니다. 정해진 틀에 얽매이지 않고 자유롭게, 그러나 객관적인 평가가 될 수 있도록 운영하면 됩니다. 이를 통해 말 잘하는 몇 명이 이끄는 찬반형 토론평가가 아니라 비경쟁 독서토론

과정중심평가를 통해 우리 학생들은 서로의 생각을 즐겁게 나누고 배움을 이루어가며 미래사회를 이끌어갈 민주시민의식과 공동체역량을 키워 나갈 수 있을 것입니다.

2) 비경쟁 독서토론 과정중심평가 진행 순서

비경쟁 독서토론 과정중심평가 시행 차시는 정해진 것은 없고 학생 수준이나 교과 진도를 고려하여 실시하면 됩니다. 다만, 너무 급하게 실시하지 말고 학생들이 여유를 갖고 평가에 임할 수 있도록 하는 것이 바람직합니다. 수업 시간에 학습한 텍스트나 과제로 제시한 독서 활동 후 마음열기, 생각 공유하기, 모둠별 토론, 전체 토론, 텍스트를 통해 자신과 이 시대를 바라보기 순으로 진행합니다.

① 마음 열기

고등학교 학생 수준에 맞게 마음을 여는 과정이 필요합니다. 특별히 정해진 프로그램이 있는 것은 아니며 토론을 앞두고 긴장을 풀어 주고 서로 마음을 여는 시간을 조성할 수 있으면 됩니다. 굳이 게임을 해서 관계를 형성해야 한다는 닫힌 생각을 할 필요는 없습니다. 학생의 발달 수준을 고려하고 학생들의 필요에 적합한 가벼운 활동이면 됩니다. 한 가지 예로 자기 소개하기 활동 자료를 작성하고 발표해 보는 활동을 해 보면 좋습니다.

② 생각 공유하기

4명에서 5명을 한 조로 해서 모둠을 정하고 책을 읽고 받은 느낌이나 생각과 관련하여 인상적인 구절, 등장인물에 대한 평가, 주제 의식, 작품의 배경에 대한 내용을 핵심 단어로 적어 모둠 활동지에 적어 놓고 서로의 생각을 나누며 작품 이해의 폭과 깊이를 더하는 시간을 갖도록 합니다. 주어진 텍스트를 정독하고 참여하여야 서로에게 도움이 될 수 있으므로 텍스트를 처음부터 끝까지 제대로 읽고 참여할 수 있도록 해야 합니다. 이때 중요한 것은 같은 작품을 읽어도 받는 느낌이나 생각은 독자에 따라 다를 수 있다는 것을 인식하는 것입니다. 따라서 다른 사람의 감정이나 생각을 공감해 주며 차이를 인정해 주어야 합니다. 이해가 되지 않거나 자신과 다른 의견에 대해 질문은 하지만 비판하지 않는 것. 이것이 생각 공유하기의 대원칙입니다.

다음으로 서로의 생각에서 공통점을 찾아 하나의 질문거리를 만들어 논제를 만들어 봅니다.

먼저 한 명씩 논제를 만들어 발표하고 서로의 의견을 절충해서 모둠 대표 논제를 만듭니다. 이때 어느 한 사람의 의견을 반영하는 것이 아니라 모둠원의 집단지성이 반영된 대표 논제를 만드는 것이 중요합니다. 논제는 쟁점 중심의 논제를 지양하고 서로의 생각을 표현할 수 있는 질문 형식의 논제를 만드는 것이 필요합니다. 예를 들면 황순원의 「학」을 읽고 '내가 성삼이라면 덕재를 풀어줄 것인가?', '학 사냥은 이 작품에서 어떤 의미가 있을까?' 등의 집단지성을 모을 수 있는 논제를 만들어야 합니다.

③ 모둠 내 토론

토론을 진행하기 전에 논제에 대한 자신의 생각을 모둠 활동지에 기록하여 자신의 생각을 정리한 후 토론을 진행합니다. 논제에 대한 각자의 생각을 발표하고 의견을 주고받으며 논제에 대한 다른 사람들의 생각과 가치관을 파악하고 이해가 되지 않는 부분은 질문을 통해 공감의 폭을 넓혀 갑니다. 이때 토론은 이기기 위한 논쟁이 아니라 집단지성을 통해 작품을 이해하고 이 시대를 살아가는 나 자신에 대해 성찰하기 위해서라는 것을 잊지 말아야 합니다.

일반적인 비경쟁 토론에서는 모둠을 이동해 가며 다시 토론을 하지만 과정중심평가에서는 이 단계를 생략해서 진행하여 평가의 객관성을 확보하는 방안도 필요합니다. 왜냐하면 모둠 이동 토론을 할 경우 모둠장은 남아서 다른 모둠의 사람들이 다시 모여 토론하는 것을 진행하여야 하는데, 이 경우 역할에 따른 평가를 객관적으로 하는 것이 처음에는 사실상 어렵기 때문입니다. 모둠 내 토론이 끝나면 모둠 토론 활동지를 정리하여 모둠별 활동판에 게시해 놓아 그 동안 이루어진 모둠별 토론의 결과를 공유할 수 있도록 하고 자신의 생각을 정리할 수 있도록 합니다.

④ 전체 토론

모둠별 논제를 모아 공통점을 찾아 전체 토론 논제를 정합니다. 이때 전체 논제가 한 모둠의 논제를 일방적으로 반영하지 않도록 주의를 기울여야 합니다. 될 수 있으면 모든 구성원이 원하는 논제를 정해야 하지만 만약 의견이 모아지지 않으면 논제로 제시된 것들 중에서 다수결로 논제를 순서대로 정리해 둡니다. 대표 논제에 대한 토론이 정리되고 시간에 여유가 있으면 그 다음 논제들로 토론을 진행하도록 합니다. 토론 논제가 정해지면 먼저 논제에 대한 자신의 생각을 토론 활동지에 정리합니다. 비경쟁 독서토론의 특징 중 하나가 말하기에 앞서 쓰기를 통해 자신의 생각을 정리하고 토론 참여자들의 정리활동지를 통해 다른 사람의 생각도 이해할 수 있습니다.

토론이 끝난 후에도 토론활동지 정리과정과 토론 활동판 게시를 통해 토론의 전개 과정과 참여자들의 생각을 전체적으로 바라보며 이해할 수 있습니다. 토론의 순서를 살펴보면, 먼저 논제에 대한 자신들의 생각을 자유롭게 이야기합니다. 이때 자유롭게 질의·응답이 이루어집니다. 다만, 몇몇 사람이 발언을 주도하지 않도록 시간과 횟수의 제한을 두어야 합니다. 토론 중 서로 생각이나 견해가 다를 수 있지만 상대방의 생각이나 느낌을 비판하기보다는 인정해 주는 태도를 갖도록 해야 합니다. 상대방과 다른 생각을 말하고 표현할 수 있지만 상대방의 생각이나 감상이 '틀린 것'이 아니라는 것을 인정해 줄 수 있는 집단지성이 바로 비경쟁 독서토론 과정중심평가의 핵심입니다.

⑤ 텍스트를 통해 자기 자신과 시대 바라보기

전체 토론이 끝나면 텍스트를 통해 이 시대를 비춰 보고 자신의 삶을 성찰하는 시간을 갖습니다. 토론활동지에 '이 텍스트가 나에게 주는 의미', '텍스트의 내용과 관련지을 수 있는 사회 현상'을 적어 보며 텍스트를 통해 얻은 지식과 교훈을 자신과 이 사회에까지 확장 및 심화시켜 봅니다. 정리가 끝나면 모둠원끼리 발표하고 질의 응답하는 시간을 통해 다른 사람의 생각 및 가치관을 받아들이고 이해하는 시간을 통해 작품과 사회를 바라보는 다양한 시각을 배우며 배움의 폭과 깊이를 더해갑니다.

3) 과정중심평가 활성화를 위한 교육과정 재구성과 평가 방안

과정중심평가를 활성화하고자 하여도 많은 선생님들이 진도에 대한 부담 때문에 과제 제시형 등의 평가로 수행평가를 실시하는 경우가 많습니다. 과정중심평가를 하여도 1~2 시간 정도로 급하게 형식적으로 치르는 형편입니다. 이를 극복하기 위해서 교육과정 재구성 과정중심평가 방안이 필요합니다. 교육과정 재구성 과정중심평가를 통해 학생들의 삶과 연계된 교육, 학생이 중심이 되어 배움이 일어나는 수업, 통합을 통한 새로운 과제 제시로 문제해결 능력 신장 등이 일어나도록 해야 합니다.

한 교과 내에서 교육과정 재구성 과정중심평가는 핵심 성취기준을 중심으로 선택과 집중을 해서 수업을 실시하고 과정중심평가 주제를 잡아 실시하는 것입니다. 이렇게 교육과정 재구성을 통해 확보한 시수를 과정중심평가에 할애하면 됩니다. 5단위로 수업을 실시한다면 4단위는 교과 수업을 실시하고 1단위는 프로젝트 방식으로 과정중심 수행평가를 실시하는 방안과 수행평가 항목 당 5시간 정도의 시간을 확보하며 집중적으로 실시하는 방안이 있습니다. 이렇게 여유 있게 과정중심평가를 실시하여야 학생들은 과정중심평가 활동지를 충실하게 작성할 수 있으며, 교사는 학생들의 활동을 자세히 관찰하고 기록하여 과목별 세부능력 및 특기사항을 내실 있게 적어 줄 수 있습니다. 이것이 학생부 종합전형을 대비한 교육과정 재구성 과정중심평가 방법입니다.

다른 교과와 주제 중심으로 교육과정을 재구성해 과정중심평가를 같이 실시하는 방안도 있습니다. 예를 들어 국어 교과의 학습 내용인 황순원의 「학」과 통합사회 교과의 '인간과 공동체'단원을 연계해서 '휴머니즘과 법질서'라는 주제를 갖고 비경쟁 독서토론 과정중심평가를 같이 실시하여 융합적 사고력을 기르고 텍스트 이해의 폭을 확장시키는 방안이 있다. 비경쟁 독서토론 과정중심평가 전체를 같이 하는 것은 교사의 수업 시수 부담이 가중될 수 있으므로 마음 열기와, 생각 공유하기, 모둠별 토론, 텍스트를 통해 자신과 이 시대를 바라보기는 나누어서 수업 순서대로 실시하고, 전체 토론을 2시간에 걸쳐 교사가 같이 참여하여 실시하면 시간도 효율적으로 사용할 수 있고 학생들을 자세히 관찰하여 평가의 객관성을 확보할 수 있습니다.

인문 · 과학 통합적 교육과정 재구성 방안

문 · 이과 통합이라는 2015 개정교육과정의 취지를 더욱 살리고 창의 융합형 인재를 기르기 위해서 인문 · 과학의 통합적 교육과정 재구성이 필요합니다. 이는 주요대학에서 개별 고등학교의 교육과정을 평가하는 중요한 기준이 되기도 합니다. 그러므로 인문 · 과학의 통합적인 교육과정 재구성을 통한 과정중심평가는 중요한 의미가 있습니다. 비록 소수의 선생님들이지만 이미 인문 · 과학의 통합적인 교육과정 재구성을 통한 과정중심평가를 실시하고 있는 의식 있는 선생님들이 계십니다. 예를 들면 '화학과 국어 교과목의 통합적 교육과정 재구성'을 통해 과정중심평가로 화학적 소재인 '열역학 제2법칙의 확산되는 현상과 소문을 비유하여 시 창작하고 발표하기', '혼합물, 용질과 용매 등의 개념을 사용하여 사랑이란 주제로 시 창작하고 발표하기' 등이 있습니다. 이때 한 가지 수행평가로 두 가지 교과목의 수행평가 점수를 줄 수 있는가의 문제가 제기될 수 있습니다. 이는 채점 기준을 다소 달리하면 해결됩니다. 예를 들면 '시 주제와 화학적 소재의 긴밀한 연관성, 창의적인 시 표현'을 공통 채점 기준으로 하고 화학 교과에서는 '화학적 소재의 의미와 개념의 올바른 이해와 사용'을 국어 교과에서는 '비유적인 문학적 표현'을 해당 교과의 성취기준을 반영한 채점 기준으로 삼으면 됩니다.

여기서 한 걸음 더 나아가 인문 · 과학의 통합적인 교육과정 재구성을 통한 비경쟁 독서토론 과정중심평가를 실시하면, 열역학 제2법칙의 확산 현상과 이청준의 '소문의 벽'을 융합하여 논제(질문거리)를 생성하고 토론을 진행할 수 있습니다. 논제의 예로는 '열역학 제2법칙의 확산 현상과 이청준의 '소문의 벽'의 소문과의 공통점은 무엇인가?', '이청준의 '소문의 벽'의 주인공인 박준의 정신적 고통을 증가시키는 '소문의 벽'을 열역학 제2법칙인 확산의 법칙으로 해석한다면?' 등이 있습니다. 이런 논제(질문거리)를 토론 참여자들이 만들어 가고 자신의 생각을 이야기하면서 과학적 개념과 문학 작품 감상의 폭과 깊이를 더할 수 있습니다. 더 나아가 창의 융합적인 사고를 길러 지식을 현실에 적용할 수 있는 실제적인 능력과 융 · 복합적인 산출물을 만들어 우리 학생들을 4차 산업혁명 시대를 이끌어 갈 미래지향적인 지성인으로 육성할 수 있을 것입니다.

4) 비경쟁 독서토론 과정중심평가 정복하기

집단지성이 숨 쉬는 비경쟁 독서토론 과정중심평가에서 중요한 것은 비경쟁 독서토론의 특징을 이해하는 것입니다. 쟁점형 토론에서는 논리적인 사고와 논증력이 중요하지만 비경쟁 독서토론은 집단지성을 통해 작품에 대한 폭넓고 깊이 있는 이해와 토론 참여자들의 다양한 가치관과 생각을 모으는 것이 중요합니다. 그러므로 여기에 맞춰 전략을 세워 평가에 임해야 독서 감상력도 좋아지고 협업적 문제해결 능력을 길러 좋은 점수를 받을 수 있습니다.

① 일반적인 채점 기준

첫째, 텍스트에 대한 철저한 이해입니다. 비경쟁 독서토론은 쟁점형 독서토론보다 텍스트에 대한 깊이 있는 이해가 필요합니다. 비경쟁 독서토론 자체가 텍스트에 대한 깊이 있고 폭넓은 감상을 추구하기 때문입니다. 그러므로 텍스트로 제시된 문학 작품이나 책을 처음부터 끝까지 꼼꼼하게 읽으며 주제 의식, 등장인물의 특징, 작품의 배경, 인상적인 대사나 문구 능을 정리해 두는 것이 필요합니다. 또한, 개인 및 사회적 관점, 진보 및 보수적 관점, 여성 및 남성의 관점 등 다양한 각도에서 텍스트를 바라보는 시각을 길러야 합니다.

둘째, 논제를 생성하는 능력입니다. 비경쟁 독서토론에서는 텍스트에 대한 질문거리가 논제가 됩니다. 질문을 잘 만드는 것은 텍스트 이해도의 기준이 될 수 있습니다. 깊이 있는 텍스트에 대한 이해와 사색에서 토론 참여자들의 집단지성을 이끌어 내고 인생을 살아가는 데 필요한 감동과 자양분을 얻을 수 있는 멋진 토론 마당이 만들어질 수 있습니다. 따라서 평소 학습할 때도 주어진 내용을 단순히 받아들이지 말고 왜 그런지 질문하는 습관을 기르며 생활 속에서 부딪히는 문제들의 내면에 있는 배경 및 원인에 대해 생각해 보고 관련된 자료들을 모아 정리하는 습관을 길러야 합니다.

셋째, 협업적 문제해결 능력입니다. 다른 사람의 이야기를 경청하는 태도와 소통하는 능력, 집단지성을 활용하는 역량, 배려, 다른 사람의 가치관과 생각에 대해 공감할 줄 아는 폭넓은 태도를 통해 같이 고민하고 질문에 대한 답을 찾아가는 과정을 보여 주어야 합니다. 이를 위해서는 경쟁의식에서 벗어나 자신의 생각과 다른 사람의 생각을 같이 나누며 집단지성을 활용해 책을 함께 읽어나가며 감상하려는 태도를 통해 책 읽기의 즐거움을 느껴야 합니다. 비경쟁 독서토론은 책을 통해 얻은 나의 지식을 자랑하고 우월해지기 위해 하는 것이 아닙니다. '위대한 성과는 함께 이루어지는 작은 일들이 모여 이루어진다.'는 빈센트 반 고흐의 말처럼 개개인의 생각과 감상을 나누며 더 성숙해지고 진정한 독서의 행복을 맛보기 위해서라는 것을 인식해야 합니다.

넷째, 메모하고 정리하는 태도 및 능력입니다. 비경쟁 독서토론에서는 포스트잇이나 비경쟁 독서토론 활동지를 통해 토론에 앞서 자신의 생각을 메모하고 정리하여 토론 참여자들의 감상과 생각을 비교하며 집단지성을 수렴하는 과정이 필요합니다. 그러므로 자신의 생각을 핵심 키워드 중심으로 표현하고 정리하는 능력이 필요합니다. 이를 위해 평소 독서나 뉴스 기사를 볼 때 핵심적인 내용을 키워드로 정리해 영역별로 모아두는 노력이 필요합니다. 비경쟁 독서토론에서는 단순히 논제(질문)에 대해 아는가 모르는가가 중요한 것이 아니라 논제와 관련된 현상에 대한 해석 방식이 중요하므로 자신의 관점을 정립하고 요약해서 정리하는 능력을 길러야 합니다.

다섯째, 의사표현 능력입니다. 치열한 논리 전개가 필요한 것은 아니지만 자신의 생각을 논리적으로 표현하는 능력, 자신의 생각을 다른 사람이 이해하고 공감하도록 하는 능력이 필요합니다. 논제의 의미와 영향을 파악하고 자신의 견해를 설득력 있게 제시해서 상대의 동의와 공감을 이끌어내야 합니다. 이를 위해서는 주어진 텍스트를 소화하여 표현하는 능력을 길러야 합니다. 자신의 생각과 감정을 말로 표현하는 것은 쉬운 일이 아닙니다. 특히 과정중심평가로서 비경쟁 토론을 하는 긴장된 상황에서 '칼날 같은 침착함과 방패 같은 여유'를 지니고 자신의 의견을 논리적으로 표현한다는 것은 평소 꾸준한 연습을 거치지 않고서는 매우 어려운 일입니다. 따라서 몇 가지의 주제를 정해서 친구들과 토론을 한다든지, 자신의 생각을 두괄식으로 구성해 주장을 먼저 말하고 그 이유에 대해 말하는 연습을 충분히 하여야 합니다. 어떤 상황에서도 자신의 생각을 자신감 있게 표현하기 위해서는 실전 연습을 반복적으로 해 두어야 합니다.

5) 과정중심평가 실제 사례

집단지성이 숨 쉬는 비경쟁 독서토론 과정중심평가는 모든 교과에서 개별적으로 혹은 교육과정 재구성을 통해 융합적으로 활용할 수 있습니다. 문학 수업 시간에 실제로 이루어지는 비경쟁 독서토론 과정중심평가를 예로 들어 보겠습니다. 학습 작품은 황순원의 「학」입니다. 독서 활동을 한 후 먼저 마음 열기 활동을 합니다. 별명과 이유, 자신을 한 단어로 표현하기, 좌우명과 철학을 적고 모둠원들로부터 자기의 장점을 적어 달라고 부탁합니다. 모둠원들은 돌아가며 모둠원들의 장점을 모두 적어 줍니다. 자기소개 활동지 작성이 끝났으면 돌아가면서 간단하게 자기소개를 하며 서로를 향해 마음의 문을 엽니다.

[예시] 마음 열기 활동 – 자기 소개하기

비경쟁 독서토론 마음 열기 – 자기 소개하기 (3)학년 (1)반 (14)번 이름: ○○○	
항 목	내 용
별명과 그렇게 불리는 이유는?	예시) 꼬맹이, 초등학생: 키가 작아서, 꼬부기: 닮아서
	판다 : 얼굴이 동그랗고, 다크서클이 있어서
나를 한 단어로 표현하고 그 이유를 쓰세요.	예시) 나는 연필이다. 내가 점점 없어져 갈지라도 다른 사람들에게 유익한 삶을 살고 싶다.
	저는 나무입니다. 지친 사람들이 그늘에서 쉬어가거나, 고민을 남 몰래 털어놓거나, 아이들이 올라가서 장난을 치기도 하는 그런 나무입니다.
나의 좌우명이나 철학? (삶의 태도, 가치관, 세계관)	예시) 항상 긍정적으로 생각하고 무엇이든지 감사하는 마음을 가지는 것 Choosing to be positive and having a grateful attitude is going to determine how you're going to live your life. -Joel Osteen-
	'보통 교사는 지껄인다. 좋은 교사는 잘 가르친다. 훌륭한 교사는 스스로 해 보인다. 위대한 교사는 가슴에 불을 지른다.' -알프레드 화이트헤드 최선을 다하면서도 현재를 즐기자. 나를 사랑해주는 사람들을 소중히 여기고 감사한 마음을 갖자.
나의 장점은? (모둠 친구에게 직접 써달라고 부탁 하세요.) 발표할 때는 한 학생의 평가만 말하기	모둠원 ○○○: ○○는 1학년 때 수학을 가장 못했다. 다른 과목에 비해서 항상 가장 점수가 낮았는데 그것에 트라우마가 있는 것처럼 보였다. 지금까지 계속 실패했던 경험이 있다면 그것을 극복하는 것은 쉬운 일이 아니라고 생각한다. 하지만 ○○는 포기하지 않고 언젠가 오를 거라고 생각하면서 끝까지 노력하는 모습이 존경스러웠다. 모둠원 ○○○: 사람을 미워하는 것을 어려워하는 것도 ○○의 장점 중 하나라고 생각한다. 자신에게 상처를 주었던 적이 있었던 사람이라도 그 사람을 이해하려 하고 장점을 찾으려 하기 때문에 남을 잘 미워하지 못한다. 자기를 싫어했던 애들이라도 그 애들이 다시 자신에게 호의를 보이며 다가왔을 때 순수하게 기뻐하며 다시 친하게 지낸다.

모둠원 ○○○:	○○는 편견을 갖고 다른 사람을 보지 않는다. 주위 소문이 안 좋은 아이라도 먼저 그 아이를 믿어주고 다가간다. 주위 소문이 아니라 자신이 본 것을 자신이 판단한다.

다음으로 생각 공유하기 단계로 들어갑니다. 작품 감상을 깊게 하고 통합적 사고를 이끌어 내기 위해 영상 매체를 활용합니다. 단순히 영화를 토론의 흥미를 이끌어 내는 도구 정도로 사용하는 것이 아니라 작품과 영화, 양 영역을 적극적으로 소통시킴으로써 학생들의 창의 융합적 사고력을 향상시킬 수 있습니다. 영상 작품은 독서 작품과 주제나 창작 의도 측면에서 공통점이 있는 것을 선택해야 합니다. '학'을 대상으로 한 비경쟁 독서토론에서는 '공동경비구역 JSA'를 활용합니다. 영화시청은 시간이 충분하면 전체를 다 볼 수도 있지만 시간이 많지 않으면 주제의식이 잘 드러나는 장면을 중심으로 보고 생각 공유하기에 들어갑니다. '학'을 읽고 받은 느낌이나 생각을 '공동경비구역 JSA'를 참고해서 키워드로 적어보고 생각을 나눕니다. 그리고 서로의 감상과 생각에서 공통점을 찾아 각자 논제를 만들어 봅니다. 그리고 자신이 만든 논제를 한 명씩 발표하고 모둠원의 집단지성이 반영된 모둠 대표 논제를 만듭니다. 다음은 생각 공유하기 활동 예시입니다.

[예시] 생각 공유하기 활동

비경쟁 독서토론 생각 공유하기 – 모둠 활동 (2)학년 (1)반 (4)번 이름: ○○○		
항 목		내 용
인상적인 구절	본인	"애, 우리 학 사냥이나 한번 하구 가자." 이유) 친구와의 옛 추억을 생각하며 친구를 구하려는 마음이 아름답게 느껴짐
	모둠원 1 (○○○)	"이 자식아, 그 동안 사람 몇이나 죽었어?" 이유) 친구 간에도 적대적인 감정을 느끼는 것이 비극적임
	모둠원 2 (○○○)	"애, 우리 학 사냥이나 한번 하구 가자." 이유) 극적인 반전이 일어나며 과거로 돌아가 순수한 우정을 회복함
	모둠원 3 (○○○)	'저쪽 벌 한가운데 흰 옷을 입은 사람들이 허리를 굽히고 섰는 것 같은 것은 틀림없는 학 떼였다.' 이유) 전쟁의 비극 속에서도 아름답고 순수한 자연의 모습이 표현됨.
	모둠원 4 (○○○)	'때 마침 단정학 두세 마리가 높푸른 가을 하늘에 곧게 날개를 펴고 유유히 날고 있었다.' 전쟁의 비극에도 순수한 휴머니즘은 남아 있음을 느낌
	본인	성삼이: 친구와의 추억을 통해 휴머니즘을 회복하는 인물 덕재: 순수한 인물, 이데올로기 갈등의 희생양

등장인물에 대한 평가	모둠원 1 (○○○)	성삼이: 평범한 인물. 인간적임 덕재: 주체성이 부족한 사람
	모둠원 2 (○○○)	성삼이: 보편적인 인물, 치안대원으로서의 역할과 우정 사이에서 갈등함. 덕재: 세상에 물들지 않은 사람. 이용당하기 쉬움.
	모둠원 3 (○○○)	성삼이: 보통 사람, 순수한 마음을 간직하고 있는 인물 덕재: 시대의 흐름을 알지 못하는 인물
	모둠원 4 (○○○)	성삼이: 근본적으로 착한 사람, 전쟁의 혼란 속에서도 인간성을 지키는 인물 덕재: 아버지에 대한 효심이 강한 인물
주제 의식	본인	우정의 소중함
	모둠원 1 (○○○)	순수한 우정
	모둠원 2 (○○○)	휴머니즘의 회복
	모둠원 3 (○○○)	전쟁의 비극을 극복하는 우정
	모둠원 4 (○○○)	인간애의 회복
기타 (학의 상징성)	본인	우리 민족
	모둠원 1 (○○○)	자유
	모둠원 2 (○○○)	순수성
	모둠원 3 (○○○)	인간애
	모둠원 4 (○○○)	백의민족
논제 만들기	본인	성삼이가 덕재에게 학 사냥을 하자고 한 이유는?
	모둠원 1 (○○○)	성삼이가 덕재를 처음에 미워한 이유는?
	모둠원 2 (○○○)	성삼이가 덕재와의 우정을 회복한 계기는?
	모둠원 3 (○○○)	이 작품에서 학의 역할은?
	모둠원 4 (○○○)	이념과 우정의 관계는?

	대표 논제	성삼이가 덕재를 풀어 준 우정의 의미는?

모둠 내 토론 단계에서는 대표 논제에 대한 자신의 생각을 정리한 후 토론을 진행합니다. 논제에 대한 모둠원들의 생각을 공유하고 궁금한 점과 이해가 되지 않는 부분은 질문과 응답을 통해 집단지성을 모아 배움을 같이 이루어 갑니다. 다음은 활동 예시입니다.

저작권 문제를 해결하는 영화 활용 수업 팁

초중등교육법 48조에 방송 자료는 수업에 활용할 수 있도록 되어 있으며, 저작권법 25조에 수업에서 영화 등의 저작물을 상용할 수 있도록 되어 있습니다. 하지만 최신영화를 불법으로 내려 받아 수업시간에 틀면 저작권법과 초중등교육법 위반에 해당될 수 있습니다. 그러므로 정품 DVD를 구입하거나 포털 사이트에서 다운로드를 이용해서 수업에 활용하면 저작권을 지킬 수 있습니다.

[예시] 모둠 토론하기 활동

비경쟁 독서토론 – 모둠 토론 내용 정리 (2)학년 (1)반 (4)번 이름: ○○○		
모둠 대표 논제		
성삼이가 덕재를 풀어 준 우정의 의미는?		
사전 정리		·전쟁의 비극 속에서도 휴머니즘은 남아 있음을 보여줌 ·우정으로 이데올로기의 갈등을 극복함
토론 내용 정리	나의 주장	성삼이는 덕재에 대한 우정으로 남북 분단의 비극을 극복함
	질문	1. 남북 분단의 비극을 극복했다는 것은 논리적 비약이 아닌가요?
		2. 성삼이가 덕재를 풀어준 것을 우정으로 볼 수 있나요?
	답변	1. 전체적으로 극복한 것은 아니지만 개인적 차원에서는 극복한 것이라고 볼 수 있음.
		2. 추억을 떠올리며 친구를 이해하게 되는 것을 볼 때 알 수 있음

모둠별 토론이 끝나면 전체 토론 논제를 정하고 전체 토론을 시작합니다. 전체 논제는 모둠별 논제의 공통점을 찾아 논제를 정합니다. 의견이 모아지지 않으면 논제로 제시된 것들 중에서 다

수결로 논제를 정하고 토론을 시작합니다. 전체 토론의 예시를 보겠습니다.

[예시] 전체 토론하기 활동

비경쟁 독서토론 - 전체 토론 내용 정리 (2)학년 (1)반 (4)번 이름: ○○○		
전체 대표 논제		
우정에도 지켜야 할 한계가 있지 않은가?		
논제에 대한 사전 정리		· 우정과 사회적 역할 사이에서 갈등이 발생함 · 전체주의에 의한 폭력은 막아야 함
토론 내용 정리	나의 주장	우정은 양심과 신념의 자유 안에서 지켜져야 함
	질문	1. 양심과 신념의 자유란 무엇인가?
		2. 양심과 신념을 넘어서면 우정은 지킬 필요가 없는가?
	답변	1. 전체주의의 획일화된 제도와 규범이 인간의 존엄성을 파괴할 때 이에 반하여 인간의 존엄성을 지키고자 하는 것임
		2. 우정도 지켜야 할 선 아래서 지켜야 의미가 있음
모둠원 토론 내용 정리	주장	1. 휴머니즘은 그 무엇보다 가치 있음
		2. 사회적 역할도 무시할 수 없음
		3. 개인의 인권은 보장되어야 함
		4. 친구와의 우정은 지켜져야 함
	질문	1. 휴머니즘도 상황에 따라 제한돼야 하는 것 아닌가?
		2. 개인이 처한 딱한 처지나 상황은 고려되어야 하지 않은가?
		3. 개인의 인권도 상황에 따라 제약을 받을 수 있지 않은가?
		4. 우정 때문에 잘못된 행동을 할 수도 있지 않은가?
	답변	1. 덕재는 이데올로기의 대립이 빚은 희생양으로 볼 수 있음.
		2. 개인적인 상황을 지나치게 고려하면 질서가 유지되기 어려움
		3. 집단의 이익과 편리를 위해 개인의 인권을 희생할 수 없음
		4. 덕재는 억울하게 죽게 될 처지이므로 이 경우엔 잘못된 행위가 아님

전체 토론이 끝나면 텍스트를 통해 내가 살아가는 이 사회를 비춰 보고 자신의 삶을 되돌아보는 시간을 갖습니다. 텍스트를 통해 느낀 의미, 관련 있는 사회 문제 등을 생각해 보고 발표해 보며 텍스트와 사회를 보는 다양한 시각과 가치관을 배우며 집단지성을 통해 감상의 폭과 깊이를 더해갑니다. 다음은 활동 예시입니다.

[예시] 모둠 활동지 활동 – 텍스트를 통해 자신과 이 시대를 바라보기

황순원의 '학'이 나에게 주는 의미
성삼이가 친구 덕재를 풀어 주는 것을 보며 우정의 소중함을 느꼈다. 덕재가 농민동맹부위원장을 하였기 때문에 덕재를 일부러 풀어준 것이 알려지면 성삼이도 무사할 수 없었을 텐데. 대화를 통해 친구의 억울한 상황을 이해하고 친구와의 추억을 떠올리며 도망갈 수 있도록 도와주는 것을 보며 감동을 느꼈다. 나도 성삼이와 덕재처럼 우정이 깊은 친구를 사귀고 싶다. 그리고 많은 사람이 그 사람의 겉모습만 보고 비난할지라도 마음으로 이해해 주고 도움을 줄 수 있는 그런 우정을 쌓아가고 싶다.

황순원의 '학'과 관련지을 수 있는 사회 현상
최근 나이를 초월한 상반된 두 가지 우정이 주목받고 있습니다. 문재인 정부가 출범하며 노무현 전 대통령과의 관계가 새롭게 주목받고 있습니다. 노무현 전 대통령은 7살 어린 문재인을 내 친구라고 말할 정도로 둘의 우정은 각별했습니다. 노무현 전 대통령이 검찰 수사를 받으며 힘들어 할 때 가장 옆에서 끝까지 함께했던 사람도 문재인 대통령입니다. 문재인 대통령은 노무현 대통령이 못 다한 정치적 꿈을 이루기 위해 온갖 고난을 이겨내고 대통령이 되어 국민과 소통하며 비정규직 등 사회적 약자와 소외된 사람들을 위한 정책을 펼치고 있습니다. 노무현, 문재인 대통령처럼 서로를 신뢰하며 자신들의 신념을 이루어 가는 아름다운 우정으로 우리나라가 더욱 살기 좋은 세상, 인간이 인간답게 살아가는 차별 없는 사회가 될 것이라 기대합니다. 반면에 박근혜 전 대통령과 대통령보다 6살 어린 최순실의 오래된 우정은 개인적 친분과 사적인 관계를 우선시 한 잘못된 관계로 비극적으로 끝을 맺고 있습니다. 이런 잘못된 우정으로 많은 사람이 피해를 입었으며 국제적으로도 나라의 이미지가 크게 실추되었습니다. 앞으로 이런 잘못된 우정으로 개인과 국가에 피해를 입히는 일이 없어야겠습니다.

6) 'I'만의 세+특 만들어 대학 가기

① 과정중심평가 활동을 생활기록부에 기록하기

비경쟁 독서토론 과정중심평가를 할 때 중요한 것은 학생의 활동 자료를 평가에 반영하고 구체적으로 생활기록부에 기록하여야 한다는 것입니다. 비경쟁 독서토론 과정중심평가는 특히 모둠활동이 많기 때문에 모든 활동을 평가자가 일일이 관찰하여 생활기록부에 반영하기 어렵습니다. 그러므로 학생의 활동을 평가지에 잘 정리할 수 있도록 활동지를 제작하고 정리하여 평가 및 생활기록부 기록에 활용하여야 합니다. 다음은 비경쟁 독서토론의 실제 사례에 나타난 학생의

생활기록부 과목별 세부능력 특기사항 기록을 보겠습니다.

[예시] 과목별 세부능력 및 특기사항

(문학) 세부능력 및 특기사항
황순원의 「학」을 읽고 "얘, 우리 학 사냥이나 한번 하구 가자." 라는 구절에서 친구를 구하려는 마음을 아름답게 느낌. 또한 성삼이를 휴머니즘을 회복하는 인물, 덕재를 이데올로기의 희생자로 파악하였고 작품의 주제 의식을 '우정의 소중함'으로 파악하는 등 작품을 자기주도적으로 적극적으로 감상함. 모둠 토론에서 '성삼이가 덕재를 풀어 준 우정의 의미는?' 라는 논제에 대하여 '성삼이는 덕재에 대한 우정으로 남북분단의 비극을 극복했다.'라고 주장하였으며 여기에 대한 질문인 '남북분단의 비극을 극복했다는 것은 논리적 비약이 아닌가요?'라는 질문에 '개인적 차원에서는 극복한 것이라고 볼 수 있다.'라고 대답하여 논리적 사고력과 창의적 문제해결력을 보여줌. 전체 토론에서는 '우정에도 지켜야 할 한계가 있지 않은가?'라는 논제에 대해 '우정은 양심과 신념의 자유 안에서 지켜져야 한다.'라고 주장하였고 '양심과 신념의 자유란 무엇인가?'란 질문에 대해 '전체주의의 획일화된 제도와 규범이 인간의 존엄성을 파괴할 때 이에 반하여 인간의 존엄성을 지키고자 하는 것입니다.'라고 답변하여 배경 지식과 지적인 탐구역량을 보여주었음. 비경쟁 독서토론 중에 논제를 협력하여 만들어 가고 다른 사람의 의견을 경청하고 수용하는 등 집단지성을 통해 성숙해져 가는 모습을 보이며 협력적 문제해결 능력을 보여 주었고 민주시민의 자질을 향상시켜 앞으로 사회 발전에 크게 기여하리라 기대됨.

② 학생부종합전형 평가 채점 영역에 따른 해설

입학사정관의 학생부종합전형 평가 채점 기준에 따른 해설

독서토론에서는 작품에 대한 감상능력과 논리적 비판적 사고력을 보여 주는 것이 필요합니다. 특히 비경쟁 독서토론처럼 협력적 문제해결 과정이 중요한 과정중심평가에서는 공동체 능력을 보여 주는 것이 중요합니다. 위의 사례의 경우에도 작품에 대해 자기주도적으로 깊게 감상하려고 노력한 점에서 자기주도적 학습 능력과 적극성이 긍정적으로 평가받은 것으로 보입니다. 또한, 논제에 대해 자기의 주장을 명확히 하고 질문에 대해 논리적이고 비판적으로 대답하였으며 텍스트의 내용을 통해 자신을 성찰해 우정을 실천하고자 하는 마음가짐을 보여주었습니다. 또한, 텍스트와 관련하여 이 사회의 문제점을 발견해 바람직한 사회의 모습을 제시하는 등 논리적이고 창의적인 문제해결능력을 보여주어 학업 역량과 민주시민의식이 돋보여 좋은 평가를 받아 합격한 것으로 보입니다.

7) 비경쟁 독서토론으로 1등급 도전하기

① 다른 사람의 생각과 가치관을 존중하자

학생들은 경쟁이 심한 사회를 살아가며 자신의 생각과 주장만을 내세워 승자가 되려는 습성을 자신도 모르게 형성하게 되는 경우가 많았습니다. 하지만 이제 시대가 바뀌어 가고 있습니다. 경쟁보다는 협력이, 개인의 지성보다는 집단지성이 더 큰 가치를 발휘하는 시대가 되었습니다. 그러므로 새롭게 조명 받고 있는 비경쟁 독서토론에서는 그 무엇보다 다른 사람의 생각과 가치관을 존중할 줄 아는 폭넓은 사고와 태도가 중요한 채점 기준이 됩니다. 그러므로 평소에도 다른 사람의 생각과 가치관을 존중해주는 태도를 형성하여 비경쟁 독서토론에서 자연스럽게 유연한 사고의 폭을 보여줄 수 있어야 합니다.

② 평소에 대화를 즐기자

비경쟁 독서토론은 엄격히 말하면 논쟁보다는 대화에 가깝습니다. 그러므로 평소에 가족이나 친구들과 이야기를 즐겨하며 화제에 대해 자신의 주장을 하고 다른 사람의 이야기를 경청하고 공감하는 태도를 길러야 합니다. 수업시간에도 적극적으로 질문하고 선생님과 대화를 주고받으며 대화 역량을 길러야 합니다. 반복 연습보다 더 좋은 학습방법은 없습니다.

③ 메모하는 습관을 기르자

비경쟁 독서토론의 가장 큰 특징은 말하기에 앞서 메모를 통해 자신의 생각을 정리하고 다른 사람의 생각과 가치관도 미리 볼 수 있다는 것입니다. 그러므로 평소에 메모하는 습관을 길러야 합니다. 메모가 쉬운 것 같지만 짧은 시간 안에 메모하고 정리한다는 것은 연습 없이는 어려운 일입니다. 메모하기가 어려우면 처음에는 핵심 키워드를 중심으로 정리하는 습관을 기르면 됩니다. 주어진 텍스트에서 가장 중요한 단어를 찾아보고, 단어 중심으로 간략하게 논제를 만들어 보며, 내 주장에서 가장 중요한 의미가 있는 단어를 써 보는 등의 연습을 해 보아야 합니다. 그리고 나서 짧게라도 문장으로 정리해 보는 습관을 길러야 합니다.

10

독서 활동 쓰기 모형
: 성찰과 비판 능력

1) 독서 활동 쓰기 모형이란?

과정중심평가의 한 방법으로서의 독서 활동 쓰기 모형은 학생들의 독서 활동을 전제로 하여 수업 현장에서 이루어지는 글쓰기에 대한 평가를 모두 일컫는 것이라고 할 수 있습니다. 따라서 읽을 책을 선정하는 단계에서부터 학생이 독서 활동을 하면서 누적하여 기록한 글들을 토대로 학생이 성장하고 발달하는 일련의 과정(process)을 모두 평가에 반영하는 것이 중요합니다. 이를 위해서는 국어과에서 함양해야 할 핵심 역량, 핵심 개념과 원리를 중심으로 학생들의 독서 활동에 대한 전반적인 글쓰기 결과물들을 실제 수업 맥락에서 지속적으로 평가하도록 해야 합니다. 아울러 학생들에게 독서 활동을 통해 범교과적인 통합 사고력을 다면적으로 신장할 수 있는 계기를 제공함으로써, 읽은 내용을 비판적으로 이해하고 표현할 줄 아는 리터러시 능력을 확인하는 평가를 실시할 필요가 있습니다.

이는 독서 활동 과정에서 학생들이 자기 성찰을 통해 자기 인생에 대해 눈 뜨고 세계관이 깊어지는 기회를 제공할 수 있다는 점에서 매우 중요하며, 학생들이 책 읽는 습관을 형성하여 지속적인 독서 활동이 이루어지도록 하는 데에도 크게 기여할 수 있을 것입니다. 지금까지는 일반적으로 독서 활동이라고 하면, 교사가 주제 도서를 추천하고, 학생들은 수업 시간에 해당 도서에 대한 교사의 설명을 들은 후, 수업시간에 책을 읽기는 하지만 미처 다 읽지도 못한 채 중도에 그만두거나, 집에 가서 대충 읽고 독후 감상문을 써오는 식이었습니다. 즉, 교사의 주도 아래 아이들은 수동적으로 독서 활동에 참여했던 것입니다. 독서 활동을 제대로 평가하기 위해서는 충분한 시간이 확보되어야 한다는 점에서 실제 수업 상황에서 많은 제약이 따르겠지만, 그럼에도 불구하고 학생들이 직접 글을 읽고, 생각하고 표현할 수 있는 활동은 학생들의 머리와 마음속에 있는 무한한 가능성과 생각을 이끌어낼 수 있는 매우 의미 있는 과정이라는 것을 부정할 수 없을 것입니다. 그러한 의미에서 독서 활동 쓰기 모형을 통한 과정중심평가는 교사와 학생 모두에게 꼭 필요한 수업 방식이자 평가 방식이라고 할 수 있습니다.

2) 독서 활동 쓰기 모형의 과정중심평가 시 유의점

과정중심평가를 위한 독서 활동 쓰기 모형의 평가는 국어과 성취 기준 및 핵심 역량을 바탕으로 학생들의 독서 활동에서 일어나는 의미 있는 모든 글쓰기 활동이 평가 장면이 될 수 있습니다. 따라서 교사는 학생들이 독서 활동 중에 성취 기준에 도달하기 위해 노력한 결과물뿐만 아니라 독서를 통해 성장하는 과정을 보여준 모든 행위 자체를 평가에 반영하겠다는 인식을 해야 할 것입니다. 결과 중심 평가에 익숙한 사람들은 아직도 독서 활동에 대한 쓰기 평가를 독후 감상문 쓰기에 한정시켜 이해하는 경우가 많은데, 2015 개정교육과정에서 강조하는 과정중심평가는 일반적으로 독서 활동의 결과물로 인식되는 독후 감상문을 쓰기 전에 일어나는 일련의 독서 활동에 대한 글쓰기를 모두 평가에 반영하는 것임에 유의해야 합니다.

이를 위해서는 독서 활동이 모두 끝난 다음에 평가를 따로 실시하는 것이 아닌, 과중 중심의 글쓰기 평가가 수업 시간에 자연스럽게 녹여질 수 있도록 교육과정 - 평가 - 수업이 함께 디자인되어야 할 것입니다. 또한 독서 활동 쓰기 모형은 단순히 구조적으로 완벽하고 유창한 글을 써내는 것을 평가하는 것이 아니라 독서 활동 전·중·후 단계에서 누적된 쓰기 결과물들을 바탕으로 학생의 성장과 발전의 양상을 종합적으로 평가하는 것임에 유의해야 합니다. 그렇기에 독서 활동의 최종 결과물이 만족스럽지 않더라도 그 과정에서 학생이 보여준 독서 태도 및 각종 산출물들이 최종 결과물과 더불어 평가된다는 점을 교사와 학생 모두가 공감할 수 있도록 하는 것이 중요할 것입니다.

3) 독서 활동 쓰기 과정중심평가 정복하기

독서 활동 쓰기 모형의 과정중심평가에서 평가의 주체인 교사가 가장 신경 써야 할 일은 학생이 독서 활동을 하는 전·중·후 과정에서 실시한 누적된 쓰기 결과물들을 바탕으로 학생의 성장과 발전의 양상을 총체적으로 파악하는 것입니다. 이를 위해서 교사는 독서 활동 전·중·후 과정에서 학생이 무엇을 써야 하는지에 대해 구체적으로 계획하고 안내해야 할 것입니다. 그리고 평가의 대상인 학생은 읽을 책을 선정하는 독서 활동 전 단계에서부터 독서 활동 중·후 단계에 이르기까지 자신이 누적하여 기록한 글을 토대로 얼마나 성장하고 발달했는지를 평가 주체인 채점 교사에게 충분히 보여줘야 합니다.

① 독서 활동 쓰기의 평가 내용

앞서 언급한 것처럼 교사는 독서 활동 전·중·후 과정에서 학생이 무엇을 써야 하는지를 구체적으로 계획하고 충분히 안내해야 합니다. 그렇다면 독서 활동 쓰기 모형에서는 어떤 내용을 평가해야 할까요? 크게 두 가지로 나눌 수 있는데, 우선 독서 활동을 얼마나 잘 하고 있는지를 평가해야 합니다. 독서 활동 쓰기 모형은 단순히 글을 쓰는 방법이나 요령을 잘 알고 있는지 평가하는 것이 아니라 독서 활동의 내실화를 전제하고 있기 때문입니다. 다음으로는 독서 활동을 바탕으로 자기 스스로를 성찰하고 자신을 둘러싼 세계를 비판적으로 인식한 내용을 글로 표현할 수 있는지를 평가해야 합니다. 독서를 통해 만나게 되는 새로운 지식, 다양한 삶과 갈등 양상, 정서적·심미적 체험 등을 자신과 관련지어 비판적으로 수용하면서 바람직한 가치관을 모색하고 비판적인 안목을 키워나가는 과정을 글로 조리 있게 표현할 수 있을 때 비로소 독서의 효용을 제대로 경험했다고 할 수 있기 때문입니다.

독서 활동을 얼마나 잘 하고 있는지를 평가하고자 하는 경우에는 '읽을 책을 선정한 이유나 동기를 설명'할 수 있는지에 대한 평가, '글의 구조를 파악하는 능력'에 대한 평가, '핵심 내용을 요약하는 능력'에 대한 평가 등을 평가 항목에 포함하는 것이 좋습니다. 이는 학생이 독서 활동을 통해 책의 내용을 온전히 이해하기 위해 반드시 거쳐야 하는 과정들이기 때문입니다. 그리고 독서 활동을 바탕으로 자기 스스로를 성찰하고 자신을 둘러싼 세계를 비판적으로 인식한 내용을 글로 표현할 수 있는지를 평가하고자 하는 경우에는 '글의 내용을 자신의 배경 지식과 연관지어 이해하는 능력'에 대한 평가, '글의 내용이 우리 사회의 어떤 모습을 반영하고 있는지를 파악하는 능력'에 대한 평가, '글의 내용을 자신의 가치관 및 삶의 태도와 연관지어 이해하는 능력'

에 대한 평가 등을 평가 항목에 포함하는 것이 좋습니다. 이는 독서 활동이 책 속에 수록된 정보 내용을 수동적으로 받아들이는 단순한 과정이 아니라 자신의 경험과 사전 지식을 바탕으로 의미를 재구성하면서 바람직한 가치관을 모색하고 비판적인 안목을 키워나가는 것임을 확인하기 위해 반드시 거쳐야 하는 과정들이기 때문입니다. 다만, 교사가 학생들의 독서 수준이나 능력을 사전에 충분히 잘 알고 있는 경우에는 위의 과정들 중에 일부를 생략하거나 추가할 수도 있겠습니다. 그러나 학생 개개인의 독서 수준을 종합적으로 판단하기는 무척 어려우며, 이는 학생의 국어 교과 성적과도 상관관계가 뚜렷하지 않으므로 독서 활동 쓰기 모형에서 제시한 과정을 임의로 수정하기보다는 위의 과정을 포함하되 상황에 맞게 비중을 조절할 것을 권장합니다.

4) 과정중심평가 실제 사례

국어 교과에서 주로 시행하고 있는 독서 활동 쓰기 모형의 과정중심평가는 독서 활동을 포함한다는 점에서 거의 모든 교과에서 범용성 있게 활용할 수 있다는 장점이 있습니다. 통합형 교과 수업을 실시하고 진로/진학을 강조하는 흐름에 발맞추어 독서 활동의 영역을 제한하지 말고 학생들의 관심사나 수준을 고려하여 자유롭게 선택하도록 할 수 있기 때문입니다. 다만 과정 평가 시에 학생들의 모둠 활동을 함께 평가하고자 하는 경우에는 최소한 모둠별로는 동일한 책을 읽도록 하는 것이 바람직할 것입니다. 이제 국어 수업 시간에 실제로 실시한 독서 활동 쓰기 모형의 과정중심평가 사례를 예로 들어 보겠습니다.

국어 수업 시간에 학생들에게 독서와 글쓰기에 관한 이론 수업을 충분히 실시한 다음, 독서 활동을 통한 과정중심평가 실시 계획을 사전에 공지합니다. 그리고 독서 활동의 주제를 미리 알려준 후에, 학생들이 주제에 맞는 책을 각자 한 권씩 추천해 보도록 합니다. 이때 자신이 '주제 도서로 추천하게 된 이유'를 정해진 양식에 맞게 글로 써서 제출하도록 하는데, 이 단계가 과정 평가의 시작점입니다. 그리고 도서의 주제가 비슷하거나 같은 학생들을 중심으로 독서 모둠을 편성합니다. 독서 모둠의 구성원들은 원활한 모둠 활동을 위해 최대 5명이 넘지 않도록 편성하는 것이 좋습니다. 과정중심평가를 총 5차시로 구성한 경우 주제 도서를 추천하고 독서 모둠을 편성하는 활동까지를 1차시로 구성하고, 본격적으로 독서 활동을 시작하여 글의 구조를 분석하고 핵심 내용을 요약하는 활동을 2~4차시에 실시하고, 5차시에는 글의 내용을 비판적으로 인식하고 자신의 가치관 및 삶의 태도와 연관 지어 이해하는 활동을 구성하는 것이 좋습니다. 만약에 교과 수업의 진도나 여건 등을 고려하여 총 5차시가 너무 많다고 판단되는 경우에는 자신이 읽을 책을 선정한 이유나 동기를 글로 쓰는 단계를 생략하거나 읽을 범위를 사전에 정한 다음 해당 부분의 핵심 내용만을 요약하고, 글의 구조를 분석하도록 하는 것을 1~2차시 정도로 편성하여 진행하는 것도 방법이 될 것입니다.

예시 활동에서는 환경을 주제로 한 주제 도서인 레이첼 카슨의 「침묵의 봄」을 선택한 모둠을 대상으로 설명하도록 하겠습니다. 해당 모둠의 구성원들은 국어 수업의 2 ~ 4차시에 걸쳐 에 각자 「침묵의 봄」을 읽고, 자신이 읽은 분량에 대해 '글의 구조'를 파악하고 '핵심 내용'을 요약해 정해진 양식에 맞게 글로 써서 제출하도록 했습니다. 「침묵의 봄」이 환경 분야의 고전(古典)이기는 하지만 책에 전문 용어가 많이 등장하고 이 내용이 쉬운 편은 아니라서 이 과정에서 학생들의 독서력에 따라 읽는 속도가 차이날 수 있는데, 모든 학생들에게 똑같이 정해진 분량을 읽어내도록 강요하지 말고, 책의 수준과 양을 고려하여 학생들 스스로가 수업 시간에 읽을 분량을 미리 계획하도록 안내하고 최종 완료 시점까지 독서를 마칠 수 있도록 교사가 관심을 갖고 기다려주는 것이 중요할 것입니다.

독서 활동 과정중심평가를 위한 팁

독서 활동을 할 때 만약 읽는 속도가 느린 학생이 있으면 쉬는 시간이나 점심시간에 부족한 독서량을 채울 수 있도록 하되 매번 감점하지 말고, 얼마나 성장하고 발달하고 있는지를 계속적으로 점검하면서 최소한의 감점만 하는 것이 좋습니다. 이는 대부분 읽는 훈련이 충분하지 않은 학생에게 발생하는 상황이므로 해당 학생이 독서 활동에 능동적으로 참여할 수 있도록 교사가 긍정적인 강화를 계속적으로 해나간다면 크게 개선될 수 있습니다.

주제 도서 추천하기 (학생 제출용)

일자	201○년 ○월 ○일		평가차시	1	장소	국어교실
학년	1	반	1	번호	1	이름	홍길동

주제 영역		저자	레이첼 카슨
추천 도서	침묵의 봄	출판사	○○ 출판사

| | | 번호 | 1 | 이름 | 홍길동 |

(표 병합 재구성)

주제 영역		저자	레이첼 카슨
추천 도서	침묵의 봄	출판사	○○ 출판사

주제 도서로 추천하고 싶은 이유나 동기를 간단히 쓰시오.

환경의 중요성을 일깨워준 레이첼 카슨은 〈타임〉 지가 선정한 20세기를 변화시킨 100인 가운데 한 사람이다. 〈침묵의 봄〉은 무분별한 살충제 사용으로 파괴된 야생 생물계의 모습을 적나라하게 공개한 그녀의 대표적인 작품이며, 〈국어〉교과서와 〈고전〉 교과서에도 수록되어 있는 환경 분야의 대표작이다. 최근 우리 사회를 떠들썩하게 했던 '살충제 계란' 파동을 보면서 우리가 여전히 이러한 문제에서 완전히 해방되지 못했다는 생각을 했다. 레이첼 카슨은 만물과 공유해야 하는 이 세상을 무모하고 무책임하게 오염시키는 인간의 행위에 가장 먼저 대항하고, 우리를 둘러싼 이 세상에서 결국 이성과 상식의 승리를 위해 싸웠던 사람이다. 우리도 이러한 레이첼 카슨의 선구자적인 행동을 통해 학문적 도전 의식을 배우고 사회 참여적인 시민 의식을 키워야 할 것이라는 점에서 레이첼 카슨의 대표작인 〈침묵의 봄〉을 주제 도서로 선정하여 함께 읽고 이야기 나눴으면 좋겠다는 생각을 했다.

추천할 도서의 특징이나 장점에 대해 간단히 쓰시오.

레이첼 카슨의 〈침묵의 봄〉 출간 50주년을 맞아 2002년에 출간된 개정판을 꼭 읽어볼 만하다. 저자는 친구로부터 받은 편지 한 통을 계기로 살충제의 사용 실태와 그 위험성을 조사하고, 생물학자로서의 전문 지식과 작가로서의 저술 능력을 발휘해 환경 문제의 복잡성을 알기 쉽게 풀어냈다. 더불어 무분별한 살충제 사용으로 파괴되는 야생 생물계의 모습을 적나라하게 공개하여, 생태계의 오염이 어떻게 시작되고 생물과 자연환경에 어떤 영향을 미치는지 구체적으로 설명하고 있다.

독서 활동지#1 (학생 제출용)

일자	201○년 ○월 ○일		평가차시	2 ~ 4	장소	국어교실
학년	1	반 1	번호	1	이름	홍길동
주제 도서	침묵의 봄		저자	레이첼 카슨		
읽은 범위	pp. 7 ~ 86.		출판사	○○ 출판사		
핵심 어휘	살충제, 환경 오염, 해충, 독성 물질					

자신이 읽은 글의 구조를 파악하여 핵심 내용을 도식화(圖式化)하시오.

자신이 읽은 글의 핵심 내용을 간단히 요약하시오.

인간이 처음에 살충제를 발명한 이유는 해충을 손쉽게 죽이기 위해서이다. 그러나 한 생물종에게 해로운 물질이 다른 생물종에게는 이로울 리가 없다. 살충제는 인간이 여러 합성 방법을 통하여 만들었는데, 화학적으로 분자의 구조를 아주 조금만 바꾸더라도 물질의 성질은 완전히 바뀌고 이는 무시무시하게 독성이 강한 물질을 만들어낼 수 있다. 그렇게 되면 살충제는 다른 식물과 동물들, 심지어 인간에게도 치명타를 입히는 살생제로 변할 수 있다. 말 그대로 빈대 잡으려다 초가삼간 다 태우는 격이다. 실제로 살충제에 들어있는 독성 화학 물질 때문에 다른 생물체들이 피해를 입었던 사례들을 레이첼 카슨은 충분히 설명하고 있다. 그러면서 작가는 살충제에 들어가는 여러 가지 화학 물질들의 이름과 그것이 신체에 접촉하거나 체내에 들어갈 때 어떠한 영향을 끼치는가에 대하여 이야기한다. 처음 들어보는 생소한 이름들이 많아서 내용을 이해하는 데 다소 어려움이 있었지만 이 책의 주제인 '살충제의 악영향'과 관련지어서 생각해 보니 어느 정도 이해하는 데 도움이 많이 되었다.

글을 읽고 난 후 새롭게 알게 되었거나 깨달은 내용을 쓰시오.

환경 오염의 주된 원인에 공장 폐수, 대기 오염, 지구 온난화 등 여러 가지가 있다는 것은 이미 잘 알려져 있는 사실이다. 그러나 해충을 박멸하기 위해 사용하는 살충제가 환경을 훼손하는 원인이 된다는 것은 너무나 충격적이었다. 이를 계기로 인간이 개발한 기술이나 물질이 환경에 어떤 영향을 끼치는 지 세심한 주의와 관리가 필요하다는 것을 깨닫게 되었다.

읽은 내용 중에 궁금했던 내용이나 질문하고 싶은 것을 쓰시오.

살충제의 오남용 문제에 대해 우리나라는 어떤 규제와 대책을 세우고 있으며, 우리나라에서 널리 사용되고 있는 살충제의 종류와 성분, 그리고 환경에 미치는 위험성에 대해 궁금해졌다.

독서 활동지#2 (학생 제출용)

일자	201○년 ○월 ○일			평가차시	5	장소	국어교실
학년	1	반	1	번호	1	이름	홍길동
주제 도서	침묵의 봄			저자	레이첼 카슨		
읽은 범위	pp. 7 ~ 337.			출판사	○○ 출판사		

자신이 읽은 책의 전체 내용을 간단히 요약하시오.

이 책은 무분별한 살충제 사용으로 파괴되는 야생생물계의 모습을 적나라하게 공개했다. 언론의 비난과 이 책의 출판을 막으려는 화학업계의 거센 방해에도 카슨은 환경 문제에 대한 새로운 대중적 인식을 이끌어내어 정부의 정책 변화와 환경운동을 촉발시켰다. 과거에 우리는 살충제의 일종인 DDT를 경각심 없이 써왔다. 하지만 이 살충제는 식물뿐 아니라 인간에게도 치명적인 피해를 준다는 점을 널리 알리며, 결국 DDP의 사용 금지를 이끌어 냈다. 하지만 최근에도 살충제 계란 사태가 사회적으로 큰 문제가 되었던 것처럼, 결국 근본부터 단절하지 않는 이상 우리가 살충제 오남용 폐해로부터 자유로울 수 없다. 이는 궁극적으로는 먹이사슬 파괴로 인한 생태계 교란으로 이어지게 될 것이다. 우리는 이러한 상황을 최대한 늦추기 위해서라도 살충제 사용을 최대한 줄여야 한다.

책의 내용과 관련한 자신의 경험(또는 주변에서 일어나고 있는 사건이나 현상)을 쓰시오.

책을 다 읽고 났을 때 시골에 사시는 할머니께서 키우시던 식물들이 생각났다. 꽃이나 작물 재배를 취미로 삼으셨던 할머니는 항상 나갔다 돌아오실 때 마다 작은 화분을 하나씩 들고 오셨다. 어느 날 평소에 키우고 싶으셨던 식물을 사러 평소에 가던 가게와 다른 곳에 가서 화분을 사오셨다. 할머니께서 이렇게 말씀하신 것이 기억난다. '이 꽃은 왜 줄기에 드문드문 반점들이 있지?'나는 할머니의 부탁으로 그 이유를 인터넷으로 찾아봤고, 식물 줄기의 매끈함이나 꽃, 열매의 선명한 색을 위해 인공비료나 농약을 과도하게 쳤을 경우 나타나는 현상이라는 것을 알게 되었다. 할머니께서 사 오신 이 식물은 비료 없이 몇 주를 살다가 이내 시들어버렸다. 길거리 꽃가게에서조차 이렇게 식물에 심각한 영향을 미칠 정도로 화학 비료를 쓰는데 다른 곳에서는 어떨까 하는 생각을 하게 되었다.

책의 내용과 연관 지을 수 있는 학문 영역이나 진로 · 직업 영역을 쓰시오.

미국에서 연 백억 대 수입을 올리고 있는 사이트 중에는 홈가드닝에 관한 사이트가 많다고 하는데, 이에 착안해서 화학약품 없이 식물을 키울 방법들을 담은 어플리케이션을 개발하면 좋을 것 같다는 생각을 했다. 정부에서 지원해서 각종 포털사이트에 웹툰 형식으로 만화를 게재해 항상 위험성을 잊지 않도록 경각심을 깨워주는 것도 좋을 것이다. 분명 이 밖에도 일반인들에게 파급력 있게 환경 문제를 어필할 방법이 있을 것이다. 약품에 의존하지 않고 생태계를 보존하는 방법에 관해 연구하고 최선의 방법을 찾아내고 이를 우리 실생활에 잘 적용한다면 더 이상 우리는 침묵의 봄을 맞이하지 않을 수 있을 것이라고 생각한다.

책을 읽고 난 후 바뀌게 된 생각이나 변화된 행동 등을 쓰시오.

살충제 사용은 누구를 위한 일이었을까? 더 좋은 음식과 생활, 그리고 동식물의 병을 보호하기 위한 것이 아니었나? 살충제가 없었던 시대에 동식물은 병에 걸리기도 했지만 자연치유나 유전적 변이를 통해 생존해왔다. 인간의 욕심이 자연의 생태계를 무너트려 결국 자신들의 생명까지 위협하고 있는 모습이 어쩌면 우습기도 하고 멍청하기도 하다는 생각이 들었다. 앞으로는 살충제 사용의 위험성을 주변 사람들에게 알리고, 경각심을 일깨우는 환경 운동에 더욱 관심을 기울여야겠다는 생각을 했다.

5) 학생들이 겪는 문제 상황과 해결책

① 읽은 내용을 어떻게 요약해야 할지 모르겠다.

요약하기야말로 독서 활동을 얼마나 내실 있게 진행했는지 그 과정을 평가하는 가장 간단하고 효과적인 방법일 것입니다. 자신이 읽은 글의 내용을 요약하는 것은 읽은 내용을 문맥적 의미에 맞춰 통합적으로 정리하는 과정이기 때문입니다. 그러나 독서 활동 쓰기 모형으로 과정중심 평가를 진행하다보면 상당히 많은 학생들이 읽은 내용을 요약하는 것 자체를 어려워한다는 것을 확인할 수 있습니다. 이는 대다수의 학생들이 요약하는 방법에 대해 제대로 이해하지 못하고 있는 데서 기인한 결과입니다.

자신이 읽은 글의 핵심 내용을 체계적으로 잘 요약하기 위해서는 요약하기가 긴 글을 무작정 짧게 하는 것이 아니라는 점을 분명히 알아야 할 것입니다. 말하자면 요약하기는 문장 단위에서부터 시작해서 문단 단위로, 그런 다음에 글 전체 단위로 확대하는 방식으로 실시하는 것이 훨씬 효과적입니다. 이를 단계 별로 간단히 정리해 보면, 먼저 문장 단위에서 핵심어를 포함한 중요 문장들을 중심으로 내용을 파악하고, 중복되거나 중요하지 않은 문장들을 삭제하면서 남은 문장들을 모아 의미가 자연스럽게 연결되도록 한 두 문장 정도로 다듬습니다. 그런 다음에 이렇게 다듬어진 핵심 문장들을 중심으로 재구성의 과정을 거쳐 문단 단위의 주제문으로 확정합니다. 마지막으로 글 전체 단위에서는 문장 단위와 문단 단위에서 파악한 핵심 문장을 바탕으로 각 문단의 기능과 문단 간의 관계를 파악하여 관련된 내용의 문단을 묶어 전체를 몇 부분으로 나눈 다음, 이를 간추려 글의 전체 구조를 요약하는 것입니다. 요약하기의 원칙과 관련하여 여러 독서 전문가들이 제시한 방법들이 많이 있는데, 이를 종합해보면 요약하기의 일반적인 원칙들은 아래에 제시된 표와 같습니다.

요약하기의 일반적인 과정

1. 읽은 내용에 대해 내용상 문단을 나눈다.
2. 각 문단의 핵심어, 핵심 문장을 파악한다.
3. 읽은 내용 전체의 주제문을 작성한다.
4. 각 문단의 기능과 문단 간의 관계를 파악한다.
5. 읽은 내용의 전체 구조를 파악한다.
6. 글의 구조를 중심으로 핵심 내용을 정리한다.

7. 최종적으로 쓸 내용을 정리하여 요약한다.

선택의 원칙	각 문장이나 문단에서 중요한 것과 중요하지 않은 것을 구별하여, 요약할 때는 중심 문장을 선택하고 뒷받침 문장(세부적인 내용이나 반복되는 내용)은 삭제한다.
객관화의 원칙	글쓴이의 주장에는 자신의 해설이나 견해를 덧붙이지 말고 글쓴이가 언급한 내용을 있는 그대로 요약하여 객관성을 유지한다.
일반화의 원칙	구체적이고 개별적인 내용은 일반적인 내용으로 대치하고, 하위 개념들은 좀 더 일반적인 상위 개념으로 대치하여 요약한다.
변화의 원칙	문단의 핵심 내용을 요약할 때는 글의 표현을 그대로 옮기지 말고, 자기가 이해한 것으로 바꾸어 표현한다.(어려운 어휘→쉬운 어휘, 비유적 표현→직설적 표현)
재구성의 원칙	제시된 내용을 순서대로 요약하는 것이 아니라, 핵심 내용을 한눈에 파악할 수 있도록 재구성해야 한다. 또한 중심 문장이 명시적으로 나타나 있지 않을 때는 제시된 내용을 바탕으로 핵심 내용을 추론하여 중심 문장을 만들어야 한다.

② 글의 종류와 읽기 목적을 고려하여 요약하는 연습을 반복하라!

요약하기를 통해 평가하려는 것은 다른 사람의 글을 정확히 이해하고 파악한 내용을 완결된 한 편의 글로 표현할 수 있는가 하는 능력입니다. 그런 의미에서 요약하기는 글의 핵심 내용을 파악하는 독해 능력과 관련될 뿐만 아니라 고도의 조직적인 표현(쓰기) 능력이 요구된다는 점에서 과정중심평가의 취지와 부합하며, 학생의 독해 능력과 쓰기 능력을 동시에 평가할 수 있는 매력적인 평가 도구입니다. 하지만 앞서 설명한 요약하기의 일반적인 과정과 원칙들은 머리로 이해하는 것이 아니라는 것을 명심해야 합니다. 마치 운동선수가 반복된 훈련의 결과로 운동 능력을 발휘하는 것처럼 요약하기는 반복적인 연습을 통해 몸에 익혀야 하는 것입니다. 따라서 학생 입장에서는 평소에 책을 읽은 것으로 끝내지 말고 자신이 읽은 내용에 대해 요약하기 연습을 반복하는 것이 중요할 것입니다.

이제 노력의 방향을 언급할 차례입니다. 중국의 고사 중에 '남원북철(南轅北轍)'이라는 말이 있는데, 남쪽으로 가려고 하면서 수레는 북쪽으로 몬다는 뜻입니다. 이처럼 요약하기는 글의 종류에 상관없이 무조건 한 가지 방법만으로 짧게 쓰는 것이 아니라, 어떤 글을 요약할 것인지, 왜 요약하는지에 따라 방법을 달리 해야 할 것입니다. 일반적으로 요약하기의 제재로 주어지는 글은 정보를 전달하는 글이거나 주장하는 글, 그리고 이야기로 된 글이 많습니다. 정보를 전달하는 글은 핵심어를 중심으로 용어의 개념을 명확히 하고 제시된 정보들 간의 관계에 주목하여 요약할 필요가 있습니다. 그리고 주장하는 글은 논점을 파악한 후 주장과 근거를 중심으로 내용을 정리하여 요약하면 좋습니다. 또한 이야기로 된 글의 경우에는 이야기의 흐름을 고려하여 사건이 일어난 순서에 따라 내용을 요약하는 방법, 각 문단이나 구성 단계에서 주요 사건을 파악한 후 이를 연결하여 내용을 요약하는 방법, 이야기의 주인공이 한 일을 중심으로 내용을 요약하는 방법, 사건이 일어나게 된 원인이나 사건으로 인해 벌어진 결과가 무엇인지 파악하여 내용을 요약하는 방법 등을 다양하게 활용할 수 있을 것입니다.

6) 'I'만의 세+특 만들어 대학 가기

① 과정중심평가 활동을 생활기록부에 기록하기

독서 활동 쓰기 모형의 과정중심평가는 학생이 독서 활동을 통해 성장하고 발달하는 일련의 글쓰기 과정(process)을 모두 평가에 반영한다는 점에서 교사 입장에서는 시간과 노력을 많이 들여야 하는 불편함이 있습니다. 하지만 입학사정관들에게는 지원자의 전공 능력과 진로 성숙도를 제대로 파악할 수 있는 매우 유용한 기초 자료가 된다는 점에서 매우 중요합니다. 그러므로 '구슬이 서 말이라도 꿰어야 보배'라는 말처럼 학생은 독서 활동 쓰기 모형에 적극적으로 참여함으로써 자신의 성장한 모습을 보여주고 교사는 이러한 과정을 면밀히 관찰하여 평가에 반영할 뿐 아니라 학교생활기록부의 과목별 세부능력 및 특기사항에도 그 내용을 구체적인 사례와 함께 충실히 반영해주어야 합니다. 위의 실제 사례에 나타난 학생의 학교생활기록부의 과목별 세부능력 특기사항 기록을 한번 살펴보겠습니다.

[예시] 과목별 세부능력 및 특기사항

(국어) 세부능력 및 특기사항
국어 영역의 학업 성취도가 우수한 학생으로, 환경 문제에 대한 관심과 흥미가 높아 환경 분야 교양 도서를 폭넓게 읽고 친구들에게도 추천하는 모습을 보여주었음. 국어 수업시간에 레이첼 카슨의 '침묵의 봄'을 읽고 자신이 읽은 범위의 핵심 내용을 요약하였을 뿐만 아니라, 자신이 읽은 글의 내용을 우리 사회의 현상과 접목하여 비판적으로 인식하고 성찰하는 글쓰기를 생활화한 모범적인 학생임. 특히 책에서 언급한 화학 물질들의 특징과 위험성을 체계적으로 정리하고, 그로 인한 미국 야생 생태계의 광범위한 파괴 사례에 대해 설명하면서, 최근 우리 사회를 떠들썩하게 했던 살충제 계란 문제도 유사한 사례라는 점에서 살충제와 제초제 사용을 전면 금지해야 한다는 주장을 담은 독후 감상문을 제출하여 좋은 평가를 받음. (이하 생략)

② 학생부종합전형 평가 채점 기준에 따른 해설

지원자의 전공 적합성, 진로 성숙도, 자기주도적 학습 능력, 지적 호기심 등을 종합적으로 확인할 수 있는 가장 명료한 자료는 바로 학교생활기록부의 과목별 세부능력 및 특기사항입니다. 특히 교과 성적이나 수상경력이 탁월하지 않은 학생이라면 과목별 세부능력 및 특기사항에 진로 및 전공 관련 독서 활동을 통해 자신이 성장하고 발전한 내용을 잘 기록해 두는 것만으로도 해당 이력을 폭넓게 자기소개서에 활용할 수 있습니다. 아울러 현재 독서 활동을 유독 강조하고 있는 서울대는 전국의 대학 중 유일하게 자기소개서에 고교 재학 중 인상 깊게 읽은 책을 3권 이내로 선정하여 단순한 내용 요약이나 감상이 아닌, '책을 읽게 된 계기', '책에 대한 평가', '자신에게 준 영향'을 서술하도록 하고 있다는 점에서 독서 활동과 연계한 쓰기 결과물들을 과정 중심으로 평가하고 학교생활기록부에 잘 기록하는 것은 입학사정관들에게 좋은 인상을 줄 수 있을 것입니다.

7) 독서 활동 쓰기 모형 과정중심평가 자료

독서 활동 쓰기 과정중심평가를 진행한 예시 자료들입니다. 교사들이 활용할 수 있도록 하고 학부모님의 이해를 돕기 위해 과정중심평가 자료를 덧붙입니다.

독서 활동 쓰기 모형 과정중심평가 교수 · 학습 과정

과정 중심 평가 형태	독서 활동 쓰기					

주제 도서	레이첼 카슨 「침묵의 봄」				학생좌석 배치형태	모둠식

핵심 역량	자기관리 역량	지식정보처리 역량	창의적 사고 역량	심미적 감성 역량	의사소통 역량	공동체 역량
		○	○		○	○

단계	학습 과정	과정중심평가 교수–학습 활동	평가	자료 및 유의점
도입 (5')	• 전시학습 확인 • 학습 목표 제시 • 주제 도서 소개 • 읽을 분량 정하기	• 전시학습 상기 및 학습 목표 제시 • 주제 도서의 선정 이유 및 책의 특징 소개 → 추천자가 주제 도서에 대해 설명하고 모둠원이 책에 대해 흥미를 갖도록 유도한다. • 주제 도서의 목차를 보고 학생들이 스스로 읽을 분량을 정한다.		• 주제 도서에 대한 자료 • 각자의 독서 수준과 읽기 속도에 따라 읽을 분량을 정한다.
전개 (40')	• 주제 도서 읽기 • 독서 활동지의 문항에서 요구하는 내용을 글로 쓰기	• 책에서 자신이 정한 분량을 읽는다. • 자신이 읽은 글의 구조를 파악하여 도식화한다. • 자신이 읽은 글의 핵심 내용을 정리하여 간단히 요약하여 독서 활동지에 쓴다. → 요약하기의 과정에 따라 읽은 내용을 요약한다. → 요약하기의 원칙(선택/객관화/일반화/변화/재구성)에 따라 읽은 내용을 요약한다. • 글을 읽고 난 후에 새롭게 알게 되었거나 깨달은 내용을 독서 활동지에 쓴다. • 읽은 내용 중에 궁금했던 내용이나 질문하고 싶은 내용을 독서 활동지에 쓴다.	독서 활동지에 쓴 내용을 바탕으로 개별 과정중심평가	• 자신이 읽기로 목표한 분량을 모두 읽도록 노력한다. • 요약하기 과정에 따라 핵심 내용을 정리한다. • 토론에서 소외되는 학생이 없도록 한다.
정리 (5')	• 배움 성찰 • 독서 활동지 정리 및 제출 • 차시예고	• 독서 활동지에 작성한 내용을 바탕으로 스스로를 성찰하고 독서 활동을 반성한다. • 차시에 읽을 내용을 파악한다.		

과정중심평가 방법 및 평가 문항

평가 방법	독서 활동 쓰기	평가 도구	관찰평가, 모둠평가, 자기평가, 모둠 내 동료평가
평가 도서	레이첼 카슨 「침묵의 봄」		
평가 관점	내실 있는 독서 활동을 바탕으로 자기 스스로를 성찰하고 자신을 둘러싼 세계를 비판적으로 인식한 내용을 글로 표현할 수 있는가?		

	학생 성취 수준	수준별 피드백 방향
잘함	자신이 읽은 내용을 구조화하고 핵심 내용을 요약한 후, 글의 내용을 비판적으로 인식하고 자신의 가치관 및 삶의 태도와 연관 지어 이해한 내용을 글로 표현할 수 있다.	글의 내용을 비판적으로 인식하는 안목을 키울 수 있도록 안내하고, 이를 자신의 가치관 및 삶과 연관 지어 사고할 수 있도록 지도한다.
보통	자신이 읽은 내용을 구조화하고 핵심 내용을 요약한 후, 글의 내용을 비판적으로 인식한 내용을 글로 표현할 수 있다.	글의 핵심 내용을 요약하는 과정과 원칙을 안내하고, 글의 내용을 비판적으로 읽을 수 있도록 비판적인 읽기 방법을 지도한다.
노력 요함	자신이 읽은 내용을 구조화하고, 글의 내용을 비판적으로 인식한 내용을 글로 표현할 수 있다.	글의 내용을 구조화하는 방법을 안내하고, 이를 바탕으로 핵심 내용을 요약하는 과정과 원칙을 연습할 수 있도록 지도한다.
평가상의 유의점	학생이 독서 활동지에 쓴 글의 내용을 바탕으로 독서 활동을 내실 있게 하고 있는지, 자기 스스로를 성찰하고 자신을 둘러싼 세계를 비판적으로 인식 했는지를 평가해야 하며, 학생의 성취 수준에 맞는 적절한 피드백을 통해 정보 처리 능력, 문제해결력, 창의력, 의사소통 능력, 시민 의식, 자기 관리 능력, 문화 예술 감수성 등이 향상될 수 있도록 한다.	

독서 활동 쓰기 모형 자기 평가 및 모둠 자체 평가

주제 도서	레이첼 카슨 「침묵의 봄」
성취 기준	글의 핵심 내용을 요약하고 비판적으로 이해한 내용을 표현할 수 있다.
학습 목표	1. 글의 구조를 파악하여 핵심 내용을 요약할 수 있다. 2. 비판적인 시각을 바탕으로 이해한 내용을 표현할 수 있다.

1. 자기 평가

평가 준거						나의 성장 정도에 대해 판단하는 내용 요소
핵심 역량	성장					
정보 처리 능력						글에 제시된 다양한 정보를 구조화하고, 중요도를 평정하여 핵심 내용을 요약할 수 있다.
의사소통 능력						자신의 글에 대한 다른 사람들의 평가를 비판적으로 수용하고, 다른 사람의 글도 적극적으로 비평할 수 있다.
문제해결력						글을 내용을 바탕으로 바람직한 가치관을 모색하고, 현실적인 문제를 해결하는데 적용할 수 있다.
시민 의식						글의 내용을 바탕으로 우리를 둘러싼 현실 사회의 모습을 비판적으로 인식할 수 있다.
창의력						글의 내용을 바탕으로 다른 학문, 다른 진로·직업 영역과 관련지어 새로운 아이디어를 도출할 수 있다.

2. 모둠 자체 평가

평가 준거		해당 학생 이름과 그 이유
평가 내용	관찰 항목	
독서 활동 참여 태도	주제 도서를 꾸준히 읽으면서 구조 독해 활동과 요약하기 활동을 적극적으로 한 사람은 누구인가요?	
비판적 쓰기 활동 참여 태도	주제 도서를 읽고 비판적으로 이해하는 활동을 적극적으로 한 사람은 누구인가요?	
적극적인 상호 작용	모둠원들의 생각이나 주장에 관심을 갖고 적극적으로 소통하기 위해 노력한 사람은 누구인가요?	

11
구술과 면접 활동 모형
: 자기표현 능력

1) '2015 개정 국어과 교육과정'에서 중요한 점

'2015 개정 국어과 교육과정'은 기존의 교수·학습방법을 개선하고자 하는 방향으로 ① '학습자가 미래 사회에서 요구하는 국어과 교과 역량을 기를 수 있도록 하는 교수·학습', ② '국어 활동의 총체성을 고려한 통합형 교수·학습', ③ '학습 활동 과정에서 의미 있는 배움이 일어날 수 있도록 하는 학습자 참여형 교수·학습', ④ '학습 목표를 달성하는 과정에서 바람직한 인성을 함양하는 교수·학습'을 설정했습니다. 이러한 교수·학습 기조에 따라 평가 시에도 국어과 교과 핵심 역량을 중심으로 '교육과정-수업-평가'의 일관성을 유지할 수 있도록 하고, 학생의 학습 과정을 중시하며, 학생의 성장을 보고할 수 있는 평가를 지향한다고 볼 수 있습니다(김창원 외, 2015). 또한 "지식 위주의 암기식 교육"에서 "배움을 즐기는 행복교육"으로의 전환을 표방하며, 단편적인 지식의 암기나 단순 문제 풀이 방식의 교육을 지양하고, 핵심 개념과 원리를 중심으로 학습 내용을 적정화한 학생 중심의 교실 수업 개선을 지향하고 있습니다. 결국 수업과정에서 교사 중심이 아닌 능동적이고 적극적인 학습자의 모습이 나타날 수 있도록 전체적인 수업 설계가 이루어져야 하고, 이에 따른 수업 장면에서는 국어과 교과 역량이 구현될 수 있도록 학습자 중심 과정평가가 연계되어 있어야 합니다. 물론 이를 위해서는 학생들이 당당한 자기표현으로 수업을 이끌어가는 주체적인 역할을 할 수 있도록 교사의 수업 설계가 필요할 것입니다.

2) 점점 더 강조되는 자기표현의 중요성

① 더 이상 침묵은 금이 아니다.

동양에서는 예로부터 침묵을 중시하는 경향이 있었습니다. 말을 경계하는 시각이 있었고, 인간이 말과 글에 현혹되어서는 안 된다는 의식이 자리 잡고 있었죠. 하지만 이것은 결코 자기표현을 부정하는 것이 아니라, 다만 그 표현 방법에 신중을 기하라는 의미가 아닐까 합니다. 현대사회에서 자신의 생각이나 느낌, 경험을 표현하는 능력은 사회적 의사소통에서 매우 중요하게 작용합니다. 이는 개인의 언어생활을 영위하는 수준뿐만 아니라 사회적 관계를 맺으며 소통하는 차원에서도 중요한 사실입니다.

학생들에게도 마찬가지입니다. 수업활동에서 조용히 앉아서 필기만 하고, 얌전한 자세로 선생님의 질문에 대답만 하는 것은 더 이상 미덕으로 간주하지 않습니다. 보다 적극적으로 질문하고, 감정을 표현하며, 수업과정에서 능동적인 자세로 교사와 학생, 학생과 학생이 소통해야 합니다. 이는 비단 말뿐만 아니라 글쓰기를 통해서도 가능합니다. '말은 그 사람의 얼굴이고, 글은 그 사람의 인격'이라는 말이 있습니다. 말과 글을 통해 자신을 당당하게 드러낼 줄 알아야 하는 현대사회에서, 이왕이면 얼굴과 인격을 예쁘게 드러내 보일 필요가 있는 것입니다. 없는 것을 있는 척, 아닌 것을 그런 척 하는 포장 기술이 아니라 자신의 경험과 생각, 느낌을 자유로이, 자신감을 가지고 표현할 줄 알아야 한다는 것입니다. 이를 위해서는 더 이상 침묵을 금으로만 여기지 말고, 자기표현의 경험을 많이 갖는 것이 중요하다고 할 수 있습니다.

② 자기표현이란?

자기표현이란 사전적 의미로 자기의 내면적인 생각이나 생활을 말 또는 글을 통해서 겉으로 드러내 보이는 것을 말합니다. 머릿속에만 머물러 있는 지식은 효용가치가 떨어질뿐더러 단순 암기에 의한 경직된 지식은 사장되기 마련입니다. 다만 그것을 밖으로 표출시켜 일상생활에 도움이 되는 지식으로 활용 가능할 때 비로소 지식으로서의 가치를 가질 수 있습니다. 따라서 학교 수업에서도 학생들의 지식을 최대한 활용할 수 있는 수업을 진행해야 합니다. 이제 교육은 학생들에게 지식을 전달해주는 것이 아니라 지식을 자기 것으로 만들어 표현하고 활용하는 과정이 이루어질 수 있도록 돕는 활동이 되어야 합니다.

국어 수업을 하며 늘 생각해 왔던 문제는 어떻게 학생들을 수업에 참여시킬까 하는 것이었습니다. 질문을 해도 묵묵부답이고, 겨우 고개만 끄덕이며 눈치만 살피는 모습을 볼 때면, 답답하다는 생각이 들 때도 있지만, 다른 한편으로는 '이 학생들이 원래부터 이렇게 소극적이지는 않았을 텐데' 하는 생각으로 내 수업에 대한 자괴감이 들 때도 있습니다. 유치원에 다닐 때에는 선생님의 말에 서로 한 번이라도 더 말하려고 손을 번쩍 들고, 고래고래 소리 지르던 아이들이었을 텐데, 학생들은 점차 자라면서 다양한 원인으로 수업시간에 침묵하는 경향이 있습니다. 학생들 간의 대화를 가만히 지켜보고 있노라면 숨도 쉬지 않고 떠들어대며 말을 잘하는 아이들이 수업시간에는 왜 그렇게 조용한지. 그건 아마도 학생들이 지식을 활용하여 표현하는 데 익숙하지 않거나 사람들 앞에서 말하는 것에 부끄러움을 느끼기 때문일 가능성이 높습니다. 때문에 학생들은 말하기와 글쓰기 연습으로 자기 자신을 당당히 드러낼 필요가 있습니다. 이를 위해 교사에게 학생들이 자연스러운 분위기 속에서 비판적 · 창의적 사고, 의사소통 역량을 키우기 위한 수업 장면을 만들어 줄 책무가 따릅니다.

3) 개성이 드러나는 자기표현

① 글쓰기와 말하기 과정을 하나로

우리는 확신이 없을 때 말꼬리를 흐리는 것을 종종 경험합니다. 일상 대화에서 뿐만 아니라 어떤 개념 또는 화제에 대해서 말을 잘하기 위해서는 첫째, 자신감이 있어야 하고, 둘째, 말하고자 하는 내용을 분명히 이해하고 있어야 합니다. 아무리 좋은 내용의 원고라도 잘 모르거나 자신이 없다면 전달 효과가 떨어질 수밖에 없기 때문입니다. 이에 수업과정에서 학생들이 글쓰기 절차에 따라 내용을 작성하게 하여, 이를 친구들 앞에서 발표하는 경험을 갖도록 하는 것이 필요합니다. 이를 통해 자연스럽게 자신이 전하고자 하는 내용이 체계적으로 정리되어야, 그것을 보다 효과적으로 전달할 수 있다는 사실을 새삼 깨달을 수 있기 때문입니다. 자기가 말할 내용을 미리 준비해서 발표하는 것은 '준비성이 철저한 사람'이라는 믿음을 줄 수도 있습니다. 물론 이 과정에서 자기평가와 동료, 교사 평가를 주고받으며, 내용 체계 및 완성도, 표현방법 등에 대해 다시금 고민해 볼 수 있고, 글쓰기 관습과 언어예절도 함께 기를 수 있을 것입니다.

② 글쓰기와 말하기 과정중심평가

글쓰기와 말하기 과정을 연계하여 평가하는 가장 큰 이유는 학생 스스로가 계획해서 작성한 글을 친구들 앞에서 발표하는 경험을 갖게 하고자 함입니다. 학생들은 쓰기 맥락에 따라 단계적으로 글을 작성함으로써 글쓰기에 대한 막연한 두려움을 없애고, 개요에 맞춰 군더더기 없는 글을 완성해 내는 경험을 할 수 있습니다. 또한 이를 친구들에게 소개함으로써 자신감을 가지고, 자신의 관심사를 친구들에게 표현할 수 있는 계기도 마련할 수 있습니다. 진로에 대한 비전을 쓰기 주제로 하여 자신의 꿈을 실천할 수 있는 길을 구체적으로 탐색하고, 이를 발표함으로써 꿈에 대한 확신과 자기 효능감을 길러줄 수도 있습니다. 이 과정에서 글쓰기와 말하기 과정이 자기표현임은 물론, 의미를 구성하여 소통하는 사회적 상호작용 활동임을 이해하고, 개인과 사회에 끼치는 영향을 고려하여 글쓰기 윤리와 말하기 예절을 지킴으로써 그 내용에 대한 책임감 있는 태도를 내면화할 수도 있을 것입니다. 물론 수업상황을 고려하여 쓰기 맥락에 따라 완성된 글쓰기까지만 평가할 수 있고, 말하기 주제를 선정하여 말하는 과정만을 분리하여 평가할 수도 있습니다.

4) 과목별 세부능력 및 특기사항

① 어떻게 써야 할까?

과목별 세부능력 및 특기사항(이하 과세+특)은 '학생의 수업 참여의 태도와 노력, 교과별 성취기준에 따른 학습목표 성취를 위한 자기주도적 학습에 의한 변화와 성장 정도를 중심으로 기재한다.'고 생활기록부 지침을 마련해 놓고 있습니다. 과세+특은 일종의 정성평가 기록으로서 학생이 수업에 참여하는 자세와 구체적인 활동이 중요하게 반영되는 것입니다. 때문에 이 내용이 기재되었을 때에는 학생의 자기주도적 탐구 역량과 함께 2015 개정 국어과 교육과정에서 추구하는 총론 핵심 역량에 따른 국어과 교과 역량을 보여주어야 합니다.

우리는 여기에서 과세+특에 대한 세 가지 문제에 대해 고민할 필요가 있습니다. 첫째, 과세+특에 좋은 말만 죽 늘어놓는 식의 추상적 표현에 대한 문제입니다. 홍길동 학생 본연의 과세+특이 되어야 함에도 불구하고, 추상적인 표현만 늘어놓는다면 그것이 '성춘향'의 과세+특인지, '임꺽정'의 과세+특인지 알 길이 만무합니다. 막연하게 "작문의 관습과 절차를 숙지하고, 이에 따라 글쓰기에 적극적으로 참여함.", "열정과 관심을 가지고 수업에 임하여 교과 내용 이해도를 높였으며, 당당하게 말하기 활동을 함으로써 자신감을 고취함." 이라는 과세+특은 식상하게만 느껴질 가능성이 높습니다. 자연스레 이러한 표현들로 채워진 과세+특은 입학사정관에게 매력적으로 다가가기 어렵습니다. 이들은 홍길동 학생이 수업시간에 어떤 활동을, 어떻게 수행하였는지,

그것을 통해 어떤 가치를 깨닫고, 어떤 내·외면의 변화를 겪었는지에 대해 구체적으로 알고 싶어 하기 때문입니다.

둘째, 과세+특이 학생을 나타내는 것이 아닌 그 수업의 특징을 보여주는 경우의 문제입니다. "작문의 개념과 특징에 대한 이해를 바탕으로, 글쓰기 전략에 따라 계획-생성-조직-표현-고쳐 쓰기의 과정을 거치는 작문 경험을 가짐.", "도덕적 의무를 법으로 규정하여 강제하는 착한 사마리아 인의 법에 대한 찬반 토론에 적극 임하였으며, 이를 통해 토론의 규칙과 절차를 익히고, 상대를 존중하는 태도를 기름."이라는 식의 내용은 홍길동 학생이 아닌 교과목 선생님의 수업 흐름 또는 특징을 보여주는 내용에 불과합니다. 수업 과정에서 실질적으로 학생이 능동적으로 참여한 활동에 보다 초점이 맞춰져야 할 것입니다.

셋째, 학생의 진로와 연계된 내용인지에 대한 문제입니다. 물론 교과의 특성 및 교과 내 단원 성격이 다르기 때문에 모든 활동이 진로와 연계되어야만 한다는 것은 아닙니다. 다만 학생들의 진로와 궤를 같이 하는 수업활동을 함으로써, 혹은 학생들이 수업과정을 자신의 진로와 분리된 것이 아니라 연장선상이 될 수 있다는 것을 상기한 채 활동에 임하다 보면, 보다 자신의 색깔이 뚜렷한 과세+특이 나올 수 있을 것입니다. 이를 고려한 글쓰기와 말하기의 과정중심평가에 따른 과세+특 기록 예시를 살펴보겠습니다.

[예시] 과목별 세부능력 및 특기사항

(화법과 작문) 세부능력 및 특기사항
쓰기 맥락을 고려한 글쓰기 수업에서 역사교사를 꿈꾸는 학생은 작문 목적과 절차를 이해하고, 외국인에게 독도가 우리나라 영토라는 사실을 알릴 목적으로 '우리 땅 독도'라는 주제를 정함. 이에 한국에 관심을 갖는 10~20대 외국인을 예상 독자로 하여 독도의 위치, 역사적 사실과 근거, 일본의 독도 침략 발언, 그리고 우리나라 국민의 독도 사랑과 그 가치 등을 내용으로 생성·조직하였으며, 이를 위하여 한국사 교과서는 물론, '외교부 독도'와 '독도 연구소' 사이트 조사를 통해 필요한 정보를 얻는 등의 자료·정보 활용 역량을 보임. 표현하는 과정에서는 역사를 왜곡하여 망언을 일삼는 일본의 발언을 지적하고, 독도에 관심을 가지고 올바른 역사관을 확립할 것을 당부하였으며, 자신의 독도 수호 의지를 위한 캠페인 경험을 사례로 들어 비판적·창의적 사고 역량과 뚜렷한 역사의식을 보여줌. 이를 토대로 한 친구들에게 말하는 활동에서 진지한 자세로 우리나라 영토인 독도를 지리적·역사적 측면에서 소개하며, 대한민국의 국민으로서 영토 수호 의지를 촉구하고, 역사의 중요성을 역설하여 학생들의 공감을 이끌어 내어 박수갈채를 받음. 이 과정에서 보조 자료를 활용하고, 준언어적·비언어적 표현을 적극 활용하는 의사소통 역량이 돋보였으며, 이를 통해 자신의 진로에 보다 뚜렷한 신념을 갖는 시간이 되었다고 소감을 표현함.

위 예시처럼 학생이 참여한 과정중심평가에 대한 교과 활동 내용과 수업 과정에 적극적으로 임했다는 사실, 더불어 진로에 대한 포부까지도 읽어낼 수 있다면, 보다 매력적인 과세+특이 되

지 않을까요?

② 어떻게 준비해야 할까?

과목별 세부능력 및 특기사항(이하 과세+특)은 교과 담당 교사가 입력해주는 것인데, 한 명의 교사가 모든 학생들의 진로 및 관심사, 능력에 맞는 과세+특을 써주는 것은 현실적으로 매우 어렵습니다. 때문에 교사는 학생들이 수업 과정에서 다양한 역량을 발휘할 수 있도록 수업을 설계해주는 역할을 하여 학생들이 수업에 능동적으로 참여함으로써 자신만의 내용으로 재구성할 수 있도록 준비하여야 할 것입니다. 학생들 스스로가 생활기록부에 기재할 내용을 만들어서 선생님에게 준다는 역발상이 필요한 이유입니다.

교과 수업을 본인의 것으로 가치를 부여하는 것은 철저하게 학생의 노력에 달려있습니다. 이를 위한 가장 기초는 바로 수업 시간에 충실히 참여하는 것이지요. 어려운 개념이나 원리가 있다면 탐구정신을 발휘하여 교과서 외에서도 찾아보려는 노력을 하고, 본인이 이해하였지만 친구가 그렇지 못하다면 멘토가 되어 정보를 전달해 줄 수 있고, 교과와 관련한 내용 중에 별도의 수행평가가 없더라도 자신의 진로나 흥미와 관련하여 스스로 탐구한 내용의 보고서를 제출할 수도 있습니다. 물론 수행평가 시에도 귀찮다고 생각하지 말고, 적극적으로 탐구력과 창의적인 문제해결능력 등을 바탕으로 활동 내용을 자신의 것으로 만드는 고민을 해나가야 합니다. 이렇게 의도적으로라도 자기주도적 탐구역량 및 지적 호기심을 맘껏 발산해내는 노력이 뒤따라야 그만큼 쓸 거리가 다채로워진다는 사실을 결코 잊어서는 안 될 것입니다.

이렇게 열심히 노력을 하였다면 다음 단계는 무엇일까요? 제 아무리 교과 역량을 발휘하고, 수업시간에 충실히 임했다고 하더라도 이를 정리하여 기록하지 않는다면 그 근거가 사라져 버리고 맙니다. 고로, 선생님이 시키지 않더라도 학생들은 이를 자신의 진로나 적성과 연결시켜 학생부에 기재되었으면 하는 내용을 작성하여 담당교과목 선생님에게 입력해 줄 것을 요청해야 합니다. 선생님이 번거로워하면 어쩌나 걱정된다고요? 천만에! 오히려 대견한 눈빛으로 고맙다고 할지도 모릅니다. 왜냐하면 교과 선생님도 학생 개개인의 특성을 고려한 과세+특을 입력하려면 여간 까다로운 일이 아니기 때문이죠. 학생들은 자신만의 특성을 고려한 역량과 가치를 드러내며, 전공적성에 적합한 내용을 기재할 수 있고, 교과 담당 선생님들은 과세+특 작성에 골머리를 썩지 않아도 되니 일석이조라고 할 수 있겠습니다. 과세+특이 양질의 내용으로 자기주도적 탐구 역량을 갖추는 데에는 학생들의 노력도 매우 중요하다는 사실을 꼭 기억하시기 바랍니다.

5) 과정중심평가 실제 사례

① 글쓰기 과정중심평가

먼저 작문의 원리와 과정에 대한 이론적인 수업이 선행되어야 합니다. 학생들에게 어떤 주제를 던져주고 무턱대고 글을 쓰라고 하면 막연함에 한 문장 쓰기도 어려워하기 마련입니다. 그럴 경우 학생들은 점차 글쓰기 공포를 학습하고, 이러한 경험이 누적되면, 애인에게 편지 쓰는 것조차 부담스러워할 수 있을지도 모릅니다. 때문에 학생들이 글을 쓰는 데에는 모두 작문의 원리가 전제된다는 사실을 인지시켜 줌으로써, 실제 쓰기 과정에서 작문의 특징과 절차를 고려하여 단계적으로 써 내려 갈 수 있도록 도움을 줘야 합니다. 이때 학생의 이해를 돕기 위해서 짧막하게나마 사례를 제시하여 시범을 보여주는 노력이 요구됩니다. 이론적으로 설명하기 보다는 실제 과정에 따른 예시를 보여주는 효과가 한결 크게 작용할 것입니다. 그리고 이러한 단계에 따라 학생들이 글쓰기를 경험하는 과정을 중심으로 평가해 주는 것이지요.

계획하기 지도 과정

무엇이든 일을 추진하려면 치밀한 계획이 선행되어야 합니다. 글쓰기도 마찬가지입니다. 글을 쓸 방향을 분명하게 정한다면, 한결 쉽게 글을 엮어갈 수 있습니다. 자유주제를 정하여 글을 쓰라고 하면, '뭐를 어떻게 쓰라는 거지?' 생각에 학생들은 고개를 숙이기 마련입니다. 이에 교사는 머릿속의 생각을 브레인스토밍을 할 수 있도록 지도합니다. 혹은 짝과 함께 이야기를 주고받으면서 글감에 대한 영감을 떠올리게 할 수도 있습니다. 여기에서 중요한 것은 학생들의 삶의 경험에서 글감을 끌어올 수 있도록 자극해 주는 것입니다. 자기만이 가장 잘 아는 삶 속 이야기, 꿈에 대한 비전, 봉사활동을 했던 경험, 가족과 여행지에 가서 쌓은 추억 등을 글감으로 끄집어내어 쓸 수 있도록 안내해 주는 것이지요. 거창한 것이 아니라 일상의 사소한 이야깃거리가 모두 훌륭한 글감이 될 수 있다는 사실을 발견하게 해주어야 합니다.

글을 쓰는 목적과 예상독자 등은 되도록 구체적으로 설정할 수 있도록 합니다. 단순히 외국인이라고 예상독자를 설정하기 보다는, '평창 올림픽 때 한국에 방문할 예정인 외국인', '중고등학교에서 세계사 공부를 하는 10대 외국인' 등으로 구체적인 설정을 해야만, 보다 분명하게 글을 작성할 수 있기 때문입니다. 또한 이를 실을 매체를 생각해 보게 함으로써 자연스레 매체의 특성을 이해하고, 그에 따른 글쓰기 전략을 새롭게 수립할 수도 있을 것입니다. 글쓰기가 막막한 학생들도 자기가 자신 있는 내용을 주제로, 들려주고 싶은 사람을 예상독자로 한다면 흥미를 가지고 임하게 할 수 있습니다.

내용 생성하기 지도 과정

'원숭이 엉덩이는 빨개, 빨가면 사과, 사과는 맛있어~' 이 노래를 모르는 사람은 없겠지만, 이 노래에는 꼬리에 꼬리를 물도록 생각의 연결고리를 만들어주는 원리가 담겨있다고 생각한 사람은 드물 것입니다. 저는 학생들과 내용 생성 수업을 할 때, 항상 이 노래를 먼저 부릅니다. 그럼 하나둘씩 학생들도 같이 따라 부르기 마련이죠. '비행기는 높아, 높으면 백두산'에서 끝나는 노래라고 생각하시는 사람들이 많을 텐데, 천만에요. 꼬리에 꼬리를 무는 데에는 끝이 없습니다. '백두산은 뾰족해, 뾰족하면 주사, 주사는 아파~' 등등 무궁무진하게, 혹은 끝도 없이 생각의 고리를 이어나갈 수 있습니다.

혼자서 생각해내기 어렵다면, 짝 활동을 통해서 스토리텔링 하듯이 서로서로 이야기를 주고받습니다. 이 과정에서 생성된 내용들 모두가 쓰기 재료로 적합하지는 않겠죠? 이때 중요한 것은 생각에 생각을 물어서 최대한 많은 아이디어를 생성해내되, 쓰기 맥락에 맞지 않는 내용은 걸러낼 수 있도록 하는 것입니다. 이렇게 내용을 생성해 내었으면, 그 중에서도 보다 중요한 내용과 그렇지 않은 내용을 구분한 후, 중심내용에 대한 세부내용을 이끌어 낼 수 있도록 구상하거나 관련 자료를 찾아 수집할 수 있도록 안내합니다. 이 과정에서만큼은 스마트폰을 활용하여 관련 내용에 대한 자세한 정보를 찾아볼 수 있게 하는 것도 큰 도움이 될 수 있습니다.

내용 조직하기 지도 과정

'구슬이 서 말이라도 꿰어야 보배'라는 말이 있습니다. 계획이 충실하고, 내용이 풍성하더라도 이를 보기 좋게 꿰어 줘야만 그 가치를 더할 수 있기 마련입니다. 개요를 상세하게 작성할수록 글쓰기에 용이해진다는 사실을 염두에 두며, 응집성과 통일성을 지킬 수 있도록 지도하는 것이 관건입니다. 이를 위해서 예시를 들어 응집성과 통일성에 어긋나는 표현을 보여줌으로써 학생들의 이해를 도와줍니다. 개요 작성을 통해서 글의 흐름이 자연스러워지게 하려면, 생성된 내용들을 적절하게 배열해야 합니다. 일반적인 조직하기의 큰 틀은 '처음-중간-끝' 혹은 '서론-본론-결론'의 3단 구성을 따르지만, 여기에 구애받지 않고 자유롭게 구조화 할 수 있도록 합니다. 다만 이때에는 일관된 기준에 따라야 한다는 것을 주지시켜 줄 필요가 있습니다.

표현하기 지도 과정

뼈대가 아무리 완벽한 형태를 갖추고 있어도, 살이 붙어 있지 않다면 그것이 어떤 모습일지 알 수 없습니다. 계획과 생성, 조직하기 단계를 거쳐 실제 글쓰기 과정에 돌입했다 하더라도 역시나 쓰기에 어려움을 겪고 있는 학생들을 찾아보기가 쉬울 텐데요. 지속적으로 순회활동을 하며, 이러한 학생들에게 찾아가 조직된 개요에 살을 붙인다고 생각하고, 한 문장씩 써내려갈 것을 안내해 줍니다. 학생이 작성한 개요를 같이 살피며, 대화를 통해 개요를 이야기로 풀어서 말하게 해 볼 수 있습니다. 그것을 글로 쓰면 바로 쓰기 과정이라는 것을 안내하여 부담 없이 편하게 글로 써 표현해내는 것뿐이라는 격려를 해주는 센스도 필요할 것입니다. 더불어 맞춤법이나 어법보다는 내용에 중점을 두고 쓸 수 있도록 안내해주도록 합니다.

고쳐쓰기 지도 과정

한술 밥에 배부를 수 없습니다. 초고가 완성되었다 한들 모두의 만족시켜 주기엔 여간 어려운 일이 아닙니다. 아름다운 보석을 만들기 위해 수 천 번의 세공 작업을 거쳐야 하는 것처럼, 한 눈에 잘 읽히고, 전달 효과를 높이기 위한 글이 되기 위해서는 끊임없이 고쳐 쓰기의 과정을 거쳐야 합니다. 학생들은 대개 이 단계의 과정을 소홀히 하는 경향이 있고, 설사 고쳐 쓴다 하더라도 단어 수준에서 그치는 경우가 대부분입니다. 고쳐 쓰기의 중요성을 역설하며, 그 방법적인 측면을 익혀줘야 합니다. 글 전체 수준에서 계획한 것에서 벗어나는 내용은 없는지 살피는 것이 우선적으로 이루어져야 합니다. 고쳐 쓰기를 효과적으로 진행하기 위해서는 쓰기 집단을 설정하여, 초고를 공유함으로써 친구의 글에 대해 서로 적극적인 이야기를 나누는 노력이 필요합니다. 이때에 누군가의 글을 지적하는 것이 아니라 서로 점검하며 더 완벽한 글을 만들어가는 과정이라는 것에 초점을 둡니다. 보석에 흠집이 있다고 핀잔하는 게 아니라 이를 같이 살피고 다시금 세공하여 영롱한 보석을 가꾸어 가는 과정인 셈이지요. 마지막 한 가지, 고쳐 쓰기 과정에서만 내용을 수정할 수 있는 것은 아니라는 사실, 쓰기 과정 어느 때에라도 수정할 수 있으며, 그 전 단계로 회귀하여서도 수정할 수 있다는 융통성을 발휘할 수 있도록 안내해준다면, 학생들이 조금이나마 부담을 덜 수 있을 것입니다.

② 말하기 과정중심평가

학생들이 쓴 원고를 바탕으로 말하기 평가를 하는 이유는, 그만큼 자신이 자신있어하는 주제를, 단계에 따라 체계적으로 작성하였기에 보다 자신감을 가지고 당당하게 말할 수 있다는 점 때문입니다. 개정 교육과정에서도 구술 평가의 중요성은 더욱 높아지고 있습니다. 구술평가의 가장 중요한 점은 핵심 내용을 정확하게 말하는 것이지만, 이를 위한 첫 걸음은 바로 자신감입니다. 다양한 말하기 경험을 수업시간에 자연스럽게 갖게 함으로써 말하기 불안을 없애주고, 자신의 생각을 적극적으로 표현할 수 있도록 연습이 필요한 까닭입니다.

저는 이따금씩 수업 전에 학생들에게 낭독을 시켜 자신감을 세워줍니다. 학생들이 유명인의 연설문, 책에 있는 글귀, 감성적인 시 등을 읽음으로써 말하는 즐거움과 자신감을 느끼게 되고, 수업에 더 열심히 참여할 수 있게 됩니다.

말하기는 어떤 내용을 말하는지도 중요하지만, 어떻게 말하느냐 하는 문제 또한 간과할 수 없습니다. 친구들과 쉬는 시간에 웃고 떠들며 나누는 대화와 친구들 앞에서 내용 전달 및 주장하는 말하기는 전혀 다른 문제입니다. 전달하고자 하는 내용에 대해 충분히 숙지하고 있어야 함은 물론, 발음·억양·속도가 적절해야하고, 바른 자세로 준언어적·비언어적 표현도 곁들여야 하며, 청자를 고려하여 말하기 방식을 달리할 필요도 있습니다. 이를 통해 학생들은 개인이나 집단에 따른 말하기의 다양성을 이해하고, 전달하고자 하는 내용이나 성격에 따라 그 방식을 달리해야 한다는 것도 자연스레 내면화 할 수 있을 것입니다. 이때 교사는 말하는 사람을 격려하고, 경청하는 분위기를 조성해주어야 합니다. 발표가 끝나면 환호성도 질러가며 박수를 쳐 줄 수 있는 쇼맨십도 길러줌으로써 말하기 불안을 해소해줄 필요가 있습니다. 물론 말하기만큼이나 경청하는 자세 역시 중요하다는 사실을 잊지 말아야 하겠습니다.

글쓰기 · 말하기 과정중심평가 교수 · 학습 흐름도

과정 중심 평가형태	글쓰기와 말하기(표현 능력) 과정중심평가					
학습주제	자유 주제를 선정하여 글을 쓰고, 친구들 앞에서 발표하기				창의 · 인성 요소	공감, 소통 자율, 책임
성취기준 및 해설	화 · 작의 본질	[12화작01-01] 사회적 의사소통 행위로서 화법과 작문의 특성을 이해한다.				
	화법의 원리	[12화작02-06] 청자의 특성에 맞게 내용을 구성하여 발표한다. [12화작02-09] 상황에 맞는 언어적, 준 · 비언어적 표현전략을 사용하여 말한다.				
	작문의 원리	[12화작03-01] 가치있는 정보를 선별하고 조직하여 정보를 전달하는 글을 쓴다. [12화작03-05] 시사적인 현안 · 쟁점에 대해 관점을 수립하여 비평하는 글을 쓴다.				
학습형태	개별 및 짝 활동	학생좌석 배치형태		학습환경		○○교실
국어과 교과 역량	비판적 창의적 사고	자료 정보 활용	의사소통	공동체 대인관계	문화 향유	자기성찰 계발

차시 구성	차시	주요기능	주요활동	평가
	1	작문 원리	• 작문의 특징, 과정 이해하기 • 작문 목적, 주제, 예상독자 + 선정 이유	형성 평가
	2	작문 과정	• 글쓰기 전략 활용(단계별 특징, 주의 사항 등) - 사례 제시를 통한 이해(시범 보이기) • 고쳐 쓰기, 작문의 관습	형성 평가
	3	글쓰기	• 계획하기: 주제, 목적, 예상 독자, 성격, 매체 선정 • 내용생성하기: 생각 그물짜기, 브레인 라이팅 • 내용조직하기: 개념구조도, 개요 작성	자기 및 교사평가
	4	글쓰기	• 표현하기 - 맞춤법이나 어법보다 내용에 중점	자기 및 교사평가
	5	글쓰기	• 표편하기 및 고쳐쓰기 - 짝 활동: 초고 공유, 동료의 글에 대한 토의 - 교사와 동료의 반응과 조언을 반영하여 쓰기	자기 및 교사평가
	6	말하기 듣기	• 개인, 집단에 따른 말하기의 다양성 이해 • 발표 및 경청	자기, 동료, 교사평가
	7	말하기 듣기	• 발표 및 경청	자기, 동료, 교사평가

글쓰기 · 말하기 과정중심평가 교수 · 학습 과정안

교과명	화법과 작문	차시	3/7
단원명	-	수업형태	전체학습, 짝 활동
주제	쓰기 맥락에 따른 글쓰기!	수업환경	○○교실
학습목표	작문 절차에 따라 글쓰기를 할 수 있다.		

단계	수업 흐름	수업 전략	수업 형태	시간	인성 및 핵심 역량	자료 및 유의점
도입	시작 ↓ 생각열기	• 전시학습 상기 → 작문과정 → 단계별 특징, 작문 관습	전체 학습	5'	소통	PPT
		• 생각열기(동기유발) → 쓰기 맥락을 고려해야 하는 이유				관련 자료 제시
		학습주제 안내 및 학습목표 제시				판서
전개	개별학습 ─ 짝 활동 ─ 개별학습 및 짝 활동 ↓	• 본시학습 [활동 1] 계획하기 → 주제, 목적, 예상 독자, 매체 선정 - 머릿속에 떠오르는 생각을 자유롭게 적도록 지시	개별 학습 전체 학습	10'	비판적 창의적 사고	삶의 경험에서 자연스럽게 글감을 끌어낼 수 있도록 지도
		[활동 2] 내용 생성하기 → 글감 마련 - 학생들이 글감을 마련할 수 있도록 안내하거나 짝 활동으로 이야기를 주고받으며 내용 생성		15'	자료정보 활용	순회활동을 통해 학생들의 작문 설계에 도움
		[활동 3] 내용 조직하기 → 개요 작성 - 글의 연결이 자연스러운지, 통일성을 어기지 않았는지 판단할 수 있도록 지도		15'		학생들 스스로 과정에 대한 인식을 바탕으로 지속적인 점검을 하도록 안내
정리	내용정리 ─ 형성평가 ─ 차시예고 ─ 끝	• 학습내용 정리 → 전체 활동 내용 정리	개체 학습	5'	소통	
		• 형성평가 → 학습목표 도달도 확인 평가	전체 학습			평가지
		• 차시 예고 → 표현하기(글쓰기)	전체 학습			

글쓰기 활동 자기 평가

	자기 평가					
	채점 기준 및 내용					
평가 내용	계획하기	내용 생성하기	내용 조직하기	표현하기	고쳐 쓰기	합계
평가 기준	주제, 예상독자, 목적, 매체를 선정하였는가?	주제와 관련된 글감을 풍성하게 마련하였는가?	개요를 작성하여 짜임새를 갖추었는가?	적절한 표현과 방법으로 글을 완성하였는가?	단계에 따라 고쳐 쓰기 과정을 거쳤는가?	
점수	3 2 1	3 2 1	3 2 1	3 2 1	3 2 1	

1. 스스로 점검하기

		점검
매체 특성	매체의 특성에 맞는 글쓰기 등을 고려	(잘함 , 보통 , 부족)
글 전체 수준	글의 주제, 목적, 예상 독자, 매체 등을 고려	(잘함 , 보통 , 부족)
문단 수준	문단의 유기적인 흐름 등을 고려	(잘함 , 보통 , 부족)
문장 수준	문장 호응, 접속사 등을 고려	(잘함 , 보통 , 부족)
단어 수준	단어의 적정성, 맞춤법, 띄어쓰기 등을 고려	(잘함 , 보통 , 부족)

2. 글쓰기 소감

글쓰기 활동 교사평가

단계	평가 항목	평가	조언해 줄 내용
	교사 평가		
	글쓴이 평가서 학번: 이름		
글 수준	주제가 분명하게 드러나는가?		
	글의 목적이 분명히 드러나는가?		
	예상독자의 특성(수준, 관심 등)을 고려하였는가?		
문단 수준	글의 구조가 분명히 드러나는가?		
	내용의 통일성을 잘 지키고 있는가?		
문장 수준	문장성분이 어색하지 않게 호응을 이루는가?		
	문장 간의 호응이 잘 이루어지고 있는가?		
단어 수준	적절한 단어를 사용하였는가?		
	맞춤법이나 띄어쓰기가 잘 지켜지고 있는가?		
자료	목적과 주제에 부합하는 자료인가?		
	신뢰성과 공정성이 있는 자료인가?		
	예상독자의 특성(수준, 관심 등)을 고려하였는가?		
매체 특성	매체 특성에 맞게 글을 쓰고 자료를 활용했는가?		
합계			

평가는 3점(잘함), 2점(보통), 1점(미흡)'의 3단계로 진행하여 학생들의 자기평가 점수와 비교

말하기 활동 평가

교사 평가

성취기준 및 해설 성취기준 및 해설	화·작의 본질	[12화작01-01] 사회적 의사소통 행위로서 화법과 작문의 특성을 이해한다.
	화법의 원리	[12화작02-06] 청자의 특성에 맞게 내용을 구성하여 발표한다. [12화작02-09] 상황에 맞는 언어적, 준·비언어적 표현전략을 사용하여 말한다.

순	평가 항목	평가		
		잘함	보통	부족
1	작문 주제를 분명하게 드러낼 수 있는 방법을 사용하여 발화하는가?			
2	효과적인 발표를 위하여 보조 자료를 활용하는가?			
3	단순 정보 및 주장을 단편적으로 나열하고 있지 않은가?			
4	바른 자세로, 준·비언어적 표현을 활용하여 말하였는가?			
5	발음, 억양, 말의 속도가 적절하고 자연스러운가?			
6	청자의 흥미 유발이 가능하도록 발화하는가?			
합계				

〈자기 평가-말하기 소감〉

활동지

	1. 계획 하기	
주제		
목적		
예상 독자		
매체		
이유		

2. 내용 생성하기

알고 있는 내용

알고 싶은 내용

3. 내용 조직하기	
처음/ 서론	
가운데/ 본론	
끝/ 결론	
4. 표현 하기	

5. 고쳐쓰기		
매체특성	매체의 특성에 맞는 글쓰기 등을 고려	잘함 , 보통 , 부족
글 전체 수준	글의 주제, 목적, 예상 독자, 매체 등을 고려	잘함 , 보통 , 부족
문단 수준	문단의 유기적인 흐름 등을 고려	잘함 , 보통 , 부족
문장 수준	문장 호응, 접속사 등을 고려	잘함 , 보통 , 부족
단어 수준	단어의 적정성, 맞춤법, 띄어쓰기 등을 고려	잘함 , 보통 , 부족

12

라디오 DJ 활동 모형
: 공감과 위로 능력

1) 공동체와 대인관계

① 언어생활과 감정과 배려의 관계

정신분석학자 프로이트는 '생각이 엔진이라면, 감정은 가솔린이다.'라는 말을 했습니다. 감정의 알맞은 발현은 생각이라는 엔진에 연료가 되어 개인들로 하여금 인간으로서의 품격을 갖추게 하지만, 감정의 부적합한 발현은 개인들로 하여금 다른 사회구성원들에게 수치심을 주고, 파괴적인 피해를 주는 등의 피해를 주게 됩니다. 감정이 가진 에너지의 연결망이나 이동 경로를 조율하는 역할은 개인의 인성이 담당합니다. 인성은 사람이 가지는 사고와 태도 및 행동 특성 등을 포괄하는 개념입니다. 이에 개인이 갖는 감정의 조율 능력, 혹은 그러한 감정에서 유발되는 언행이나 태도 등의 중추라는 맥락에서 사람이 사람으로서의 품격을 갖추는 데에는 이 인성이 핵심적인 키워드가 될 수 있을 것입니다.

상대의 감정을 읽어낼 수 있다면, 대화 상대방의 처지와 감정에 맞는 말과 행동을 함으로써 배려의 윤리를 실천할 수 있을 것입니다. 반면 수시로 변하는 다양한 대화 상황 속에서 상대의 처지를 충분하게 생각하지 못한 탓으로 인해, 미처 배려 없는 말과 행동을 저지르는 경우도 생기기 마련입니다. 우리가 사용하는 언어에 따라 상대의 기분을 좌지우지할 수 있다는 것은 너무도 자명합니다. 그만큼 언어는 우리의 사고와 밀접한 상호관련성 속에서 삶에 지속적으로 영향을 미친다고 할 수 있습니다. 따라서 상대를 배려하는 긍정적 언어습관을 내면화해야 합니다.

'역지사지', 상대를 존중하고 배려하는 인성을 몸소 실천해야만 하는 것입니다.

② 정서를 황폐화시키는 폭력 대화

한 사람의 언행을 보면, 그 인격을 알 수 있습니다. 하지만 오늘날 학생들의 언어문화 실태는 이미 학생 스스로도 그 문제를 인식할 만큼 심각한 수준입니다. 특히나 청소년의 73.4%가 매일 욕설을 사용하고 있다는 결과를 보면, 이제 욕설은 대부분의 학생들에게 일상화 되어 있음을 알 수 있습니다.

문제는 이러한 욕설이 학교폭력(언어폭력)으로 나타나고 있다는 점입니다. 실제로 유형별 학교폭력 피해 응답 건수 중 모든 학교 급, 지역, 성별 등에서 언어폭력의 비중이 34%로 가장 높게 나타난 것으로 조사되었는데, 어려서부터 욕설 사용이 습관화되어 학년이 높아질수록 고착화되는 것으로 나타났습니다. 이러한 현상을 보고 있노라면 교사이기 이전에 어른으로서의 책임감도 느낍니다. 청소년들이 사용하는 욕설과 비난 등의 언어폭력은 정서적으로 황폐하게 만든다는 점에서 그 피해의 심각성이 크다고 볼 수 있습니다.

언어폭력은 성인이 된 이후에도 폭력적인 언어 성향이 그대로 이어질 수 있는 문제입니다. 이러한 폭력대화는 비단 학교, 학생들 사이에서 벌어지는 욕설에 국한되지는 않습니다. 정서를 황폐화시키는 차별 · 편견 · 비난 · 무시 등의 폭력대화는 우리 삶의 다양한 상황 속에서 심심치 않게 목격됩니다. 학생들이 이런 모습을 학습하지 않기 위해서는 책임의식과 배려를 키우는 노력이 중요합니다. 더불어 학생들이 위로 · 축하 · 칭찬 · 응원 및 격려 등의 따뜻한 비폭력 대화를 이어나갈 수 있도록 장려해 주는 노력이 뒷받침되어야 할 것입니다.

저는 학생들 앞에서 '국어'를 가르치며, '언어 속에는 문화가 있고, 정신이 있고, 삶이 녹아있다.'는 것을 항상 강조합니다. 그렇기에 언어를 올바르게 쓰도록 가르치는 일은 단순한 고민거리 이상이며, 그에 대한 실질적인 지도 없이는 학생들을 제대로 공감시킬 수 없다는 생각을 가지고 있습니다. 때문에 올바른 국어사용에 대한 막연한 지도보다는 폭력대화의 위험성을 일깨울 수 있도록 구체적인 대화상황을 통한 실질적인 지도가 뒤따라야 할 것입니다.

2) 공감과 위로의 의사소통

공동체 속에서 효과적인 의사소통을 하려면, 대화의 원리와 언어 예절을 지켜 말하고, 공감적 듣기를 통해 상대방의 의견을 존중해 주어야 합니다. 다른 사람을 배려하며 대화에 참여할 때, 원만한 인간관계와 바람직한 언어문화도 만들어 갈 수 있게 되는 것입니다. 이것은 비단 말하기 단원에만 국한되는 것은 아닙니다. 쓰기는 물론, 문학 수업에도 소통의 원리를 적용할 수 있습니다. 그런데 학생들은 대화의 중요성을 충분히 이해하면서도, 정작 대학입시와의 직접적인 연결 고리가 없다는 생각에 관련 교과 수업 및 활동을 다소 소홀하게 인식하는 경향이 있습니다. 특별히 공부해야할 이론적인 내용은 적고, 활동이 주를 이루다보니 교과 학습 또는 입시와는 무관하다고 여기기 때문입니다. 하지만 학생부종합전형 체제 속에서 과정중심평가가 중시된다면, 구술 활동이 날로 중요해진다면, 그 의미는 달라질 것입니다.

2015 개정교육과정에서는 평가를 수업 과정에서 자연스럽게 이어가는 것을 원칙으로 합니다. 마찬가지로 수업시간에 자연스러운 대화상황에서 비폭력 대화를 사용하도록 하는 설계가 필요합니다. 이를 통해 2015 개정 국어과 교육과정에서 목표로 하는 핵심 역량에 대한 성취를 노릴 뿐더러 학생이 실천한 인성 덕목까지도 생활기록부에 자연스럽게 담아낼 수 있을 것입니다. 과목별 세부능력 및 특기사항 란에서 학생의 구체적인 교과 활동 모습은 물론, 인성적인 측면까지도 엿볼 수 있다면 더욱 매력적으로 읽히지 않을까요? 감정을 가진 인간이 공동체·대인관계 생활을 하며, 감수성을 회복하고 더 나아가 인간에 대한 예의와 품격을 보이기 위해서는 일방적으로 자기주장만 내세우지 않고, 공감과 소통을 위한 노력을 기울여야만 합니다.

비폭력 대화를 나누기 위한 핵심은 바로 진정한 공감에 있습니다. 대부분의 사람들은 공감이란 그저 '타인이 느끼는 바를 똑같이 느끼는 것' 정도로 알고 있습니다. 정서적 모방, 즉 타인의 감정을 모방하는 것을 공감으로 알고 있지만, 사실 이는 대화 상대에게 별다른 도움이 되지 않을 수도 있습니다. 정서적 공감에서 가장 중요한 것은 타인의 감정을 함께 공유하고, 공감하고 있다는 것을 표현하는 것에 있을 것입니다. 공감은 진정한 의사소통이 이루어질 수 있도록 해줍니다. 소통의 핵심은 바로 상대 감정의 이해를 바탕으로 한 진정한 공감에서부터 시작되는 것이지요. 바른 인성의 기초가 되는 공감과 소통능력, 이를 기르기 위한 수업장면을 함께 살펴봅시다.

3) 라디오 DJ 활동 과정중심평가 정복하기

① 라디오 DJ 활동 그룹 조성

라디오 DJ는 직접 방송기기를 조작하며, 음악과 화제를 선정하여 청취자와 호흡하는 진행자를 말합니다. 모든 청취자에게 개인적으로 말하는 것과 같은 말하기 방식을 취함으로써 그들의 감정을 어루만져 주고, 달래주며, 따뜻한 마음이 느껴질 수 있도록 소통하는 것이 핵심입니다. '라디오 DJ가 되어 위로와 공감의 말 건네기'는 자신이 살아오면서 아픔과 슬픔의 감정을 느꼈던 경험을 떠올려보고, 감정을 공유하는 활동을 통해 공감의 깊이를 넓히는 활동입니다. 그래서 타인의 아픔에 위로와 용기를 주는 말을 적어보고, 이를 사연으로 채택하여 라디오라는 매체를 활용하여 전함으로써 공감의 폭을 확장하여 소통의 영역을 넓힐 목적을 가지고 있습니다.

모둠 활동을 위해서는 다양한 수준의 학생들이 적절하게 구성되어야만 학생들의 상호작용을 촉진시키고, 모둠 구성원들 간의 협력을 유도할 수 있습니다. 이는 모둠 학습의 가장 본질적인 측면으로서 구성원들 간의 소통과 공감의 바탕이 됩니다. 이에 교사의 사전 작업을 통해 학생들의 자기 점검표 작성 및 친밀도를 조사함으로써 모둠을 편성할 수도 있습니다.

자기 점검표

순	내 용	매우 잘함	잘함	보통	부족	매우 부족
1	꼼꼼이 : 나는 정리를 잘한다.					
2	기록이 : 나는 글씨를 잘 쓴다.					
3	표현이 : 나는 발표를 잘한다.					
4	칭찬이 : 나는 칭찬하는 말을 잘한다.					
5	이끎이 : 나는 진행을 잘한다.					

구성원의 인원수는 4~6명이 적절하며, 자기 점검표를 바탕으로 정리를 잘 하는 학생, 글씨를 잘 쓰는 학생, 발표를 발하는 학생, 리더 역할에 자신 있는 학생, 칭찬하는 말을 잘 하는 학생 등으로 하나의 모둠을 편성할 수도 있습니다. 구성원들의 역할을 구체적으로 부여하면 소외되는 학생 없이 모둠 학습을 효과적으로 운영할 수 있습니다. 특히 학습 의지가 낮아 모둠 수업에 흥미가 없는 학생에게는 칭찬하는 역할을 맡기는 것만으로도 매우 효과적일 수 있는데, 이를 통해 협력하고 공감하는 분위기를 형성할 수 있기 때문입니다. 단, 이때 구성원들 간의 역할은 고정된

것이 아니고 유동적으로 바뀔 수 있습니다.

② 감정카드를 활용해 문학 속 감정 찾아내기

문학 작품 속에서 드러나는 본태의 감정들을 하나의 감정어로 포착하는 것은 한계가 있기 때문에, 다양한 감정을 적은 카드들을 종합하여 그것을 설명하고 음미하는 활동입니다. 감정카드는 긍정과 부정적인 감정이 담긴 카드로서 공감대화를 위해 주로 쓰이는 수업교구입니다. 예를 들면 다음과 같은 감정 언어를 카드로 작성할 수 있습니다. 감정카드를 학생들이 직접 제작하여 활용할 수도 있습니다.

긍정의 카드
느긋한, 반가운, 자랑스러운, 열중한, 행복한, 기쁜, 활기찬, 신나는, 재미있는, 사랑스러운, 즐거운, 자심감 있는, 뿌듯한, 고마운, 편한, 안심되는, 통쾌한, 만족스러운, 희망찬, 포근한, 용기가 나는, 따뜻한, 다정한, 열중한, 기대되는, 흐뭇한, 보람찬, 해맑은, 순수한, 유쾌한, 포근한, 감동스러운 등

부정의 카드
짜증나는, 화나는, 외로운, 슬픈, 마음이 아픈, 좌절한, 피곤한, 변덕스러운, 귀찮은, 답답한, 그리운, 억울한, 걱정스러운, 아쉬운, 힘든, 서운한, 혼란스러운, 안타까운, 불안한, 부끄러운, 무서운, 지루한, 실망스러운, 미안한, 우울한, 심란한, 불편한, 비참한, 괴로운, 무관심한, 어색한, 혼란스러운 등

학생들에게 다양한 제재를 제시하여, 학생들이 해석과 감상을 나누도록 하는데, 이때 학생 및 제재 수준에 따라 오독 없이 읽어낼 수 있도록 적절한 단서를 제공해 줄 필요가 있습니다. 모둠원들 간에는 자신이 선택한 감정 카드를 선택하고 그 이유를 논의하며, 이를 종합하여 문학 작품에 드러난 감정에 대한 생각을 발표하는 방식입니다. 이를 통해 문학 작품을 주체적으로 해석하며, 그 속에 담긴 다양한 감정을 느끼고, 작품 속 인물들과 공감하며 소통하는 경험을 제공할 수 있습니다.

감정카드가 없을 때 진행 팁

A4용지를 두 부분으로 나누어 긍정, 부정의 감정을 떠오르는 대로 쓰게 지도한 다음, 그 중에서 작품 속 내용과 어울리는 감정을 선택할 수 있습니다.

③ 라디오 DJ가 되어 사연을 말해보고, 위로와 공감의 말 건네기

우선 자신이 살아오면서 아픔과 슬픔의 감정을 느꼈던 경험을 떠올려 보고 교사가 나눠 준 포스트잇에 사연을 적게 합니다. 모둠원이 적은 포스트잇을 돌려가면서 친구의 경험과 감정을 공유하고, 위로와 용기가 되는 말을 포스트잇에 다시 적습니다. 그래서 모둠원별로 자신의 사연에 위로와 용기가 된 말 중 진정성과 감동을 준 말을 선택하면 됩니다. 이를 라디오 사연으로 각색하게 한 후, 라디오 DJ가 되어 사연을 읽어주고, 모둠에서 나온 가장 공감을 얻었던 위로와 용기가 되었던 말을 전하는 방식입니다. 이때 사연에 어울리는 노래를 선정하여 듣는 이에게 감성을 함께 전달해주는 것도 효과적일 수 있습니다.

발표가 끝난 뒤에는 체크리스트를 이용하여 모둠별 상호 평가가 이루어지게 함으로써, 정서적 공감 및 소통 능력을 높여줍니다. 라디오 DJ가 되었다면, 사뭇 진지한 태도로 임해야 그 전달 효과가 클 것입니다. 모둠에서 선곡한 음악을 교사가 배경음악으로 틀어 줌으로써 전달 효과를 높일 수 있습니다. 아픔과 슬픔 같은 감정 외에도 환희, 행복, 시원섭섭함, 가슴 뭉클함 등 감정은 얼마든지 다양할 수 있습니다.

예시 멘트

안녕하세요. ○○고 아나운서 연합회 라디오, '사연을 읽어드립니다.' 첫 번째 시간, 저는 00고 아나운서 홍길동입니다. 처음 들려줄 사연은 성춘향 씨의 이야기입니다. (배경 음악 선곡, '첫눈처럼 너에게 가겠다.')… 사연 소개 및 위로와 격려의 말… 춘향님~ '사연을 읽어드립니다.' 청취자셨군요. 이렇게 가슴속에 담아 두었던 이몽룡 씨와의 애틋했던 사연을 진솔하게 고백해주어서 고맙습니다. 친구 분들께서 힘이 되는 격려의 말까지도 이렇게 전달해 주셨는데요, 가슴 따뜻해지는 느낌입니다. 저 또한 응원의 메시지 보내드립니다! 용기내시길 바라고요, 파이팅하세요!

[예시] 과목별 세부능력 및 특기사항

(국어) 세부능력 및 특기사항
'진달래꽃'의 화자가 겪은 상황을 보고, 이별로 인한 아픔과 슬픔의 감정카드를 선택하여 모둠원과 그 이유에 대해 의논하였으며, 자신이 살아오면서 겪었던 슬픈 감정을 말하고, 이를 공유하는 시간을 가짐. 학생이 직접 라디오 DJ가 되어 친구가 겪은 슬픈 사연과 여기에 맞는 노래를 선정하여 들려주었으며, 진정성을 가지고 위로해 주는 말을 전함으로써 공감과 위로, 배려의 말하기를 몸소 실천함. 또한 비폭력 대화를 위한 공감과 소통의 대화를 통해 앞으로도 언어생활 태도를 바르게 이어나가겠다는 다짐을 하며, 바른 인성을 함양하는 계기를 스스로 마련. 한편 수업

중 활동에 그치지 않고, 청소년상담사를 꿈꾸는 진로에 맞춰 SNS 공감-위로-방에서 친구들과 적극적으로 위로의 대화를 주고받았으며, 지속적으로 격려와 용기를 주는 경험을 통해 공동체와 대인관계 속에서 공감능력을 키움. 더불어 폭력 대화를 학교-언어-폭력 문제로 인식하여, 예방할 수 있는 방법을 모둠원끼리 모색해봄으로써 의사소통 역량을 기르고, 문제 상황 속에서 갈등 중재 역량을 발휘함.

3) SNS를 통한 공감방 운영

실생활에 가깝고 친근하게 접할 수 있는 장기적 과제로 SNS를 활용해 보는 것을 추천하고 싶습니다. 왜냐하면 SNS는 요즘 학생들이 일상적인 대화를 주고받으며 소통하는 공간이기 때문입니다. 또한 수업 외적으로 소감과 느낌을 전하며, 내 마음이 어떻게 바뀌었는지 조금은 진지한 분위기 속에서 서로의 의견을 나누고 공감한다면, 그 분위기 자체가 인성 교육적 요소를 위한 또 다른 활동의 인성 활동이 될 수 있을 것이라 생각합니다.

교사는 학생들이 SNS에 모둠별로 공감방을 만들도록 하는데, 이는 위로 · 축하 · 칭찬 · 응원 및 격려 등 다양한 감정을 공유할 수 있는 공간을 만드는 것입니다. 공감방 안에서는 해당하는 감정에 대한 대화만 나눌 수 있는 규칙을 세워주고, 공감방 안에 속한 모둠원 모두는 해당 감정에 대한 대화를 적어도 한 번 이상씩은 해야 할 의무를 줍니다. 교사는 이를 정기적으로 모둠별 공감 최고 글을 선정해 가장 진심어린 대화를 골라 피드백 해주며 칭찬과 보상을 해줍니다. 칭찬해주고, 보상해줍니다. 이를 통해 학생들이 또래집단에게서 연속적이고 지속적으로 격려와 용기를 얻는 경험을 할 수 있을 것입니다.

이것은 수업의 연장선으로 인성적인 요소를 의무화한다며 부정적으로 볼 것이 아니라, 사뭇 진지한 분위기 속에서 칭찬과 위로, 격려의 말을 연습하며, 이를 내면화 한다는 측면에서 오히려 긍정적으로 볼 필요가 있을 것입니다. 학생들이 자연스럽게 바른 인성을 기를 수 있는 환경을 제공해주는 것이지요. 타인의 감정에 대한 이해와 진지한 반응의 경험은 학생들의 인격 형성에 중요한 경험이 될 수 있을 것입니다. 이에 따른 과세+특 기록 예시는 다음과 같습니다.

라디오 DJ 말하기 과정중심평가 교수 · 학습 흐름도

과정중심평가 형태	라디오 DJ 말하기 과정중심평가				
학습주제	라디오 DJ가 되어 사연을 소개하고, 공감과 위로의 말 건네기			창의 · 인성 요소	배려 · 존중 공감 · 소통
성취기준 및 해설	듣기 · 말하기	[10국01-01] 개인이나 집단에 따라 듣기와 말하기의 방법이 다양함을 이해하고, 듣기 · 말하기 활동을 한다.			
	문학	[10국-05-05] 주체적인 관점에서 작품을 해석하고 평가하며 문학을 생활화하는 태도를 지닌다.			
학습형태	모둠활동	학생좌석 배치형태	-	학습 환경	○○교실

국어과 교과 역량	비판적 · 창의적 사고	자료 정보 활용	의사소통	공동체 · 대인관계	문화 향유	자기성찰 계발
	○		○	○		

수업 흐름도	
	시작
	|
	동기유발
	|
	학습활동 안내
	|
	학습자 중심 문제해결 학습
	|
	· 문학 작품 속 감정 찾고, 경험 공유하기
	· 라디오 DJ가 되어 사연 소개하고, 공감과 위로의 말하기
	|
	· 학습내용 정리 및 상호평가지 작성
	· 형성평가
	|
	정리 및 차시 예고
	|
	끝

라디오 DJ 말하기 과정중심평가 교수 · 학습 과정안

단 원 명	-		수업형태	전체학습, 모둠 활동
주 제	감정, 공감과 위로		수업환경	○○교실
학습목표	•문학 작품에 드러나는 다양한 감정을 말할 수 있다. •다른 사람의 경험에 공감하며 들을 수 있다. •타인의 슬픔에 위로와 격려의 말을 할 수 있다.			

단계	수업 흐름	수업 전략	수업 형태	시간	인성 및 핵심 역량	자료 및 유의점
도입	시작 ↓ 생각열기	•전시학습 상기 → 공감하며 듣기	전체 학습	5'	창의적 사고	PPT
		•생각열기(동기유발) → 감정 표현 – 다양한 감정과 그 이유를 말하기				공감하며 듣기
		학습주제 안내 및 학습목표 제시				판서
전개	모둠 학습	•본시학습 [활동 1] 감정카드로 문학 속 감정 읽기 → 시를 읽고, 모둠별 감상 → 하나의 감정카드를 선택하게 한 뒤, 그 이유 논의	모둠 활동	10'	창의적 사고	자유로운 표현을 장려하되, 서로의 생각에 공감하도록 지도
		[활동 2] 라디오 DJ가 되어 위로와 공감의 말 건네기 → 포스트잇을 나눠주고, 시에 드러난 주된 감정을 느꼈던 경험을 쓰도록 지도 → 모둠원끼리 사연 내용을 공유하며, 공감과 위로의 내용을 담은 댓글을 적도록 지도 → 모둠별로 사연과 댓글을 하나씩 선정하여 발표 → 발표를 마친 후, 체크리스트에 평가 실시		30'	공감 소통	→ 자신의 경험을 진솔하게 적고, 격려의 분위기를 유도 → 진짜 DJ처럼 분위기를 살려 사연과 댓글을 읽어주도록 안내

정리	내용정리 │ 형성평가 │ 과제제시 │ 차시예고	• 학습내용 정리 → 감정 표현의 중요성	개체 학습		배려 공감	
		• 형성평가 → 학습목표 도달도 확인 평가	전체 학습	5'		평가지
		• 과제 제시 및 차시 예고 → SNS 공감방에서 격려의 말 주고받 기 과제 제시	전체 학습			과정중심평가의 일 반화를 유도

모둠 활동지

모둠 :	
작품 해석	작품 속, 화자의 감정 및 태도는? 그렇게 생각한 이유는?	
작품 수용	그 감정과 유사한 나의 경험은? (유의 감정에 대한 사연 쓰기)	
	그 감정에 대한 나의 위로는? (위로와 격려의 말 쓰기)	

자기 평가지

모둠에게		
말하기	사연에 맞는 진심어린 격려와 위로의 말을 하였는가?	잘함 / 보통 / 부족
	라디오 DJ로서 사연에 맞는 선곡을 하였는가?	잘함 / 보통 / 부족
	발음, 억양, 말의 속도가 적절하고 자연스러운가?	잘함 / 보통 / 부족
	청취자의 흥미 유발이 가능하도록 발화하는가?	잘함 / 보통 / 부족
공감	모둠원들 간에 감정의 교류가 이루어졌는가?	잘함 / 보통 / 부족
	다양한 감정을 솔직하게 표현할 수 있는가?	잘함 / 보통 / 부족
	상대의 이야기를 듣고, 충고·비난을 하기보다 우선 상대가 느끼는 감정 에 주목하는가?	잘함 / 보통 / 부족
	대화 상대의 감정을 파악하여 공감하며 들을 수 있는가?	잘함 / 보통 / 부족
우리 모둠 의 다짐	앞으로 대화하거나 이야기 할 때, 어떠한 방법과 태도로 말할 것인지 다짐을 적어보자.	

상호 평가지

모둠의 사연 내용을 경청하고, 공감하여 마음을 어루만져 봅시다.

순	누구의 사연?	사연 내용	좋은 점	격려의 한마디
1 (예)	선생님	고시생의 서러움	-진솔함이 드러났다. -구체적 사례를 들어 주제를 잘 표현하였다. -노래 선정이 적절하였다.	이젠 오답노트 말고, 우리의 꿈이 담긴 교무수첩을 작성해 주세요.
2				
3				
4				
5				
…				

13

역할극 활동 모형
: 협력을 통한 시각의 다양화

1) 역할극 활동 모형이란?

역할극이란 학생들에게 접하기 쉽지 않은 상황을 경험해 보도록 하거나 다른 사람의 역할을 실행해 보도록 함으로써 자신이나 타인의 행동에 대한 새로운 통찰을 얻도록 하는 교수방법입니다(『교육심리학용어사전』, 한국교육심리학회, 학지사, 2000) 창의적 구성 능력을 바탕으로 주제와 목적에 맞는 이야기를 학습자가 공동으로 각색하고 실현하는 과정을 통해 각 분야별 참여자가 함께 문제를 해결하고 성취하는 협동과 협의의 활동이자 여러 예술적 요소가 조화를 이루어 하나의 결과를 도출하는 융·복합적 교육활동입니다. 또한 타인의 공연을 다양한 관점으로 감상하며 세계를 보는 시각을 확장할 수 있습니다. 2015 개정교육과정에서는 역할극을 역할놀이, 상황극, 연극 등 다양한 용어로 부르고 있으나 용어가 가리키는 활동이 크게 다르지 않습니다. 역할극은 2015 개정교육과정에서 새롭게 제시한 핵심 역량을 갖춘 인간상을 구현하는데 효과적인 교수·학습 방법입니다.

- 자아정체성과 자신감을 가지고 자신의 삶과 진로에 필요한 기초 능력과 자질을 갖추어 자기주도적으로 살아갈 수 있는 자기관리 역량
- 문제를 합리적으로 해결하기 위하여 다양한 영역의 지식과 정보를 처리하고 활용할 수 있는 지식정보처리 역량
- 폭넓은 기초 지식을 바탕으로 다양한 전문 분야의 지식, 기술, 경험을 융합적으로 활용하여

새로운 것을 창출하는 창의적 사고 역량

- 인간에 대한 공감적 이해와 문화적 감수성을 바탕으로 삶의 의미와 가치를 발견하고 향유
  하는 심미적 감성 역량
- 다양한 상황에서 자신의 생각과 감정을 효과적으로 표현하고 다른 사람의 의견을 경청하며
  존중하는 의사소통 역량
- 지역·국가·세계 공동체의 구성원에게 요구되는 가치와 태도를 가지고 공동체 발전에 적
  극적으로 참여하는 공동체 역량

교육부,『2015 개정교육과정』총론, 2015.

2) 역할극 활동 모형의 과정중심평가 시 유의점

역할극 활동의 주안점은 대본의 완벽한 재현보다 학습자가 극적 특성을 이해하고 체험을 통한 교육활동에서 즐거움을 느끼고 성장하는데 있습니다. 국어 교과 교육활동의 역할극은 전문 극단 수준의 무대 장치와 연기력을 요구하지 않습니다. 교실이라는 무대에서 토론과 토의, 협동 학습을 통한 일정한 결과물을 통한 성취와 시각의 다양화를 경험하게 하는 것이 중요합니다. 물론 희곡의 갈래적 특징을 고려하고, 종합예술로서의 연극적 기법을 활용하여야 하나 이는 협동 학습을 통한 내적 성장을 위한 도구적 역할을 하는 것이지 공연의 완성도가 교육적 성취를 의미하지 않습니다. 따라서 역할극 활동 모형의 과정중심평가 또한 '동기-과정-성숙'의 단계를 살펴야 할 것입니다. 대본 선정의 동기부터 명확해야 하며, 역할극을 준비하는 과정에서 모둠원들의 역할은 개별적·종합적으로 평가해야 합니다. 공연에 대한 평가는 완성도보다 체계성과 성실성에 중점을 두어 종합적으로 평가하는 것이 바람직할 것입니다. 역할극을 구성하는 요소에는 배우뿐만 아니라 적절한 대본, 소품과 음향 등도 중요한 역할을 합니다. 따라서 학생 개개인의 특성과 자질에 맞는 역할이 바르게 부여 되고 자신의 역할을 충실히 수행하였는지에 따라 평가가 이루어진다면 좀 더 많은 학생들이 즐겁게 역할극에 참여할 수 있을 것입니다.

문학 작품이 시대와 동떨어진 과거의 유물이 아님을 자각하고 글의 주제를 현대 사회의 문제와 연결하여 비판적으로 사고하고 같이 표현해 보는 경험은 국어 교과의 첫 번째 목표인 다양한 유형의 담화, 글, 작품을 정확하고 비판적으로 이해하고 효과적이고 창의적으로 표현하며 소통하는데 필요한 기능을 익히는 데 기여할 것입니다.

교사의 역할

역할극은 타인과 더불어 주체적으로 자기를 밖으로 표현하는 유의미한 경험을 할 수 있는 교수 · 학습방법입니다. 이런 역할극의 효용에 공감하는 교사들도 교수 · 학습방법으로 연극적 기법을 활용하는데 주저하는 이유는 교사 스스로 연극에 대한 전문적 지식이 없다는 두려움일 경우가 많습니다. 그러나 교과 수업에서의 역할극은 완성도 높은 극을 무대에서 상영하는 것이 목적이 아니기 때문에 역할극 수업을 진행하는 교사에게도 연출자로서의 능력을 요구하지 않습니다. 학생들의 연기 지도나 무대 연출 등 전문적인 능력이 필요한 것이 아니라는 것입니다.

교사는 역할극 수업의 학습 목표에 따라 전체 수업을 계획하는 기획자로서 역할을 합니다. 또한 비슷한 범주의 모둠을 조직하는데 도움을 주고 모둠별 준비 과정에서 편중된 역할을 조정하고 소외된 모둠원의 역할을 같이 고민하는 조력자의 역할과 일련의 교육활동에서 드러나는 모둠별, 개인별 특징을 기록하는 관찰자로서의 역할을 충실히 수행하면 됩니다. 변화하는 입시에서는 정량화된 학생의 학업적 성취만큼 학생 개인의 자질과 태도가 중요한 평가의 한 축을 이루고 있습니다. 따라서 활동 중심 수업에서 드러나는 학생 개개인의 적극적인 학업태도, 지적 호기심, 자기주도성, 열정, 성실성, 리더십, 배려심, 공동체 의식 등 학생을 드러낼 수 있는 요소들은 충분히 관찰하고 기록하는 일이 여느 때보다 중요한 교사의 역할로 강조되고 있습니다.

3) 과정중심평가 실제 사례

이제 국어 수업 시간에 실제로 실시한 역할극 활동 모형의 과정중심평가 사례를 예로 들어 보겠습니다. 김유정의 '봄 · 봄' 수업이 끝난 후 역할극 활동을 통한 과정중심평가 실시 계획을 공지합니다. 이전 차시 수업 시간에 이강백의 '결혼'을 통해 희곡의 특징에 대한 이론 수업은 선행 되었습니다. 과정 평가의 첫 번째 단계로 개별 활동지를 통해 '봄 · 봄'의 주요 인물의 전형성을 적게 하고 역사적 사건이나 시의성 있는 사회 문제 안에서 '봄 · 봄'의 등장인물과 비슷한 인물들을 찾아 적고 그 이유를 쓰게 하였습니다. '봄 · 봄'을 선택한 이유는 학생들이 글의 주제와 인물의 성격을 파악하는 것이 용이하고 희곡으로 각색하고 역할극을 진행하는 과정에서 해학적 요소를 부각하여 흥미를 끌기 위해서입니다. 고등학교 1학년 문학 영역 성취기준인 '문학이 언어 예술이자 사회 · 문화적 소통 활동'이라는 점을 경험할 수 있고, 자신의 가치관에 따라 작품의 주제를 해석하고 수용하며 스스로 사회 · 문화적인 가치를 부여하는 활동을 기획하였습니다. 또한 자신의 관점이 잘 드러나게 작품을 생산하는 능력을 길러주기 위해 대본을 직접 창작하는 활동에서 역사적 사건이나 사회 문제와 연결하여 진행하였습니다.

> [10국05-04] 문학의 수용과 생산 활동을 통해 다양한 사회·문화적 가치를 이해하고 평가한다.
> [10국05-05] 주체적인 관점에서 작품을 해석하고 평가하며 문학을 생활화하는 태도를 지닌다.

주제가 선명하고 등장인물의 성격이 명확하게 드러난다면 제재로 활용하는 문학 작품은 자유롭게 선택할수 있습니다. 소설을 조건에 맞게 희곡으로 각색하고 역할극을 공연하는 활동에서 처음 중점을 둔 것은 비슷한 수준의 모둠 구성입니다. 학급별 5모둠으로 편성하였고 5명의 모둠장은 학급의 전체 학생들에게 추천을 받았습니다. 추천을 받은 모둠장이 원하는 팀원 한 명씩을 선발하게 하였고 다른 학생들은 추첨으로 각 모둠에 편성하였습니다. 번호대로 모둠을 편성하는 경우와 같이 임의로 모둠을 편성하여 진행한 활동들과 비교해 보았을 때 모둠 구성에 대한 불만이 적었고, 실제 활동의 결과물의 편차도 가장 적었습니다. 2차시에는 모둠별로 역사적 사건이나 시의성 있는 사회 문제 안에서 '봄·봄'의 주요인물과 유사한 성격을 가진 인물을 설정하게 하고 그 이유를 서술하게 하였습니다.

모둠 활동지에 각 모둠원의 제시한 의견을 구체적으로 적게 하여 개별 평가와 모둠 평가가 가능하도록 하였습니다. 3차시에는 1·2차시에 토의를 통해 합의된 의견을 바탕으로 대본을 직접 쓰는 집단 창작 활동을 하였습니다. 3차시 집단 창작 활동에서는 '조선시대 궁궐, 뉴스데스크, 비정상회담, 유치원, 동물의 왕국' 등의 배경(상황)을 제시하고 모둠별로 뽑도록 하여 진행하였습니다. 상황 카드를 즉석에서 추첨하여 진행한 이유는 모든 역할극 활동과 평가는 수업 시간에 실시한다는 원칙을 지키기 위해서이며 혹여나 대본을 미리 준비하는 경우를 최소화하기 위함입니다. 3차시 창작 대본 쓰기 활동에서 모둠별로 노트북을 지참하게 하였고 역할극 대본은 파일 형태로 즉석에서 제출하게 하였습니다. 창작 대본 쓰기 활동의 평가는 3차시 수업 종료 시 제출한 대본만으로 평가하였고, 그 후 역할극 실제 공연을 위한 대본의 수정은 평가에 반영하지 않았습니다. 4차시에는 모둠별 공연 순서를 추첨하고, 소품을 만들고, 대본을 정리하고, 대사를 숙지하는 시간을 가졌습니다. 5차시에는 4차시에 미리 추첨한 공연 순서에 따라 공연을 진행하였습니다. 5차시에 다른 모둠이 발표할 때는 공연 모둠은 모둠 평가로 역할극 완성도를, 개별 평가로 참여도(성실성)를 평가하였고, 감상 모둠은 개별 평가로 모둠별 역할극의 감상평을 작성하게 하였습니다.

역할극 모둠 활동지(학생 제출용)

일자	201○년 ○월 ○일			평가차시	3	모둠	1모둠
학년	1	반	1	모둠원			
상황	비정상회담		주제	당시 나라를 빼앗긴 한국의 당혹스러움과 미국의 이중성 풍자			

제시된 상황에 맞추어 〈봄봄〉의 주제와 등장인물의 성격, 해학적인 분위기가 드러나도록 대본을 작성한다
(역사적 사건이나 시의성 있는 사회 문제가 드러나도록 할 것.)

한국 측과 일본 측은 마주보고 앉아 있으며, 미국 측은 일본 옆에 앉아 있고 MC는 서 있다. 그 옆에 카메라맨이 카메라를 들고 있다.

MC: (큰 목소리로) 치킨이냐, 피자냐, 찍먹이냐, 부먹이냐. 여러분들에 놓인 인생 최대의 고민들이 엄청나게도 많죠? 오늘 비정상회담에서는 이 중에서 한국의 대표 음식으로 만든 김치찌개냐, 대표적인 건강음식인 된장으로 만든 된장찌개냐에 대해 토론을 해보도록 하겠습니다.

한: 그럼 저는 김치찌개를 하겠습니다.

일: 된장하면 일본의 미소된장국이죠.

미: (고민하다) 음……. 저는 김치찌개로 가겠습니다.

MC: 그럼 자리로 이동하고 토론을 시작하겠습니다.

(자리를 된장찌개와 김치찌개 쪽으로 각자 옮긴다.)

MC: 먼저, 김치찌개 쪽 의견부터 들어볼까요?

한: 당연히 한국하면 김치 아니겠습니까. (김치의 장점을 말한다.)

미: 저는 김치를 좋아해서 김치찌개 쪽으로 왔는데, 설명을 듣고 보니 더 확신이 드네요. 괜찮은 거 같은데요?

일: (코를 잡으며 비꼬는 말투로) 김치는 너무 맵잖아요. 으 마늘냄새. 누가 요즘 기무치를 먹어요? 미소야 몰라, 미소야??

(PD가 MC에게 컷 시늉을 반대편에서 보낸다.)

MC: 두 쪽의 입장을 다 잘 들었고요. 60초 후에 돌아오겠습니다. 채널 고정!

카메라 감독: (손동작을 하며) 컷! 잠시 쉬었다가 가겠습니다!

PD: 아오, 일본 되게 예의 없지 않냐? 왜 말을 저렇게 하나.

카메라감독: (커피를 주면서) 그니까요, 저도 보다가 진짜 욕할 뻔 했어요. 근데 언제 끝날까요? 오늘 끝나고 할 일 있는데…….

한: 저, 화장실 좀 다녀올게요. (자리를 벗어난다.)

일: (미국에게 다가가면서) 솔직히 김치보단 된장 아닌가요?

미: (의아해하면서) 네?

일: (사탕을 건네며)솔직히 김치보다는 담백한 된장찌개가 짱이죠.

카메라 감독: (슬레이트 치면서) 이제 시작하겠습니다. 하나, 둘 셋 (박수침)

MC: 쉬는 시간동안 생각이 변한 분이 있으실 지도 모르니 다시 한 번 자리를 옮겨보겠습니다.

미국이 사탕을 입에 물고 있는 채로 자리에 슬며시 일어나서 일본 옆으로 가 의자에 앉는다. 한국 대표 양 손을 들고는 어이없다는 표정을 짓는다. 일본 대표 어깨를 으쓱거린다.

미: (사탕을 빨며) 김치 너무 매워요!
MC: 아, 미국 쪽이 된장찌개로 의견을 바꾸셨네요. 네 다음시간에는 더 재미있는 주제로 찾아 뵙겠습니다!

(잠깐 정적이 흐른 뒤, 모두 정지 상태에 있다. 한 명씩 일어나서 관객을 향해 선다.)

MC: 저희가 과거에 식민지배를 받았던 거 아시죠?
한: 과거에 미국은 한국과 조미수호통상조약을 맺으며 거중조정을 약속했습니다.
미: 하지만, 우리나라 몰래 미국에게 접근했던 일본은 미국에게 필리핀을 주고, 그 대가로 우리나라의 지배권을 받는 조건으로 가쓰라 태프트 밀약을 맺었습니다. 이런 사실을 모른 채, 우리나라는 주도권을 뺏기게 되고, 우리나라의 암울한 역사는 시작됩니다.
일: 저희 연극에서의 카메라 감독이나 PD는 이러한 당시 상황을 그냥 지켜만 보았던 다른 서양 열강들을 비유하고 있습니다. 다시는 이런 역사가 되풀이 되어서는 안 됩니다.

모두 인사하고 퇴장

역할극 모둠 활동지(학생 제출용)

일자	201○년 ○월 ○일			평가차시	3	모둠	2모둠
학년	1	반	1	모둠원			
상황	뉴스데스크		주제	대기업과 하청업체 간의 갈등과 기회주의적 인간형 비판			

제시된 상황에 맞추어 〈봄봄〉의 주제와 등장인물의 성격, 해학적인 분위기가 드러나도록 대본을 작성한다
(역사적 사건이나 시의성 있는 사회 문제가 드러나도록 할 것.)

뉴스 시작노래가 들린다.

아나운서: 긴급속보입니다. 현재 대기업과 하청업체 사이에 임금 문제로 갈등이 발생하여 하청업체 근로자들이 광화문에서 촛불 시위를 하고 있다고 하는데요. 우리 사회 속 갑과 을의 관계와 약자들의 억울함, 분노가 느껴지는 현장입니다. 이○○ 기자~

(광화문 앞으로 화면이 전환된다. 이순신 장군 동상이 보인다.)

이○○기자: 요새 주가가 폭등하고 있는 대기업에서 문제를 일으켰습니다. 대기업과 계약을 해서 지난 4년간 낮은 임금으로 하청을 계속해왔던 하청업체B의 분노가 드디어 폭발한 것입니다. 여긴 광화문 광장인데요. 하청업체 직원들의 시위소리가 끊이지 않고 있습니다. 김○○ 기자가 인터뷰를 진행하도록 하겠습니다.

(기자 뒤에서 하청업체 직원들의 시위소리가 들려온다. 직원 3의 목소리가 가장 크다.)

김○○기자: 이 자리에 나와서 입장을 대변하고 계시는 대기업 대표 박모씨의 의견을 들어보겠습니다. (대기업 대표에게 마이크를 건넨다)

대기업 대표: (직원 1을 바라보며) 아니, 저희도 저희 입장이 있고 사정이 있는데 무작정 그쪽 입장만 요구하시면 곤란하지 않습니까? 회사 사정이 나아지면, 분명 제대로 된 보상을 해 드릴 것이라고 말씀드렸는데, 이렇게 시위까지 하시는 이유를 모르겠습니다. 이렇게 공개적으로 시위하면 저희도 사정 봐주기가 어렵습니다.

직원 2: (대기업 대표에게 주먹을 날리며) 아니 4년이 말이 돼 4년이? 그리고 우리끼리 있을 때는 우리는 하청업체니까 그냥 주는 대로 받으라고 말하지 않았습니까! 사람을 무시하는 것도 정도가 있지!

대기업 대표: (직원2를 째려보며) 아니 제가 언제 그랬습니까? 허위 사실 좀 유포하지마세요. 이건 엄연한 명예 훼손이자 영업 방해예요!

(직원 3 황급히 대기업 대표 쪽으로 자리를 이동해서 직원 1, 2에게 삿대질을 한다.)

직원 3: 아니 대표님이 저렇게까지 말씀하시는데 이러다가 회사 망하면 누가 책임질 거예요? 난 처음부터 당신들 마음에 안 들었어. 내가 나오기 싫다고 했잖아!

김○○기자: (싸우고 있는 사람들 사이에 끼어들며) 양쪽 다 진정하세요! 이상 김○○기자였습니다.

아나운서: 일명 갑질이라고 불리는 대기업의 횡포에 분노하는 하청업체들이 많아지는 요즘 종속 관계가 아닌 수평관계로 서로에게 인간으로서의 예의를 지키는 사회가 됐으면 좋겠습니다. 이상 뉴스를 마치겠습니다.

[예시] 역할극 개별 · 모둠 평가지

반		번호		이름	
모둠명		모둠원			

성취 기준	문학의 수용과 생산 활동을 통해 다양한 사회 · 문화적 가치를 이해하고 평가한다. 주체적인 관점에서 작품을 해석하고 평가하며 문학을 생활화하는 태도를 지닌다.
학습 목표	1. 소설 속 등장인물을 현대 사회의 맥락 안에서 재해석하여 새로운 이야기를 구성할 수 있다. 2. 역할극 활동을 통해 경험을 공유하여 확장적 세계관을 가질 수 있다.

개인별 평가 기준		평가척도		
		그렇다	보통이다	그렇지 않다
1차시	사회적 맥락 속에서 '봄 · 봄'의 주요 인물과 유사한 인물을 찾고 그 이유를 설명할 수 있다.			
2차시	모둠활동에서 적극적으로 자신의 의견을 드러낼 수 있다.			
3차시	모둠활동에서 타인의 이야기를 듣고 자신의 의견을 수정하거나 확장할 수 있다.			
4차시	역할극을 준비하는 과정에서 흥미를 가지고 적극적으로 참여하여 상호 협력적 분위기 형성에 기여할 수 있다.			
5차시	역할극 활동에서 자신이 맡은 역할을 충실히 수행할 수 있다.			
5차시	감상 모둠으로서 다른 모둠의 공연을 성실히 감상하고 평가할 수 있다.			

모둠별 평가 기준		평가척도		
		그렇다	보통이다	그렇지 않다
2차시	역사적 사건이나 시의성 있는 사회 문제 안에서 '봄 · 봄'의 주요인물과 유사한 성격을 가진 인물을 설정하고 새로운 이야기를 구성할 수 있다.			
3차시	협의와 협응의 과정을 거쳐 희곡 갈래의 특성이 드러나는 참신한 역할극 대본을 창작할 수 있다.			
4차시	역할극 공연에 필요한 사항들을 소외되는 모둠원이 없이 상호 협력적으로 준비할 수 있다.			
5차시	모둠원의 역할이 분명히 드러나도록 완성도 있는 역할극을 공연할 수 있다.			

4) 'I'만의 세+특 만들어 대학 가기

기존 강의식 수업과 정량화된 평가에서 벗어나 활동 위주의 수업과 학생 개개인의 성장을 살피는 과정중심평가로의 전환은 획기적인 교육 패러다임의 변화입니다. 2015 개정 교육과정이 추구하는 공동체 의식을 가지고 배려와 나눔을 실천하는 창의적 인재를 키우기 위해서 반드시 선행되어야할 교육 활동의 변화이지만 일선 학교에서 즉각적으로 받아들이기에는 어려움 점이 많은 것도 사실입니다. 과정중심평가에 대한 교육 주체의 이해가 부족하며 양질의 수업 모형 계발과 평가의 공정성, 형평성 측면 등 교육의 주체인 학생과 교사 학부모의 이해와 합의가 선행되어야할 요소가 있는 것도 분명합니다. 그러나 이미 대학의 학생 선발 방식이 정량평가에서 학생부 종합 전형으로 대표되는 정성평가로 이동하는 시점에서 기존의 수업 방식과 평가로는 대학에서 요구하는 학생 개개인의 능력과 자질, 잠재력과 성장을 보여주기에 한계가 있습니다. '2018 학년도 서울대학교 학생부종합전형 안내 책자'를 참고로 대학에서 세부능력 및 특기사항에서 파악하고자 하는 요소를 살펴보도록 하겠습니다.

대학은 세부능력 및 특기사항에서 교실에서 어떤 수업이 이루어졌는지 파악합니다. 그리고 수업내용(토론, 발표 등)에서 보인 학생의 노력, 과제 수행 내용 등을 통해 교과 성적 수치로 볼 수 없는 학생의 우수성을 판단하고자 합니다. 학생 개개인이 어떤 노력과 학업 특징을 보여 왔는지 특별한 학업소양을 어떤 학습과정에서 어떻게 보여 왔으며 어떤 성장을 보였는지를 구체적으로 알고 싶은 것입니다. 따라서 교사는 학생 개개인마다의 학습활동 내용과 성장을 구체적으로 기록하는 것이 필요합니다. 그러나 한 명의 교사가 전체 학급 구성원 모두를 관찰하고 세세하게 기록하는 것은 현실적으로 어려운 일입니다. 그렇기 때문에 학생의 노력 또한 중요합니다. 다양한 학습 활동지에 자신의 생각과 활동을 충분히 서술하여 스스로 수업 시간에 어떤 능력과 어떤 소양을 키우고 발휘했는지 기록으로 남겨야 하겠습니다. 실제 사례에 나타난 학생의 학교생활기록부의 과목별 세부능력 특기사항 기록을 한번 살펴보겠습니다.

[예시] 과목별 세부능력 및 특기사항

(국어) 세부능력 및 특기사항

소설을 희곡으로 각색하고 역할극하기 활동에서 학급 구성원들이 추천으로 모둠장으로 선출되어 주제 정하기, 창작 대본쓰기, 배역 정하기, 무대 구성, 소품, 음향 활용 등 활동 전반을 기획하고 수행함. 소설 〈봄·봄〉의 등장인물과 주제를 비판적으로 재해석하여 배경을 '비정상회담'으로 설정한 후, 평소 관심 있던 역사적 지식을 활용하여 '나'를 조선, '장인'을 일본, 줏대 없는 '점순이'를 미국으로, 상황을 모른 체하는 카메라 감독과 PD를 서양 열강으로 비유하여 가쓰라 태프트 밀약을 비판하는 대본을 창작함. 〈봄·봄〉의 해학성을 유지하기 위해 미국이 일본 측에게 몰래 받은 사탕을 물고 일본 편을 드는 대사를 하게 하는 등 역할극의 완성도를 높이기 위한 세부적인 아이디어를 냄. 창작 대본 상연을 준비하는 과정에서 배우로 등장하기를 꺼려하는 모둠원에게 관심 분야를 묻고 등장인물을 상징하는 국가를 그리는 역할과 상대적으로 대사가 적은 카메라맨 역할을 맡겨 모둠원 모두가 일정한 역할을 가지고 즐겁게 활동할 수 있게 배려한 것이 인상적임.(중략)

위의 학생은 구성원들의 추천으로 모둠장의 선발된 것과 모둠원들의 각자의 성향에 맞는 역할 분담 등을 통해 문제해결 능력과 인성, 리더십 등을 보여주었습니다. 리더십은 대학에서 중요하게 생각하는 학생의 자질 중 하나입니다. 그러나 모든 학생이 학교나 학급의 대표이거나 동아리 부장을 할 수는 없습니다. 대부분의 대학이 학생의 리더로서의 역량을 중요하게 평가하지만 리더의 의미는 우리가 알고 있는 것보다 훨씬 더 넓기 때문에 과목별 세부 능력 및 특기사항을 통해서도 충분히 드러낼 수 있습니다.

> 학교생활 내에서 구성원 간의 갈등을 조화롭게 해결할 수 있는 능력
> 수업 중 모둠 과제 수행을 성공적으로 이끌 수 있는 능력
> 토론활동에서 함께 결론을 이끌어가며 설득력 있게 자기 의견을 주장할 수 있는 능력
> 2018학년도 서울대학교 학생부종합전형 안내, 19쪽.

활동 전반을 설계하는 능력과 소설 속 등장인물과 역사적 사건의 인물형을 연결하는 융합적 사고, 문제해결 능력 등도 의미 있게 평가받을 수 있습니다.

14

동화 번역 활동 모형
: 의사소통 능력과 나눔

    교육과정의 단계 중 평가는 교육과정 전반을 결정짓게 하는 환류효과(Washback Effect)를 가지고 있습니다. 교육이 입시의 목표에 맞춰져 있는 한 입시가 요구하는 대로 교육이 이뤄질 수밖에 없습니다. 그러나 현행 시험 제도에만 얽매일 것이 아니라 어떻게 가르칠 것인지에 먼저 고민을 해야 할 것입니다. 지금까지 교육과정에서 많은 변화와 수정을 거듭해 왔지만 여전히 영어교육에 있어 우리나라는 학습자들에게 그저 학문적 지식을 쌓아주려고 한 것이 사실입니다. 학습자가 눈으로 보고 읽어 분석하고 우리말로 옮기고 빈칸을 채우고 영어문장에서 문법규칙을 준수하는지 여부를 찾아내는 것이 교육과정에서 보여준 평가의 모습이었습니다. 어떤 면에서 보면 교실에서 배운 영어는 오로지 대학진학에 필요한 학습자의 영어시험 능력을 신장시켜 주기 위한 것이었습니다. 기능과목이자 의사소통의 연습이 필요한 영어교과에서 늘 의사소통의 상대가 존재하지 않았던 것입니다. 언어의 의사소통상의 기능적 목적이 철저히 외면당했던 것입니다. 이는 학교의 내신과 대학입시를 위한 영어교육이 학생들에게 그렇게 강요했기 때문입니다. 우리 영어교육은 늘 언론과 사회로부터 "언제까지 우리 아이들에게 이런 식으로 영어를 교육할 것인가?"라는 질문과 도전에 자유롭지 못했던 것도 사실입니다. 다행히 이제 교실은 다양하고 수많은 변화를 보이고 있습니다. 교실수업에서만 머무르는 수업이 아니라 교과내용의 직간접적인 체험 그리고 이를 바탕으로 사회에 기여할 수 있는 프로그램으로 연결할 수 있도록 하여 2015 개정 영어 교육과정이 표방하는 역량 중심의 교육과정과 민주시민 양성이라는 교육목표를 달성하고자 준비하고 있습니다. 여기서는 동화책 번역 학생 봉사 동아리를 중심으로 시작된 봉사활동인 우리말 동화책 번역활동을 통한 재능기부를 교과 수업에 활용 및 적용함으로써 시작된 영어 쓰기

능력 평가의 한 예를 들어 과정중심평가가 이루어진 상황을 살펴보겠습니다.

1) 동화 번역 활동을 통한 과정중심평가 정복하기

① 동화 번역 활동을 통한 과정중심평가란?

과정평가를 반영하는 영어 쓰기 수업의 경우 교사는 교과 성취기준에 기반을 두고 학생들에게 우리말 동화책을 자신의 수준에 맞춰 준비하도록 하고 수업 시간에 배운 표현과 어휘를 중심으로 하여 영작지도를 하고 이를 바탕으로 학생들은 자신들이 준비한 우리말 동화책 구절구절을 영어로 옮깁니다.

월별(3월-동화책 선정, 4월-1차 평가, 5월-2차 평가, 6월-3차 평가)로 자신이 직접 영어로 옮긴 동화책을 점검받는데, 우선 학생 상호 간 동료평가를 통해 동료들의 feedback을 받은 다음 교과 교사의 feedback을 받습니다. 따라서 학생들은 지필평가의 1회성, 단발성 평가가 아닌 과정중심, 성장 중심 평가를 수행하게 됩니다. 또한 학생들은 자신의 성취수준을 고려하여 동화책을 선정하는데, 이는 학습자 개개인의 수준과 특성을 반영한 맞춤형 학습과 밀접한 관련이 있습니다. 이를 통해 학습자는 일제식 수업이 아닌 자신의 수준과 특성에 맞는 평가를 수행함으로써 상대평가에서 벗어나 절대평가 및 질적 평가를 가능하게 만드는 것입니다.

학생들은 완성된 영작 동화책을 가지고 그 동안 준비해온 과정과 결과를 동료 평가하게 됩니다. 같은 항목으로 교사는 그 동안의 준비과정을 관찰해 온 부분을 평가하는데 그 평가 항목은 [표-1 ○○ 우리말 동화책 영작활동 평가 및 감상 보고서]와 같습니다. 학생들은 수업시간에 배운 표현을 활용하여 자신이 선택한 우리말 동화책을 영작할 때, 사전과 인터넷 등의 개인 학습 자료를 사용하기도 하지만 무엇보다 과정 중에 자신이 작성한 영작 내용을 동료 및 교사의 피드백을 받고 또한 토론을 함으로써 자연스럽게 생각과 학습의 정도를 넓혀가는 동시에 문제해결력을 높이게 됩니다. 이러한 과정을 통해서 개개인의 특성과 역량에 맞는 절대평가와 질적 평가가 가능해지는 것입니다. 또한 과정 중간의 피드백으로 인하여 학생들은 학습의 결과 뿐 만 아니라 과정 또한 중요하게 여기게 됩니다. 쓰기라는 영어의 영역을 통해 학생들은 학습내용을 학습하고 평가를 통해 실제 배운 바를 직접 삶에 적용할 수 있는 계기를 마련하여 실천적인 지능을 갖추게 되는 것입니다.

② 완성된 영어 동화책의 활용

학기가 마무리 되어갈 즈음 학생들은 자신들이 선택하고 수행한 우리말 동화책의 영작이 이루어진 종이를 오려 스티커 형태로 만들어 우리말 위에 붙여 영문 동화책을 완성하게 됩니다. 완성된 동화책은 사회복지센터나 제3세계 어린이들에게 보내 영어 학습 교재로 사용토록 하는 방법은 학생들로 하여금 학습을 자신만을 위한 것이 아닌 자신의 이웃과 사회 더 나아가 인류를 위해 공헌할 수 있는 지식의 창조자이자 능동적인 학습자로 만들어 학습 자체를 즐거워하도록 만들게 됩니다. 이는 학생들의 동기부여를 강화시켜 학습에 대한 지속적이고 자발적인 참여를 가능하게 하는 원동력이 되기도 합니다. 즉 지식, 기능, 태도 등 학생의 다양한 측면, 즉 인성적, 정의적 영역까지 포함하여 종합적으로 평가하는 과정중심평가의 목적을 살릴 수 있습니다.

③ 기존의 수행평가와는 다른 점

결과만을 강조하여 학생의 전인적 성장을 발달시키는 데에는 한계가 있음을 인식하고 새로운 패러다임과 목적을 달리하는 대안적 평가체제인 과정중심평가는 일회성 정기고사, 결과 중심 평가, 선택형 문항 중심의 지필평가에 대한 대안적 평가이며, 실제상황에서 발휘할 수 있는 능력을 평가하고 평가 상황이 실제상황을 그대로 재현하여 실제적 평가입니다. 또한 직접 학생들을 관찰하며 평가하는 직접평가이고, 답을 선택하는 것보다는 답을 직접 서술하거나 구성할 수 있는 것을 중시합니다. 결국, 이 우리말 동화책을 영작을 통해 영문 동화책을 만드는 과정은 교사가 평가의 주체가 될 뿐 아니라, 학생도 평가의 주체가 되어 관찰, 자기평가, 동료평가 등 다양한 평가방법을 활용하여 그 수행 과정을 학생부 교과학습 세부능력 및 특기사항에 기록으로 남김으로써 학생의 성장과 변화를 더욱 더 심도 있게 관찰할 수 있을 뿐만 아니라, 학생들의 평가에 대한 신뢰성, 객관성, 공정성을 공고히 하는 계기가 됩니다.

④ 과정중심평가의 신뢰성과 공정성 확보 방안

과정중심평가를 실시하는 데 있어 본 평가의 특성상 평가자의 주관성이 많이 개입할 수 있기에 평가의 신뢰성과 공정성을 높이기 위해 교과협의회에서의 채점 기준에 대한 공유와 합의를 필수로 합니다. 그리고 앞에서 논한 바와 같이 본 평가를 위해 복수의 교사를 채점에 참여시킬 뿐만 아니라 자기평가, 동료평가를 시행함으로써 신뢰성과 공정성을 확보할 수 있습니다. 또한 동일 과제에 대한 다수의 교사가 채점에 참여할 경우, 채점의 일관성을 유지하기 위한 노력이 필요한데, 이는 사전에 제작된 채점 기준을 공유함으로써 채점자 간 차이를 최소화하려고 합니다. 또한 본 평가는 과정중심평가이므로 학생의 수행 과정을 기록하는 것을 중요한 요소로 여깁니다. 평가 과제를 개발 하고 채점 기준을 개발할 때 평가자는 다양한 방법으로 학생들의 수행 과정을 관찰하고 기록하려는 노력을 기울입니다. 이는 학생의 변화와 성장에 대한 자료를 다각적으로 수집하여 학생의 성장을 도울 수 있기 때문입니다. 따라서 수행평가의 계획 단계에서 평가의 목적과 수행의 성격, 시간 등의 현실적 여건과 평가 맥락에 따라 기록 방법을 선택하고, 결정하여 미리 기록지를 평가가 이루어지기 전에 준비합니다. 궁극적으로는 학생들의 평가 과정에서의 모습을 학생부 교과 학습 세부능력 및 특기사항에 기록함으로써 과정중심평가를 완성하게 되는 것입니다.

⑤ 채점 결과에 대한 이의 신청 · 처리 · 확인 과정

우리말 동화책 영작활동 과정중심평가의 채점이 완료되면 채점 결과를 공개하고 이의 신청 · 처리 · 확인 과정을 거치게 됩니다. 학생이 평가 결과에 대한 이의를 제기한 경우 면밀히 검토하여 학교 학업성적관리위원회에서 정한 절차에 따라 적절한 조치가 이루어집니다. 이상의 모든 평가과정이 완료되고 나면 학생들의 평가 결과물인 영문 동화책은 학생들 상호간의 감상이 이루어지도록 일정기간(1~2주) 교과교실에서 전시를 한 후 동아리를 통하여 사회복지센터나 제3세계 어린이들에게 전달되어집니다.

2) 과정중심평가의 실제 사례

다음은 학생들이 선택한 동화책의 일부입니다. 이는 재활용 동화책으로 학생들이 중고서점을 통해 구입하였거나, 재활용품에서 구한 것으로 환경보호와 재활용 활동을 함께 하면서 수업과 평가를 동시에 이루어낼 수 있습니다.

학습자	선정 동화책	
1	내 친구 꼬마 곰	
2	너도 할 수 있니?	
3	폭폭 꼬마 기차	

4	비올레트와 피셀	
5	장난꾸러기 숫자	
6	물놀이 하는 바둑이	
7	누구 팬티일까?	
8	마술사가 된 바둑이	
9	무슨 색깔일까요?	
10	Matisse	
11	아빠는 우리를 똑같이 사랑해!	
12	사랑해 사랑해 사랑해	
13	조각조각 무엇을 만들까?	
14	선물 상자에 무엇이 있을까?	
15	도깨비 코올처럼 해봐요	
16	치카치카 쓱싹쓱싹	
17	사자 조련사 티토	
18	트럭이 쿵!	

다음은 중급의 학습자가 실제 번역활동을 통해 이룩한 영작 자료를 3번에 걸쳐 변화된 모습을 보시겠습니다. 여기서는 지면 상 3~4페이지에 걸쳐 영작이 이루어진 부분을 살펴보도록 하겠습니다.

1차 점검 때 제출한 자료입니다. 〈사자 조련사 티토〉 중 일부

서커스의 어릿광대인 티토는 다른 일을 해 보고 싶었어요.
'서커스 단장이나 줄타기 곡예사,
아니면 무거운 역기를 드는 사람이 되어 보는 건 어떨까?'
티토는 간절히 바라는 것이 있으면 정말 그렇게 되는 꿈을 꾼답니다.
Circus clown, Ti To wants to do something different for a change.
'A circus master, a tightrope walker,
or how about be a people put up heavy barbell?'
Ti To had a dream of becoming like that.

오늘 밤에 티토는

사자 조련사가 되었어요.
티토는 무서워하지도 않고
사자 우리 안으로 들어가
"안녕, 레오!" 하고 말했어요.
"크르릉!"
사자 레오가 으르렁 댔어요.
Today night,
Ti To to be a lion trainer.
Ti To is not scared and
come in lion cage.
then Ti To said "Hi, Reo!"
"Roar!"
Lion, Reo roar.

티토는 아코디언을 연주하며
신 나는 노래를 불렀어요.
사자 레오가 앞발을 들었다 났다 하며 춤을 추었어요.
"잘했어, 레오. 아주 잘했어."
티토가 칭찬했어요.
Ti To played accordion
and sang very interesting song.
Lion Reo danced up and down his paw.
"Good job, Reo. Very good."
Ti To praised.

1차 영작 활동은 단어의 선택이나 표현의 선택에 있어 다소 어색한 면이 있고, 구문이나 문법 사항도 오류가 많이 드러나 보입니다.

2차 점검 때 제출한 자료입니다. 〈사자 조련사 티토〉 중 일부

서커스의 어릿광대인 티토는 다른 일을 해 보고 싶었어요.
'서커스 단장이나 줄타기 곡예사,
아니면 무거운 역기를 드는 사람이 되어 보는 건 어떨까?'
티토는 간절히 바라는 것이 있으면 정말 그렇게 되는 꿈을 꾼답니다.
Ti To, a clown in circus, wanted to do something different for a change.
'A circus master, a tightrope walker, or how about becoming a person putting up heavy barbell?'
Ti To has a dream of becoming like this if he had a something to desire.
오늘 밤에 티토는
사자 조련사가 되었어요.
티토는 무서워하지도 않고

사자 우리 안으로 들어가
"안녕, 레오!" 하고 말했어요.
"크르릉!"
사자 레오가 으르렁 댔어요.
Tonight, Ti To became a lion trainer.
Ti To is not scared and come in lion cage, and then said "Hi, Reo!"
'Keureureung!' Lion, Reo roared.

티토는 아코디언을 연주하며
신 나는 노래를 불렀어요.
사자 레오가 앞발을 들었다 놨다 하며 춤을 추었어요.
"잘했어, 레오. 아주 잘했어."
티토가 칭찬했어요.
Ti To sang a cheerful song, playing the accordion
Lion Reo danced with his paws up and down.
"Good job, Reo. Excellent!"
Ti To praised.

2차 점검을 마친 내용은 자기 평가와 동료 평가 및 교사의 지속적인 피드백을 마친 후라 매우 안정적인 영작 내용을 보이고 있습니다. 분사구문을 적절히 활용하면서, 주어와 서술어의 관계도 정립해가면서 단어의 배열도 좀 더 세련되어 가는 것을 볼 수 있습니다. 다음은 스티커로 인쇄하기 전의 최종 완성본입니다. 3개월여 동안 진행된 영작문 개별화 수업과 과정중심 수업의 완성인 우리말 동화책 영작 활동이 최종 결과물을 얻은 상태입니다.

Lion trainer TI TO

Ti To, a clown in circus, wanted to do something different for a change.
'A circus master, a tightrope walker, or how about becoming a person putting up heavy barbell?'
Ti To has a dream of becoming like this if he had a something to desire.

Tonight, Ti To became a lion trainer.
Ti To is not scared and come in lion cage, and then said "Hi, Reo!"
'Keureureung!' Lion, Reo roared.

Ti To sang a cheerful song, playing the accordion
Lion Reo danced with his paws up and down.
"Good job, Reo. Excellent!"
Ti To praised.

3) 과정중심평가 활동을 생활기록부에 기록하기

과정중심평가를 할 때 항상 잊지 말아야 할 것이 '과정중심평가 활동'이 구체적으로 생활기록부에 기록되어진다는 것입니다. 학생 선발에 대한 입학사정관의 주요 포인트 중 하나가 학생부 종합전형에서 과목별 세부능력특기사항입니다. 그러므로 학생은 과정중심평가에 적극적으로 참여하고 교사는 학생의 활동을 관찰하여 기록하고 이를 평가에 반영되어지도록 하는 것입니다. 또한 자기 평가 기록과 동료 평가 기록도 과목별세부능력특기사항에 반영됩니다. 위의 실제 사례에 나타난 학생의 생활기록부 과목별 세부능력 특기사항 기록을 보겠습니다.

[예시] 과목별 세부능력 및 특기사항

(과목) 세부능력 및 특기사항
영어 수업을 매개로 친구들과 협력하고 도와주며 공감하는 능력을 보임. 평소 정기적으로 자신의 수준과 흥미에 맞는 우리말 동화책을 영어로 번역하는 활동을 통해 자기주도적 학습을 실천하고 그 결과물을 아시아/아프리카 지역 빈곤 아동들을 위한 봉사활동에 참가함. 또한 4개월 동안 진행되는 우리말 동화책 번역 과정을 통해 처음 선택한 동화책에서는 어휘 및 표현 선택에 어려움을 겪었으나 다양한 매체를 활용하여 모둠원들과 토론과 피드백을 받으면서 자기수정을 거치는 과정을 겪으면서 점점 다양하고 풍부한 표현과 어휘를 사용하는 수준 높은 번역 능력을 보이는 등 발전하는 모습을 보임(의사소통능력 및 정보전달력). 창의적으로 동아리를 운영할 뿐만 아니라 자신들의 힘으로 성금을 마련하는 등 구성원들과 함께 공동체와 어려운 사람들을 위해 자신이 가지고 있는 역량을 아낌없이 나누고자 하는 열의를 보임(공동체 역량 및 융합적 소양). 학습을 부담으로 여기지 않고 또한 의무와 책임이 아닌 사회와 공동체를 위해 기부할 수 있는 재능으로 변화시켜 모두가 함께 행복한 사회를 만들고자 하는 대의에 참여하는 미래의 계획을 세우는 가기관리능력 있는 학생으로 성장하고 있음(자기관리).

4) 각 차시별 교수 학습 평가의 실제

① 주제: 동화책 영어 번역으로 나만의 영어책 만들기

단원(성취기준) 개관

학생들이 자신의 영어과 교과 학업성취도 및 흥미에 알맞은 우리말 동화책을 선택하여 우리말을 영어로 번역하는 과정을 통해 진행할 수 있는 다양한 쓰기 활동을 제시하고자 합니다. 이 단원은 영어 번역을 통해 상상력과 창의력 사고를 확장시켜 학생들이 획일적인 교과서에서 벗어나 자신만의 교재를 만들어 내는 과정을 통해 다양한 영어 번역에 대한 흥미를 발견하도록 하는 것이 목표입니다. 1차시에서 자신만의 동화책을 소개한 후 모둠원이 나누어 읽고 상호 준비한 동화책에 필요한 어휘나 표현 방법에 대해 함께 의견을 교환하게 합니다. 2차시에는 학생 스스로 준비한 동화책의 영어 번역 상황을 모둠 원들에게 공개한 후 1차 피드백을 받도록 합니다. 동료 평가를 받은 후 교사에 의한 1차 피드백이 있은 후 학생은 다시 인터넷, 사전, corpus 등 다양한 방법으로 피드백을 참고하여 2차 영어 번역을 실시합니다. 2차 영어 번역이 진행된 후 학생들에게 모둠이 아니라 전체 학생들이 영어 번역 동화책을 볼 수 있는 장을 마련합니다. 본인이 생각하지 못 했던 것을 친구들이 제시해 주는 경험을 하면서 영어 번역에 자신감이 생기면서 친구들과 함께 나누어 해결해 볼 수 있게 합니다. 2차 번역이 완성되면 학생들은 자신들이 번역한 내용을 우리말 동화의 한글 부분에 영어 문장 스티커를 붙이게 하도록 하여 영어 동화책으로 만들어냅니다.

해당 동화책은 영어교재 및 영어 동화책을 구하기 어려운 어린이나 외국의 영어 학습을 원하는 어린이들에게 기증하여 학생들이 쓰기 학습 뿐 만이 아니라 자신들의 학습 결과물이 다른 사람의 학습 교재로 제공되는 기부문화를 만들면서 학생들에게 학습에 대한 동기를 더욱 강하게 부여합니다.

고등학생으로서 어린이들의 영어 교재가 부족하고 값이 고가인 것을 인식하고 '어린이들을 위한 영어교재'라는 필요성에 대해 생각해 봅니다. 어린이를 위한 영어교재를 직접 제작해 보는 프로젝트를 수행하는 과정에서 자신의 영어 쓰기 능력에 대한 실제적인 문제해결을 위한 흥미로우면서도 자기주도적인 학습을 경험할 수 있는 단원이 될 것으로 기대합니다. 특히 본 수업 모형 안은 1차시 후 1개월의 준비 및 보충을 통해 총 4개월에 걸친 과정으로 이루어지는 수업 모형으로 학생들이 본시 수업 뿐만 아니라 자기주도적 학습 시간을 이용해 준비할 수 있는 과정입니다.

단원의 구성

성취기준 및 해설	읽기	[10영03-01] 친숙한 일반적 주제에 관한 글을 읽고 세부정보를 파악할 수 있다. [10영03-02] 친숙한 일반적 주제에 관한 글을 읽고 주제 및 요지를 파악할 수 있다.
	쓰기	[10영04-01] 일상생활이나 친숙한 일반적 주제에 관하여 듣거나 읽고 세부 정보를 기록할 수 있다. [10영04-03] 일상생활이나 친숙한 일반적 주제에 관해 자신의 의견이나 감정을 쓸 수 있다.

	[의사소통] 어린이들이 이용할 수 있는 영어 동화책의 필요성을 설문을 통해 조사하고 영어로 번역하는 과정에서 서로 의견을 나누며 의사소통 능력을 향상
교과 역량	[공동체] 모둠 안에서 각자 자신이 맡은 부분을 통해 동화책 번역을 하는 협동학습(상호평가) 과정에서 공동체 역량 함양
	[자기관리] 자신의 흥미와 능력에 맞는 우리말 동화책을 선정 영어 번역을 통해 흥미와 관심 유발
	[지식정보처리] 동화책에 관한 자료 검색을 위해 사전, corpus, google 등의 정보활용
교수 학습방법	• 프로젝트 기반 학습(project-based learning), 과업중심 교수법(Task-based approach) • 모둠별 협동학습 • 디지털 리터러시 학습
주요 기능 및 언어형식	• 영어 동화책의 필요성과 필수 요소를 포함하는 기획서 작성하기 • 나만의 영어 동화책을 읽고 주제 이해 및 세부사항 파악하기

차시 구성	차시	주요기능	주요 활동 및 평가
	1 (3월 말)	읽기, 말하기	[우리말 동화책 내용 공유(어휘 ,표현 등) 및 영어동화책 제작 기획서 작성하기] • 진단평가, 자기성찰 평가
	2 (4월 말)	읽기, 쓰기	[1차 영어 번역하기] • 학생 상호평가 · 교사 평가
	3 (5월 말)	읽기, 쓰기	[2차 영어 번역하기] • 학생 상호평가 · 교사 평가
	4 (6월 말)	읽기, 쓰기, 말하기	[우리말 동화책 영어 문장으로 바꾸기] • 정리된 영어 스티커를 우리말 동화책에 붙이기 • 학생 상호평가
	5 (7월 중)	쓰기	[영어 동화책의 주제와 스토리 라인 작성하기]

② 4차시 우리말 동화책 영어 문장으로 바꾸기

개요

본 수업 차시에서는 우리말 동화책의 영어 문장 전환이 완료된 것을 관람 및 읽어보고 영어 동화책이 이루어지기까지 우리말 동화책이 어떻게 변화되었는지 그리고 1, 2차 피드백이 어떻게 반영되었는지를 친구들과 이야기를 나눕니다. 학생 상호평가와 교사 평가에 대한 다양한 과정 평가를 경험한 학생들이 자신들이 최종 작성한 영어 문장 스티커를 만들어 우리말을 가리고 붙이면서 이를 영어 동화책으로 만들어 공유하도록 하는 4차시 수업입니다. 이후 영어 동화책 글쓰기에 대한 과정형 수행평가를 위한 기준을 함께 설정합니다.

학습 목표

① 우리말 동화책과 영어 번역 동화책이 되어가는 과정의 변화를 파악하고 이를 비교할 수 있습니다.

② 영어 동화책을 제작하는 과정을 설명하는 영어동화책 제작 보고서를 영어로 작성할 수 있습니다.

교수 학습 활동

	교사	학생
영어 동화책 제작하기	1, 2차 피드백이 이루어진 원고를 스티커 형식으로 제작하여 우리말 동화책에 영문 스티커 붙이도록 하기	교사가 예로 든 영어 동화책 완성본을 참고로 자신의 원고를 바탕으로 하여 모둠원들과 함께 영어 동화책 제작하기
영어 동화책 관람하기	• 이전 차시에서 작성한 원고와 제작한 영어 동화책을 이용하여 자신의 영어 번역과정을 성찰하도록 하기 • 학급 전체를 대상으로 제작한 영어 동화책을 관람하도록 하기	• 모둠원들과 함께 자신의 영어 번역 과정상의 원고와 완성된 영어 동화책을 보면서 소감 발표하기 • 학급 다른 친구들의 영어 동화책을 관람한 후 관람 평가 부착하기
평가 기준에 대한 논의	학생들이 쓰기 평가기준을 논의하여 학생들이 올바른 평가의 주체가 되도록 돕기	모둠 별로 쓰기 평가 기준을 정하고 다른 모둠과 공유하기
쓰기 수행평가	• 평가지를 작성하며 영어동화책 제작하기를 통해 자신과 친구들을 돌아보는 시간을 갖기 • 영어 동화책 제작 과정을 돌아보며 새롭게 배운 점과 개선 사항에 대해 기록하도록 하기	평가지를 통해 학생 상호 평가하기
교사 평가	영어 동화책 제작의 최종적인 결과물 평가와 제작과정상의 학생들의 평가를 기록하기	영어 동화책 제작 보고서를 통해 본 수업 과정에 대한 전반적인 참여정도를 스스로 성찰하고 개선점 찾아보는 시간 갖기

우리말 동화책 영어 번역 활동 평가 및 감상 보고서

평 점
교사　　(인)

학년　　반　　번 이름

평가 및 감상

〈**평가 기준**〉
· Language Usage(어휘, 표현 선택의 창의성, 독창성): 영작은 얼마나 창의적이며 독창적으로 작성되었는가?
· Task Completion(과업수행): 우리말의 영작상황은 어떠하며 의미가 영어로 잘 전달되는가?
· Participation(참여도, 협동): 수업 및 과제활동에 잘 하며 적극적으로 참여하는가?
· Contents(내용 및 주제): 전달하고자 하는 내용과 주제가 잘 표현되었고 잘 전달되었는가?
· Perfection(완성도): 영작 동화책의 편집과 독자를 위한 소통 정도는 어떠한가?

Data	평가 점수	상	중	하	동료평가 – 평가 기준 항목에 근거하여 느낀 내용을 쓰세요.
		2	1	0.5	
Registered No. Name	Language Usage				
	Task Completion				
	Participation				
	Contents				
	Perfection				
	Total				
Registered No. Name	Language Usage				
	Task Completion				
	Participation				
	Contents				
	Perfection				
	Total				

Registered No. **Name**	Language Usage				
	Task Completion				
	Participation				
	Contents				
	Perfection				
	Total				
Registered No. **Name**	Language Usage				
	Task Completion				
	Participation				
	Contents				
	Perfection				
	Total				

15

애니메이션 더빙 활동 모형
: 영상 매체를 통한 타인의 감정 이해

1) 애니메이션 더빙 활동을 통한 과정중심평가란?

과정평가를 반영하는 영어 쓰기 · 말하기 수업의 경우 교사는 교과 성취기준에 기반을 두고 학생들에게 기존 교과 수업 시간에 배운 의사소통 기능과 어휘 및 유형 표현을 중심으로 모둠별 협의를 통해 준비하도록 하고 이를 통해 준비한 원고를 가지고 모둠원들이 먼저 자기평가 및 동료평가를 실시한 후 이를 바탕으로 학생들은 영화(특히 애니메이션이 유리합니다.)부분 중 3~5분 분량의 스토리 보드를 만들어서 자신들이 준비한 교과 수업 내용 때 배운 의사소통 기능과 표현 등을 이용하여 만든 대본을 녹음하여 더빙하는 작업입니다. 동화책 영작과는 다르게 애니메이션 더빙은 보통 중간고사를 마친 후 1차 원고 작업을 마치게 되고 기말고사를 마친 후 더빙을 마친 작품을 학급 전체 학생들에게 발표하는 데, 모둠 별 평가를 하게 되면서 공동체 역량과 임무분담을 통한 협의능력도 볼 수 있는 평가입니다.

영어동화책 제작과 달리 모둠 별로 이루어지는 애니메이션 더빙영화 제작을 시기별로 살펴보면 3월~4월 1차 원고 작업, 5~6월 – 2차 원고 수정, 7월 – 영상작업 후 프레젠테이션 평가로 모둠이 준비한 영어원고를 바탕으로 더빙할 영화 작품을 선정한 후 원고와 영화의 매칭 여부를 점검받는데, 우선 학생 상호 간 동료평가를 통해 동료들의 피드백을 받은 다음 교과 교사의 피드백을 받습니다. 따라서 학생들은 지필평가의 1회성, 단발성 평가가 아닌 과정중심, 성장 중심 평가를 수행하게 됩니다. 또한 학생들은 자신의 성취수준을 고려하여 원고 및 영상을 선정하는데, 이 또한 학습자 개개인의 수준과 특성을 반영한 맞춤형 학습과 밀접한 관련이 있습니다. 이를 통해 학습자는 일제식 수업이 아닌 자신의 수준과 특성에 맞는 평가를 수행함으로써 상대평가에서 벗어나 절대평가 및 질적 평가를 가능하게 만드는 것입니다.

학생들은 완성된 더빙 영화를 가지고 그 동안 준비해 온 과정과 결과를 동료 평가하게 됩니다. 같은 항목으로 교사는 그 동안의 준비과정을 관찰해 온 부분을 평가하는데 그 평가 항목은 [표-1 ○○ 애니메이션 더빙영화 제작활동 평가 및 감상 보고서]와 같습니다.

학생들은 수업시간에 배운 표현을 활용하여 자신이 선택한 영어표현과 영상을 가지고 영작과 말하기 준비를 할 때, 사전과 인터넷 등의 개인 학습 자료를 사용하기도 하지만 무엇보다 과정 중에 자신이 작성한 영작 내용을 동료 및 교사의 피드백을 받고 또한 토론을 함으로써 자연스럽게 생각과 학습의 정도를 넓혀가는 동시에 문제해결력을 높이게 됩니다. 또한 수업 중 발표를 꺼리는 학생이나 자신감이 부족한 학생들도 다른 주인공을 통해 발표를 하여 소리를 더빙함으로써 적극적으로 참여하는 효과를 낳아 자발성과 적극적인 참여능력을 배양하게 됩니다. 이러한 과정을 통해서 개개인의 특성과 역량에 맞는 절대평가와 질적 평가가 가능해지는 것입니다. 또한 과정 중간의 피드백으로 인하여 학생들은 학습의 결과뿐만 아니라 과정 또한 중요하게 여기게 됩니다. 쓰기·말하기라는 영어의 영역을 통해 학생들은 학습내용을 학습하고 평가를 통해 실제 배운 바를 직접 삶에 적용할 수 있는 계기를 마련하여 실천적인 지능을 갖추게 되는 것입니다.

완성된 애니메이션 더빙의 활용

학기가 마무리 되어갈 즈음 학생들은 자신들이 선택하고 수행한 애니메이션 더빙 영화를 가지고 영작 동화책처럼 사회복지센터나 제3세계 어린이들에게 보내 영어 학습 교재로 사용토록 합니다. 이 방법은 학생들로 하여금 학습을 자신만을 위한 것이 아닌 자신의 이웃과 사회 더 나아가 인류를 위해 공헌할 수 있는 지식의 창조자이자 능동적인 학습자로 만들어 학습 자체를 즐거워하도록 만들게 됩니다. 이는 학생들의 동기부여를 강화시켜 학습에 대한 지속적이고 자발적인 참여를 가능하게 하는 원동력이 되기도 합니다. 즉 지식, 기능, 태도 등 학생의 다양한 측면, 즉 인성적, 정의적 영역까지 포함하여 종합적으로 평가하는 과정중심평가의 목적을 살릴 수 있습니다.

2) 각 차시별 교수 학습 평가의 실제

① 주제: 애니메이션 더빙 활동으로 모둠별 영화 만들기

단원(성취기준) 개관

학생들이 자신의 영어과 교과 학업성취도 및 흥미에 알맞은 애니메이션 영화를 선정하여 영어 의사소통 표현과 관련된 녹음을 더빙하는 과정을 통해 진행할 수 있는 다양한 쓰기 · 말하기 활동을 제시하고자 합니다. 이 단원은 자신들이 배운 영어 수업 시간 중의 의사소통 관련 표현과 어휘 등을 활용하여 원고를 작성하고 이에 맞는 영화를 선정하여 더빙을 함으로써 정보 분석 능력과 상상력, 창의력 사고를 확장시켜 학생들이 획일적인 교과서 수업 및 평가에서 벗어나 자신만의 영화를 만들어 내는 과정을 통해 다양한 영어 표현에 대한 흥미와 말하기에 대한 자신감을 강화시키도록 하는 것이 목표입니다.

1차시에서는 수업 중 배운 의사소통 표현과 어휘 등을 소개한 후 모둠원과의 협의를 통해 스토리 보드를 작성한 후 매칭이 되는 영상을 선정합니다. 이 때 모둠원 상호간에 필요한 어휘나 표현 방법에 대해 함께 의견 교환뿐만 아니라 역할 분담도 이루어지게 됩니다. 2차시에는 모둠 학생별로 분담이 이루어진 역할에 따라 원고 작성자에 의해 준비된 원고를 바탕으로 영어 원고 작성 상황을 모둠원들에게 공개한 후 1차 피드백을 받도록 합니다. 동료 평가를 받은 후 교사에 의한 1차 피드백이 있은 후 학생은 다시 인터넷, 사전, corpus 등 다양한 방법으로 피드백을 참고하여 2차 영어 번역을 실시합니다. 2차 영어 번역이 진행된 후 학생들에게 모둠이 아니라 전체 학생들 앞에서 Reading 작업이 이루어지는 장을 마련합니다. 본인이나 모둠에서 생각하지 못 했던 것을 동료나 다른 모둠에서 제시해 주는 경험을 하면서 자연스럽게 배움이 일어나며 영어 쓰기와 말하기에 자신감이 생기면서 친구들과 함께 협력적 수업 나눔 문화를 경험하게 합니다. 2차 원고가 완성되면 학생들은 자신들이 작문하고 Reading한 내용을 녹음한 후 영화의 소리를 없애고 더빙을 하여 영어 영상으로 만들어 냅니다.

해당 영상은 영어 동화책과 마찬가지로 말하기 영어교재 및 영어 애니메이션을 구하기 어려운 어린이나 외국의 영어 학습을 원하는 어린이들에게 기증하여 학생들이 쓰기 · 말하기 학습뿐만이 아니라 자신들의 학습 결과물이 다른 사람의 학습 교재로 제공되는 기부문화를 만들면서 학생들에게 학습에 대한 동기를 더욱 강하게 부여합니다. 고등학생으로서 어린이들의 영어교재가 부족하고 값이 고가인 것을 인식하고 '어린이들을 위한 영어교재'라는 필요성에 대해 생각해 봅니다. 어린이를 위한 영어교재를 직접 제작해 보는 프로젝트를 수행하는 과정에서 자신의 영어 쓰기 · 말하기 능력에 대한 실제적인 문제해결을 위한 흥미로우면서도 자기주도적인 학습을 경험할 수 있는 단원이 될 것으로 기대합니다. 특히 본 수업 모형 안은 1차시 후 1개월의 준비 및 보충을 통해 총 4개월에 걸친 과정으로 이루어지는 수업 모형으로 학생들이 본시 수업 뿐만 아니라 자기주도적 학습 시간을 이용해 준비할 수 있는 과정입니다.

단원의 구성

<table>
<tr><td rowspan="2">성취 기준 및
해설</td><td>말하기</td><td>[10영02-01] 일상생활이나 친숙한 일반적 주제에 관하여 듣거나 읽고 세부 정보를 설명할 수 있다.
[10영02-04] 일상생활이나 친숙한 일반적 주제에 관한 정보를 묻고 답할 수 있다.</td></tr>
<tr><td>쓰기</td><td>[10영04-01] 일상생활이나 친숙한 일반적 주제에 관하여 듣거나 읽고 세부 정보를 기록할 수 있다.
[10영04-03] 일상생활이나 친숙한 일반적 주제에 관해 자신의 의견이나 감정을 쓸 수 있다.</td></tr>
<tr><td>교과 역량</td><td colspan="2">[의사소통] 교과 수업 시간에 배운 어휘 및 의사소통 관련 주요 표현을 이용하여 스토리 보드를 작성한 후 이에 알맞은 영화를 선정하여 영상에 더빙하는 과정에서 모둠원 상호간의 의견을 나누며 의사소통 능력을 향상
[공동체] 모둠 안에서 각자 자신이 맡은 역할을 통해 애니메이션 더빙영화 제작 협동학습(상호평가) 과정에서 공동체 역량 함양
[자기관리] 자신의 수준과 흥미에 맞는 표현과 어휘를 통해 영어 애니메이션 영화 더빙을 통해 말하기와 쓰기에 대한 흥미와 관심 유발
[지식정보처리] 교과 수업 시간에 배운 의사소통 관련 표현 및 어휘에 관한 자료 검색을 위해 사전, corpus, google 등의 정보 활용</td></tr>
<tr><td>교수 학습방법</td><td colspan="2">• 프로젝트 기반 학습(project-based learning), 과업중심 교수법(Task-based approach)
• 모둠별 협동학습
• 디지털 리터러시 학습</td></tr>
<tr><td>주요 기능 및
언어형식</td><td colspan="2">• 영어 애니메이션 더빙의 필요성과 필수 요소를 포함하는 기획서 및 스토리보드 작성하기
• 모둠 영어더빙 애니메이션을 보고 주제 이해 및 세부사항 파악하기</td></tr>
<tr><td rowspan="4">차시 구성</td><td>차시</td><td>주요기능   주요 활동 및 평가</td></tr>
<tr><td>1
(3월 말)</td><td>말하기, 쓰기   [수업 내용 공유(어휘, 표현 등) 및 애니메이션 영화 제작 기획서 작성하기]
• 진단평가, 자기성찰 평가</td></tr>
<tr><td>2
(4월 말)</td><td>말하기, 쓰기   [1차 영어 원고 작성 및 Reading 하기]
• 학생 상호평가 · 교사 평가</td></tr>
<tr><td>3
(5월 말)</td><td>말하기, 쓰기   [2차 영어 원고 수정 및 Reading 하기]
• 학생 상호평가 · 교사 평가</td></tr>
</table>

4 (6월 말)	읽기, 쓰기, 말하기	[애니메이션 영화 영어 더빙하기] • 정리된 영어 표현을 녹음하여 영화 스토리라인에 더빙하기 • 학생 상호평가
5 (7월 중)	말하기	[애니메이션 더빙 영화의 주제와 스토리 라인 작성하기]

② 4차시 애니메이션 영어 더빙하기

개요

본 수업 차시에서는 영어 원고가 완료된 후 원고 제시와 Reading 장면을 관람한 후 영화에 영어더빙이 이루어지기까지 영상이 어떻게 변화되었는지 그리고 1,2차 feedback이 어떻게 반영되었는지를 친구들과 이야기를 나눕니다. 학생 상호평가와 교사 평가에 대한 다양한 과정 평가를 경험한 학생들이 자신들이 최종 작업된 원고를 바탕으로 녹음 작업을 거쳐 이를 영상에 영어로 더빙함으로써 더빙영화로 만들어 공유하도록 하는 4차시 수업입니다. 이후 애니메이션 영어 더빙 영화에 대한 과정형 수행평가를 위한 기준을 함께 설정합니다.

학습 목표

① 수업시간에 배운 교과서의 의사소통 표현과 어휘가 실제 생활(영화의 한 장면)에서 구현되는 과정의 변화를 파악하고 이를 비교할 수 있습니다.

② 영어더빙 영화를 제작 과정을 설명하는 영어더빙 영화 제작 보고서를 영어로 작성할 수 있습니다.

교수 학습 활동

	교사	학생
영어 원고 작성 내용 더빙하기	1,2차 feedback이 이루어진 대본 원고를 대본 형식으로 제작하여 Reading 및 Dubbing 활동 준비하기	교사가 예로 든 영어 더빙 영상을 참고로 자신의 원고를 바탕으로 하여 모둠원들과 함께 영어 더빙 영상 제작하기
영어더빙 영화 관람하기	• 이전 차시에서 작성한 원고와 제작한 영어 더빙 영화를 이용하여 자신의 영어 말하기·쓰기 과정을 성찰하도록 하기 • 학급 전체를 대상으로 제작한 영어 더빙 영상을 관람하도록 하기	• 모둠원들과 함께 자신의 영어 더빙 과정상의 대본 원고와 완성된 영어 더빙 영상을 보면서 소감 발표하기 • 학급 다른 친구들의 영어 더빙 영상을 관람한 후 관람 평가 부착하기
평가 기준에 대한 논의	학생들이 말하기·쓰기 평가기준을 논의하여 학생들이 올바른 평가의 주체가 되도록 돕기	모둠 별로 말하기·쓰기 평가 기준을 정하고 다른 모둠과 공유하기
말하기·쓰기 수행평가	• 평가지를 작성하며 영어 더빙 영상 제작하기를 통해 자신과 친구들을 돌아보는 시간을 갖기 • 애니메이션 영어 더빙 영상 제작 과정을 돌아보며 새롭게 배운 점과 개선 사항에 대해 기록하도록 하기	평가지를 통해 학생 상호 평가하기
교사 평가	애니메이션 영어 더빙 영상 제작의 최종적인 결과물 평가와 제작과정상의 학생들의 평가를 기록하기	애니메이션 영어 더빙 영상 제작 보고서를 통해 본 수업 과정에 대한 전반적인 참여정도를 스스로 성찰하고 개선점 찾아보는 시간 갖기

애니메이션 영어 더빙 영상 제작 활동 평가 및 감상 보고서

평 점
교사   (인)

학년   반   번 이름

평가 및 감상

〈평가 기준〉
· Language Usage(어휘, 표현 선택의 창의성, 독창성): 수업 시간에 배운 어휘와 표현을 내용과 상황에 맞게 대본 작성을 하였고 감정과 짜임새 있는 더빙을 하였는가?
· Task Completion(과업수행): 우리말의 영어 더빙 상황은 어떠하며 그 의미가 영어로 잘 전달되는가?
· Participation(참여도, 협동): 수업 및 과제활동에 잘 하며 적극적으로 참여하는가?
· Contents(내용 및 주제): 전달하고자 하는 내용과 주제가 잘 표현되었고 잘 전달되었는가?
· Perfection(완성도): 영어 더빙의 편집과 독자를 위한 소통 정도는 어떠한가?

Data	평가 점수	상	중	하	동료평가 – 평가 기준 항목에 근거하여 느낀 내용을 쓰세요.
		2	1	0.5	
Registered No. Name	Language Usage				
	Task Completion				
	Participation				
	Contents				
	Perfection				
	Total				
Registered No. Name	Language Usage				
	Task Completion				
	Participation				
	Contents				
	Perfection				
	Total				

Registered No. Name	Language Usage				
	Task Completion				
	Participation				
	Contents				
	Perfection				
	Total				
Registered No. Name	Language Usage				
	Task Completion				
	Participation				
	Contents				
	Perfection				
	Total				

3) 기존 수행평가와 다른 점

개개인의 쓰기 능력을 평가하고 이를 바탕으로 공동체 역량과 지식정보역량을 찾아보고자 했던 영어 동화책 번역 활동과는 다르게 애니메이션 영어 더빙 영상 제작활동에서는 평가자가 학습자들로부터 공동체 역량 뿐 만 아니라 영어의사소통능력을 찾으려고 합니다 수업 시간에 한마디 말을 할 수 없어 영어를 포기할 수 있는 학생들을 위해 자발적인 참여를 유도하여 보다 더 참여형, 협력형 수업과 평가 모델이 될 수 있습니다. 결국, 이 애니메이션 영어 더빙 영상 제작활동은 교사와 학생이 함께 평가의 주체가 되어 관찰, 자기평가, 동료평가 등 다양한 평가방법으로 그 수행 과정을 학생부 교과학습 세부능력 및 특기사항에 기록으로 남김으로써 학생의 성장과 변화를 더욱 더 심도 있게 관찰하려고 합니다. 물론 학생들의 평가에 대한 신뢰성, 객관성, 공정성을 공고히 하는 계기가 됩니다.

① 과정중심평가 신뢰성과 공정성 확보 방안

무엇보다도 학생들이 자신들의 역량과 수준에 맞는 영화를 선택할 수 있다는 점이 학생들의 자발적이고 적극적인 참여를 이끌 수 있고, 수업 시간에 배운 어휘 및 표현을 실생활에서 활용할 수 있는 기회를 애니메이션 더빙 영상이라는 새로운 매체를 사용함으로써 말하기에 대한 능력과 수준이 높았음에도 참여하기를 꺼려했던 학생들에게도 기회가 제공된다는 점에서 그 의의가 있습니다. 또한 다른 프로젝트형 과정중심평가와 마찬가지로 본 평가의 특성상 평가자의 주관성이 많이 개입할 수 있기에 평가의 신뢰성과 공정성을 높이기 위해 교과협의회에서의 채점 기준을 공유와 합의를 통해 마련합니다. 그리고 앞에서 논한 바와 같이 본 평가를 위해 복수의 교사를 채점에 참여시킬 뿐만 아니라 자기평가, 동료평가를 시행함으로써 신뢰성과 공정성을 확보하려고 합니다. 또한 동일 과제에 대한 다수의 교사가 채점에 참여할 경우, 채점의 일관성을 유지하기 위한 노력이 필요한데, 이는 사전에 제작된 채점 기준을 공유함으로써 채점자 간 차이를 최소화하려고 합니다. 그리고 본 평가는 과정중심평가이므로 학생의 수행 과정을 기록하는 것을 중요한 것으로 여깁니다. 평가 과제를 개발하고 채점 기준을 개발할 때 교사가 다양한 방법으로 학생들의 수행 과정을 관찰하고 기록하려고 합니다. 이는 학생의 변화와 성장에 대한 자료를 다각적으로 수집하여 학생의 성장을 도울 수 있기 때문입니다. 따라서 수행평가의 계획 단계에서 평가의 목적과 수행의 성격, 시간 등의 현실적 여건과 평가 맥락에 따라 기록 방법을 선택하고, 결정하여 미리 기록지가 준비됩니다. 궁극적으로는 학생들의 모습을 학생부 교과 학습 세부능력 및 특기사항에 기록함으로써 과정중심평가가 완성되는 것입니다.

② 채점 결과에 대한 이의 신청·처리·확인 과정

애니메이션 영어 더빙 영상 제작활동 과정중심평가의 채점이 완료되면 채점 결과를 공개하고 이의 신청·처리·확인 과정을 거치게 됩니다. 학생이 평가 결과에 대한 이의를 제기한 경우 면밀히 검토하여 학교 학업성적관리위원회에서 정한 절차에 따라 적절한 조치를 취합니다. 이상의 모든 평가과정이 완료되고 나면 학생들의 평가 결과물인 애니메이션 영어더빙 영상은 학생들 상호간의 감상이 이루어지도록 일정기간(1~2주) 교과교실에서 전시를 한 후 해당 모둠이나 동아리를 통하여 유튜브 업로드나 사회복지센터나 제3세계 어린이들에게 전달되어집니다.

4) 과정중심평가 실제 사례

다음은 학생들이 선택한 애니메이션 영화의 일부입니다. 이는 영화의 일부 부분(3~5분)을 유튜브나 공개된 영상을 제한적으로 선택한 후 편집하여 더빙 작업을 통해 교육목적으로 사용합니다. 대체로 학생들이 선택하는 동영상은 저작권을 침해하지 않는 인터넷 상에서 쉽게 구할 수 있는 일부 영상이나 DVD 교재로 제작된 애니메이션 영상을 활용하면서 함께 하면서 수업과 평가를 동시에 이루어낼 수 있습니다.

학습자	선정 애니메이션	
1	미녀와 야수	
2	스폰지밥	
3	Howl의 움직이는 성	
4	못말리는 짱구	
5	핑구	
6	토이 스토리	
7	인크레더블	
8	뮬란	
9	겨울왕국	
10	주토피아	
11	빅 히어로	

다음은 중급의 학습자 모둠이 실제 대본작업 활동을 통해 이룩한 영작 자료를 3번에 걸쳐 변화된 모습을 보시겠습니다. 여기서는 지면상 3~4페이지에 걸쳐 영작이 이루어진 부분을 살펴보도록 하겠습니다.

1차 점검 때 제출한 자료입니다. 〈Howl의 움직이는 성〉 중 일부

4분 25초~7분 9초 – 2분 30초

아저씨1: 혹시 동아리 찾고 있니? (Are you looking for some clubs?)

Sophie: 아니에요. (No, I'm not.)

아저씨1: 연극 동아리에 관심 없니? 같이하자. (Why don't you join the drama club? Join it!)

Sophie: 관심 없어요. (Not interested.)

아저씨2: 야 얘는 M&M에 들고 싶다고 하잖아.(Hey! She wants to join the M&N.)

아저씨1: 연극부에 오면 범준이도 있고 지호도 있어.(There's 범준 and 지호 in the drama club.)

Sophie: 아 싫다구요!!(I don't want to!!)

아저씨1: 범준이와 지호의 매력을 모르는군.(You don't know that they are attractive.)

아저씨2: 사실 내가 범준이야.(Actually, I'm 범준.)

Howl: 범준아 저리가. 얘는 우리 동아리 들거야.(Get out of the way. She's going to join our club.)

아저씨1: 넌 누구야(Who are you?)

Howl: 나는 마법 동아리 부장이야. 마법의 힘을 보여주지.

(I'm the Magic club president. Let me show you how the magic works.)

아저씨들: 뭐라고? 내 몸이 미쳤나? (What?!?!? Is my body crazy?)

Howl: 친구야, 너 이름이 뭐니? 내 이름은 Howl인데 만나서 반가워

(Hey, what's your name? I'm Howl, and nice to meet you.)

Sophie: 저는 Sophie에요. 잘생기셨어요.

(My name is Sophie. Gosh, you're handsome.)

Howl: 고마워. 근데 지금 같이 걸어줘야겠어. 젠장 왼쪽으로 돌아 계속 가라고

(Thanks, but you need to walk with me right now. Damn it. Turn left, keep going.)

우리 같이 하늘을 날아보자. 오른발 왼발 오른발 왼발 오른발 왼발 오른발 왼발 무서워 하지마. 오른발 왼발 잘하는걸~ 오른발 왼발 오른발 왼발

(Let's fly together. left right… don't be afraid! you're good at this!)

Howl: 우리 같이 날았으니까 넌 지금부터 마법부원이야.

(You're magic club member from now on.)

Sophie: 좋아요 (Okay.)

Howl: 잘있어 Sophie.(Bye Sophie)

9분 40초~10분 57초 – 1분 17초

Sophie: 영업 끝났어요. 나가주세요.(Our shop is closed. Please come tomorrow.)

마녀: 너 혹시 마법부 들었니? 못생긴 애들만 있는 그곳?

(Did you join the magic club? The club for the ugly ones?)

Sophie: 못생긴 애들이라니요? 마법부 부장은 Howl이라구요

(Ugly? The club president is Howl.)

마녀: 넌 Howl이 잘생겼다고 생각해? (Do you think Howl is handsome?)

Sophie: 그럼 아니라는 거예요? (Isn't he?)

마녀: 진짜 잘생긴 애들은 뚱뚱부에 있어. Howl 따위는 비교되지 못하지

(The really handsome guys are in Fatty club. You can't compare them to Howl.)

1차 대본 작업 활동은 단어의 선택이나 표현의 선택에 있어 다소 어색한 면이 있고, Reading 활동에서도 시간 안배가 부족해 보입니다. 2차 점검 때에는 내용의 추가를 피드백으로 제시하여 추가된 내용을 함께 Reading 작업에 포함시킵니다. 2차 점검 때 제출한 자료입니다. (Howl의 움직이는 성 중 일부)

14분 5초~15분 15초 - 1분 10초
청년: 도와드릴까요? (Can I help you?)
Sophie: 고맙지만 사양할게 (No thanks.)
마차아저씨: 어디 가시게요? (Where are you going?)
Sophie: 자네보다 멀리 갈거야. (Going further than you maybe.)
농부아저씨: 할머니 오늘도 좋은 하루 보내세요 (Have a nice day!)
Sophie: 고마워 자네도 (Thanks, you too!!)
농부아내: 말고기가 먹고싶어요. (I want to eat that horse.)
농부아저씨: 저 말을 잡도록 할게 (Okay, I'll catch him.)
Sophie: 치즈가 질기구먼. 다음번엔 더 말랑한 치즈를 가져와야겠어.
      (This cheese is very tough. I'm going to bring smooth ones next time.)

29분 10초~31분 28초 - 2분 18초
Howl: Calcifer, 마법부 부원이 한명 더 늘었네.(Calcifer, you brought one more member.)
Calcife: 마음대로 마법부에 들어왔다구.(I didn't let her be one.)
Howl: 어차피 부원도 적었는데 잘됐어. 반가워요
      (We didn't have enough members, so welcome.)
Sophie: 아 나도 반가워요. 그나저나 베이컨이 정말 맛있을 것 같아
      (Oh nice to meet you. Anyways, that bacon looks delicious.)
Howl: 이리 줘봐. 베이컨 두 조각과 계란 여섯 개 줘요 마법부는 왜 들어온거야?
      (Give it to me. Give me 2 bacons and six eggs. Why did you join our club?)
Sophie: 마법사가 되고 싶었거든요. 제 꿈이예요. (I wanted to be a magician. It's my dream.)
Howl: Markl, 접시줘. (Markl, dishes.)
캐시퍼 : 난 네가 들어오는 것 싫어.(I don't want you in.)
Markl: 할머니도 오세요. 여기 앉아요. 골라요. 세 개중 하나는 마법을 부려요.
      (Sophie, come sit here. Pick one. One of these three spoons uses tricks.)
Sophie: 이게 마법의 숟가락이였음 좋겠어. (I hope this is the one.)
Howl: Markl 받아. 할머니도 받아. (Markl, here. you too.)
Sophie: 아..고맙슈. (oh thanks.)
Howl: 자, 마법부의 우정을 위하엿. (For the magician's friendship.)
Markl: 마법부 건배 마법부의 우정을 위하여!(Cheers!! I'm so happy!!)
Sophie: 마법의 숟가락은 누구에게 있는거지? (Who got the magical spoon?)

35분 51초~35분 58초 - 7초
Howl: 바로 나야. (It's me)

2차 점검을 마친 내용은 자기 평가와 동료 평가 및 교사의 지속적인 피드백을 마친 후라 부족한 녹음 분량을 거의 채웠고 스토리 전개도 비교적 안정되어 있고 무엇보다 교과 수업 내용 중 동아리 활동을 적극 홍보하는 내용을 애니메이션에 투영시켜 더빙을 준비하고 있습니다. 교과서에서 제시한 의사소통 기능을 적절히 활용하면서, 실제 실생활에서 활용되는 표현도 원고에 작성해 나가면서 영어권 국가의 문화적인 측면도 반영시키려 했던 노력도 찾을 수 있습니다. 다음은 우리말 부분을 제거한 후 Reading 작업이 이루어지는 녹음 직전의 최종 완성본입니다. 3개월여 동안 진행된 영작을 통한 대본 작성 모둠 수업과 말하기 수업을 과정 중심수업의 완성인 애니메이션 영어 더빙 영상 제작 활동이 최종 결과물을 얻은 상태입니다.

4분 25초~7분 9초 - 2분 30초

아저씨1: Are you looking for any clubs?

Sophie: No, I'm not.

아저씨1: Why don't you join the drama club? Join it!

Sophie: Not interested.

아저씨2: Hey! She wants to join the M&N.

아저씨1: There's 범준 and 지호 in the drama club.

Sophie: I hate it

아저씨1: You don't know their attractiveness.

아저씨2: Actually, I'm 범준.

Howl: Get out of the way. She's going to join our club.

아저씨1: Who are you?

Howl: I'm the leader of Magic club. Let me show you how the magic works.

아저씨들: What?!?!? Is my body crazy?

Howl: Hey, what's your name? I'm Howl, and nice to meet you.

Sophie: My name is Sophie. Gosh, you're handsome.

Howl: Thanks, but you have to to walk with me right now. Damn it. Turn left, keep going.
   (Let's fly together. left right..... don't be afraid! you're good at this!)

Howl: (You're a magic club member from now on.)

Sophie: Okay!

Howl: Bye Sophy

9분 40초~10분 57초 - 1분 17초

Sophie: Our shop is closed. Please come tomorrow.

마녀: Did you join the magic club? The club for the ugly ones?

Sophie: Ugly? The club leader is Haul.

마녀: Do you think Haul is handsome?

Sophie: Isn't he?

마녀: The really handsome guys are in Fatty club. You can't compare them to Haul.

Part Ⅱ

청년: Can I help you?

Sophie: No, thanks.

마차아저씨: Where are you going?

Sophie: Maybe go further than you.

농부아저씨: Have a nice day!

Sophie: Thanks, you too!

농부아내: I would like to eat horse meat.

농부아저씨: Okay, I'll slaughter that horse.

Sophie: This cheese is very tough. I'm going to bring smoother ones next time.

29분 10초~31분 28초 - 2분 18초

Howl: Calsipher, you brought one more member.

Calcifer: I didn't let her be one.

Howl: We didn't have enough members, so welcome.

Sophie: Oh nice to meet you. Anyways, that bacon may taste delicious.

Howl: Give it to me. Give me two bacons and six eggs. Why did you join our club?

Sophie: I hoped to be a magician. It's my dream.

Howl: Markl, Give me dishes.

캐시퍼: I don't want you to join in.

Markl: Sophy, come sit here. Pick one. One of these three spoons uses tricks.

Sophie: I hope this is the one.

Howl: Markl, here, you too.

Sophie: Oh thanks.

Howl: For the friendship of magicians' club!

Markl: Cheers!! For the friendship of magicians' club! I'm so happy!!

Sophie: Who got the magical spoon?

35분 51초~35분 58초 - 7초

Howl: It's me.

5) 과정중심평가 활동을 생활기록부에 기록하기

이번 애니메이션 영어 더빙 영상 제작이란 과정중심평가를 할 때 역시 잊지 말아야 할 것이 교사가 '과정중심평가 활동'을 구체적으로 생활기록부에 기록한다는 것입니다. 앞에서 설명한 대로 A, B, C, D, E 란 문자 하나에 의해 학생의 역량이 평가되어질 수는 없으므로 과목별 세부 능력특기사항의 기록은 그 학생의 교과목 및 교과 활동에 있어서 역량이 가장 잘 드러나는 부분이기 때문입니다. 그러므로 학생은 과정중심평가에 적극적으로 참여하고 교사는 학생의 활동과 성장을 관찰하여 기록하며 이를 정성적 평가인 학생생활기록부 세부능력 및 특기사항에 반영됩니다. 또한 자기 평가 기록과 동료 평가 기록도 과목별 세부능력 및 특기사항에 반영됩니다. 위의 실제 사례에 나타난 학생의 생활기록부 과목별 세부능력 특기사항 기록을 보겠습니다.

[예시] 과목별 세부능력 및 특기사항

(과목) 세부능력 및 특기사항
영어교과 수업 지원 단장으로 교과 수업활동이 원활하게 이루어지도록 역할을 잘 수행했고 수업을 매개로 친구들과 협력하고 도와주며 공감하는 능력을 보임. 평상 시 말하기와 쓰기에 대한 열정과 관심을 가지고 수업에 참여하였으며 4개월 동안 진행되는 애니메이션 영어 더빙 영상 제작 과정에서 대본 제작과 녹음 감독을 맡아 모둠원들이 제시하는 다양한 어휘와 표현을 협의를 통해 선정하는데 어려움을 겪었으나 다양한 의견과 매체를 활용하여 모둠 구성원들과 토론과 피드백을 받으면서 자기수정 과정을 겪으면서 점점 다양하고 풍부한 표현과 어휘를 사용하는 수준 높은 대본 작성 능력을 보이며 성장 발전하는 모습을 보임(의사소통능력 및 정보전달력). 모둠원 협의를 통해 정기적인 모임으로 여러 차례 Reading 작업을 겪고 나서 더빙 작업에 들어가는 등 체계적이고 창의적인 조직관리 및 공동체 관리 능력을 보였음.(공동체 역량 및 융합적 소양). 다양한 프로젝트 수업과 평가 및 과제활동에서 자신의 수준과 역량에 맞는 선택을 통해 적극적인 참여를 함으로써 학습을 부담으로 여기지 않고 또한 의무와 책임이 아닌 사회와 공동체를 위해 기부할 수 있는 재능으로 변화시켜 모두가 함께 행복한 사회를 만들고자 하는 대의에 참여하는 미래의 계획을 세우는 자기관리능력 있는 학생으로 성장하고 있음(자기관리).

16

영어 모의재판 활동 모형
: 합리적 사고와 설득 능력

'초·중·고교에서 정규 과목의 주교재로 쓰는 책' 우리말 사전에서 찾은 교과서에 관한 정의이다. 믿음이 가기도 하지만 현행 입시제도를 생각했을 때에는 그렇다고 마냥 든든한 믿음을 부여하기에는 뭔가 미심쩍어 보이는 구석도 있다. 이는 현장에서 10년이 넘는 기간 동안 영어라는 교과를 학생들에게 가르치면서 항상 갈팡질팡하며 고민했던 부분이 아닐까한다. 애초 교과서 제작의 의도와 방향성이야말로 전문가 집단의 진지한 고심 과정을 거친 것들이기 때문에 그와 같은 부분들에 대해 의구심이나 불안감을 갖는 것은 아니다. 하지만, 현행 수시 입시제도 중 학생부종합전형과의 괴리를 좀 더 좁히는 차원에서의 접근 필요성에 대해서도 한번쯤은 생각해 볼 가치가 있다고 생각한다. 교과서를 만든 전문가의 의도를 바탕으로 현장에서 현실적인 입시제도와 좀 더 맞닿을 수 있는 영어 수업 활동을 발굴하여 이를 다양한 교과 활동들과 연계를 이루도록 노력한다면 좀 더 내실 있고 재미난 외국어 학습의 결과는 물론이거니와 현행 입시제도의 요구를 현실적으로 충족시켜 줄 수 있어 교실 수업 활동에 대한 학생들의 만족도가 더 높아질 수 있을 것이다. 즉, 여러 교과 융·복합적 색채의 활동들이 교실 수업에서 이루어지고 해당 활동에 참가한 학생들은 각자의 관심과 진로를 고려하여 해당 활동의 교과 색깔을 자기에게 맞도록 해석할 수 있는 여지를 주자는 것이다. 그런 상황에서 외국어 중 영어 교과야 말로 타교과 각각의 독특한 색채를 더 매력적인 색깔로 탈바꿈시킬 수 있는 중요한 감초 역할을 할 수 있고 이에 부응하여 기존에 이루어지던 여러 교과의 양질의 활동 프로그램들을 영어 수업 활동에 도입해 봄으로써 다양한 교과목의 전문 지식을 습득함은 물론이고 외국어적 소양을 쌓는 일석이조의 효과성을 얻을 수 있을 것이다. 2015 개정 영어과 교육과정 또한 이와 같은 맥락으로 학생 참여 중심의 의사소통 능력 신장 활동 강화, 교과 간의 창의 융합 활동 등을 유도해나간다고 생각하며, 이러한 방향성에 맞는 다양한 교실 영어 수업 활동들에 대해 고민할 필요성이 있다. 물론, 교실 내에서 이루어지는 정규 수업 시간을 통한 교과 과정중심평가 활동으로 활용하지 않는다 하더라도 (심화) 방과 후 학교 수업이나 창체 동아리 혹은 자율교과동아리 등의 정규 수업 외의 활동 시간을 활용하여 학생들의 선택과 자율적 활용 범위를 넓혀나가는데 충분히 도움을 줄 수 있다고 생각한다.

1) 영어 모의재판 활동을 통한 과정중심평가 정복하기

① 영어 모의재판 활동 과정중심평가란?

다수의 중·고등학교 현장에서 학생자치법정이라는 활동이 각 학교의 학생회 임원들이 주축이 되어 활발히 진행되고 있는 것 같다. 일반적으로 학교에서 학생회 주관으로 열리는 학생자치법정은 그린마일리지 제도를 통해 벌점 과다 학생들을 선도하는 자치적 활동에 주로 초점이 맞추어져 있고 판사, 검사, 변호사, 배심원 등 자치법정에 참여하는 다양한 역할 또한 학생회 구성원을 중심으로 참여를 희망하는 그 외 몇몇 학생들에 의해 활동이 이루어지고 있는 것이 현실이다. 하지만 이에 자치법정과 영어 학습을 결합한 형태의 영어 모의재판 활동을 과정중심평가에 도입함으로써 다양한 사건·사고와 관련된 사회적 주제를 바탕으로 법정 등장인물들의 역할 및 그들 사이에 전개되는 법정 공방에 대한 이해를 통하여 개인과 사회의 문제에 좀 더 관심을 갖고 더불어 다양한 영어 학습법에 대한 동기와 흥미를 부여하는데 의미가 있다.

이를 위해 '독서활동 - 주인공의 명대사 요약해 발표하기 - 모의재판 스크립트 노트 작성 및 발표하기'와 같은 활동을 단계적으로 실시함으로써 영어 모의재판에 대한 과정중심평가를 진행해나갈 수 있다.

② 평가 개요

수행평가 모형	프로젝트형
핵심 역량	지적역량, 사회적 역량
시행 대상 및 학기	고등학교 2학년 2학기

사용할 교과서와 단원	영어독해와 작문 Lesson 1 ~ Lesson 8
영역별 성취기준	〈말하기〉 · 일반적 주제에 관해 자신의 의견을 말할 수 있다. · 일반적 주제에 관한 자료를 요약하여 발표할 수 있다. 〈읽기〉 · 비교적 다양한 주제에 관한 글을 읽고 글의 주제를 파악할 수 있다. · 비교적 다양한 주제에 관한 글을 읽고 단어나 어구의 함축적인 의미를 파악할 수 있다. 〈쓰기〉 · 일반적인 주제에 대한 말을 듣거나 글을 읽고 자신이 필요로 하는 정보를 찾아 기록할 수 있다. · 친숙한 일반적인 주제에 대하여 찬반이나 장단점 등과 같이 자신의 의견을 표현하는 글을 쓸 수 있다.
참고사항	영어독해와 작문 과목에 영어 모의재판 활동 프로젝트를 적용한다. 학생들은 John Grisham의 원작 소설과 한글 번역서, 동명 영화에 대한 감상과 이해를 바탕으로 독서활동 기록지 작성, 주인공의 명대사 요약해 발표하기, 영어 모의재판 스크립트 노트 작성 및 발표 등의 프로젝트를 개별 및 모둠활동으로 진행하면서 효과적인 프로젝트 학습이 이루어질 수 있도록 한다.

③ 교수·학습 활동 및 평가 계획

학습 단계	교수·학습 활동	평가 계획
1, 2, 3차시	· 영어 모의재판 활동에 대한 이해 · 영화 'A Time To Kill' 감상	

⇩

4, 5, 6, 7, 8차시	· 영화 감상 내용을 바탕으로 한글 번역서와 영어 원서를 활용한 reading log(독서활동 일지) 작성 · 챕터별 핵심 내용을 우리말 150자 내외로 요약하기 · 우리말 요약의 내용을 가장 잘 보여줄 수 있는 부분을 영단어 100자 내외로 영어 원서에서 발췌해 해석하기 · 발췌한 영어 단락의 내용과 관련된 주요 어휘 및 표현 20개 정리하기	평가과제 1. reading log(독서활동 일지) 작성하기

⇩

9, 10차시	· 주인공의 명대사 원본 스크립트 이해하기 · 명대사 스크립트를 100~150자로 각색해 발표하기	평가과제 2. 주인공의 명대사 요약해 발표하기

⇩

11, 12, 13, 14차시	· 모둠 내 검사, 변호사, 배심원 등의 역할 분담 · 모의재판 스크립트 노트 작성하기 · 작성한 스크립트 노트를 바탕으로 모의재판 활동	평가과제 3. 모의재판 스크립트 노트 작성 및 발표하기

2) 영어 모의재판을 위한 독서 활동

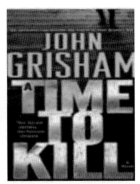

〈영화〉　　　　　　　　〈한글 번역 도서〉　　　　　　　〈영어 원서〉

　여러 가지 과정중심평가 중 영어 모의재판이란 활동은 꽤나 중압감이 느껴지며 그 과정 중 독서활동에 활용하게 될 도서 또한 내용이나 어휘 측면에서 난이도가 꽤 있어 보이는 게 사실이다. 하지만, 영어 모의재판 활동에 대한 학생들의 이해를 돕고 관심과 참여를 유도하기 위해 '영화 × (한글 도서 + 영어 원서) = 영어 모의재판을 위한 독서 활동'이란 공식을 가지고 설명을 하고 진행해 나간다면 학생이나 교사 모두 처음의 막연했던 걱정과 부담감을 조금이나마 덜어 나갈 수 있을 것이라고 생각한다. 독서활동에 사용할 John Grisham의 소설 'A Time to Kill'은 3백 페이지가 넘고 44개의 챕터로 구성되어 있어 원서로만 독서활동을 진행하기에는 학생들에게 너무 부담이 크다. 따라서 원작 소설을 바탕으로 제작된 영화를 먼저 접한 다음 한글 번역 도서를 활용해 챕터별로 독서하고 해당 챕터의 내용상 중요한 단락 부분을 학생 스스로 정하여 이에 해당하는 영어 원서 부분을 찾아 그 부분에 대해 발췌하여 독서해나간다면 원서 독서에 대한 부담을 최소화시킬 수 있을 것이다.

　이처럼 '영화 감상 – 한글 번역 도서 읽기 – 영어 원서 읽기'와 같은 과정을 거치며 최종적으로 reading log(독서활동 일지)를 작성해야 하는데, 교사는 전개되는 이야기 중 작품 이해에 필요한 핵심적인 부분을 바탕으로 원서의 총 44개 챕터 중 30개 챕터를 선별하고, 6인 1조 모둠활동을 바탕으로 1인당 5번의 reading log(독서활동 일지) 작성 과제를 부여한다. 각각이 작성한 독서활동 일지는 개별적인 독서활동 기록물이기도 하지만 각 챕터의 내용을 연결하여 이해하는데 필요한 모둠별 결과물이기도 하므로 과제 수행 중에는 반드시 각자가 맡은 챕터를 기준으로 전후 내용에 대한 이해를 다른 모둠 구성원들과 공유하고 수정하는 과정이 필요하다고 하겠다. reading log(독서활동 일지)는 한글 번역서에서 해당 챕터의 내용을 등장인물들 간의 관계를 중심으로 그들 사이에 벌어진 일에 관한 핵심 내용을 우리말 150자 내외로 요약해 작성하기, 우리말 요약 작성 글의 내용을 가장 잘 보여줄 수 있는 100자 내외의 단락을 영어원서에서 발췌하여 해석하기, 발췌된 단락에 등장하는 20개의 필수 어휘 정리로 구성이 된다.

① 교수 · 학습 지도안

목표	영화감상 내용과 한글 번역서를 바탕으로 영어원서의 챕터별 내용을 요약 및 정리할 수 있다.		차시	4차시
단계	교수–학습 활동	평가	자료 및 유의점	
도입 (5')	· 이전 차시의 영화감상 내용을 중심으로 주요 등장인 물과 그들 사이에 벌어진 핵심 사건을 정리 · 한글 번역서 및 영어 원서의 내용을 챕터별로 비교 분석해가는 본차시 활동 소개			
전개 (40')	· 4인 1모둠 조직 후 모둠 내 각자 맡을 챕터 정하기 · 모둠별로 모둠 내에서 맡은 각자의 챕터의 한글 번 역서 부분을 읽은 후 내용 정리(개별) · 한글 번역서에서 챕터의 가장 핵심 내용을 닮은 단락 을 원서에서 찾아 필사 후 해석하고 단어 및 숙어적 표현 정리(모둠) · 필사한 부분의 내용을 중심으로 모둠별 발표 활동	독서활동 일지를 바탕으로, 1. 한글 번역서 내용 요약 2. 영어원서 필사 부분에 대 한 해석 3. 단어 및 숙어적 표현 정리 4. 모둠별 발표 및 참여	독서활동 일지, 영 한사전	
정리 (5')	· 모둠별 발표 내용 공유를 통한 모둠별 독서활동 일지 수정 및 보완			

② 과정중심평가 요소 및 기준

평가 요소	평가 기준	배점
우리말 작성글과 영어 발췌글의 분량이 제시 기준에 부합하는 글을 써서 과제 완성도가 높은가?	1) 우리말 작성글과 영어 발췌글의 분량이 제시 기준에 부합하는 글을 써서 과제 완성이 우수함 : 25점 2) 우리말 작성글과 영어 발췌글의 분량이 제시 기준에 비해 약간 부족한 글을 써서 과제 완성이 비교적 양호함 : 20점 3) 우리말 작성글과 영어 발췌글의 분량이 제시 기준에 비해 부족한 글을 써서 과제 완성이 미흡함 : 15점 4) 우리말 작성글과 영어 발췌글의 분량이 제시 기준에 비해 매우 부족한 글을 써서 과제 완성이 거의 이루어지지 않음 : 10점	25
주제에 대하여 타당하고 관련성 있는 내용을 매우 풍부하고 충실하게 제시하였는가?	1) 주제에 대하여 타당하고 관련성 있는 내용을 매우 풍부하고 충실하게 제시함 : 25점 2) 주제에 대하여 타당하고 관련성 있는 내용을 비교적 양호하게 제시함 : 20점 3) 주제에 대하여 언급한 내용의 타당성과 관련성이 부족함 : 15점 4) 주제에 대하여 언급한 내용이 매우 타당하지 않고 관련성이 없음 : 10점	25
발췌한 영어 단락에 대한 해석이 해당 단락의 내용을 자연스럽고 정확하게 전달하고 있는가?	1) 발췌한 영어 단락에 대한 해석이 해당 단락의 내용을 매우 자연스럽고 정확하게 전달하고 있음 : 25점 2) 발췌한 영어 단락에 대한 해석이 해당 단락의 내용을 비교적 자연스럽고 정확해서 내용 전달에 무리가 없음 : 20점 3) 발췌한 영어 단락에 대한 해석이 해당 단락의 내용을 전달하기에 부자연스럽고 정확성이 미흡함 : 15점 4) 발췌한 영어 단락에 대한 해석이 해당 단락의 내용을 전달하기에 매우 부자연스럽고 정확성이 없음 : 10점	25
발췌한 영어 단락의 내용과 관련된 핵심 단어나 표현을 풍부하고 정확하게 제시하였는가?	1) 발췌한 영어 단락의 내용과 관련된 핵심 단어나 표현 20개를 제시함 : 25점 2) 발췌한 영어 단락의 내용과 관련된 핵심 단어나 표현 15개 이상을 제시함 : 20점 3) 발췌한 영어 단락의 내용과 관련된 핵심 단어나 표현 10개 이상을 제시함 : 15점 4) 발췌한 영어 단락의 내용과 관련된 핵심 단어나 표현 5개 이상을 제시함 : 10점	25

Reading Log

Date	2017년 월 일	Book Title	A Time to Kill
Chapter Number		Author	John Grisham
Group Number		Student Number & Name	

한글 번역서에서 해당 챕터의 내용을 등장인물들 간의 관계를 중심으로 그들 사이에 벌어진 일에 관한 핵심 내용을 우리말 150자 내외로 요약하시오.

앞서 작성한 우리말 요약본의 내용을 가장 잘 보여줄 수 있는 영단어 100자 내외의 단락을 영어원서에서 발췌하여 필사하고 이를 우리말로 해석하시오.

영어원서에서 발췌한 핵심 내용 단락에서 20개의 필수 어휘들을 아래에 정리하시오.

Key Words & Phrases for Understanding

#	English	Korean	#	English	Korean
1			11		
2			12		
3			13		

4			14		
5			15		
6			16		
7			17		
8			18		
9			19		
10			20		

③ 과목별 세부능력 및 특기사항 예시

영어 모의재판의 사전 활동으로 원작 소설 'A Time to Kill(by John Grisham)'를 바탕으로 한 동명의 법정 스릴러 영화를 감상한 후 원작 소설을 읽고 30개의 챕터별 내용을 요약하고 관련 주요 단어 및 숙어적 표현 정리하는 활동에 참여하여 5개 챕터에 대한 reading log(독서 일지)를 작성함. 작성한 독서 일지를 바탕으로 모둠원들과의 스토리텔링을 통하여 작품 내용에 대한 전반적인 이해도를 높여나갔으며 특히, 작품 속 등장인물 및 주요 사건에 대한 구체적으로 이해하게 됨. 영어 원서 읽기를 통하여 다양한 영어 학습법에 흥미를 느끼게 되었으며 이번 영어 원서 읽기 경험을 바탕으로 저자의 다른 법정 소설을 찾아서 읽고자 다짐함.

3) 영어 모의재판을 위한 '주인공의 명대사 요약해 발표하기'

영화와 원작 소설 속에서 가해자로 지목된 용의자 2명을 살해한 피해 소녀의 아버지 칼리를 변호하는 그의 변호사 제이크는 배심원들을 향해 법의 눈도 사람의 눈을 가져야 한다고 시작하는 최종 변론을 통해 편견과 차별의식 없는 정의를 향한 갈망, 평등한 사회를 향한 갈망, 한 치의 어둠도 없는 사회를 향한 갈망을 전달하여 배심원들로부터 끝내 무죄판결을 이끌어내는데 성공한다. 이처럼 영화 속 가장 극적인 부분들 중 하나인 변호사 제이크의 최종 변론 장면 속 대사를 바탕으로 이를 요약해서 발표하기 활동을 진행한다.

사전에 변론 스크립트에 대한 이해를 돕기 위해 학급 전체를 대상으로 문장 단위 해석을 하고 생소한 단어와 표현들을 정리하면서 변론 내용에 대한 이해를 강화하는 수업 과정이 필요하다. 스크립트의 내용 이해를 위한 수업과 병행하여 영화나 소설 속 해당 장면을 반복해서 언급하고 보여주며 주인공의 표정, 억양, 제스처, 눈 마주침, 완급조절 등의 비언어적 요소들의 특징에 대한 정보 공유가 이루어진다면 좀 더 자연스럽고 극적인 요소가 가미된 완성도 높은 발표과제가 이루어질 수 있을 것이다.

각자가 피의자 칼리를 보호하는 변호사 제이크의 역할을 가정한 상황에서 실제 변론 내용을 바탕으로 개별 활동을 통해 영단어 100~150개를 활용한 요약본을 완성해 발표하도록 한다. 각색이 아니라 요약해 발표하는 활동이기 때문에 변론 상황과 원본 스크립트에 대한 내용 이해만 선행된다면 각자의 요약 스크립트를 참고해 자연스럽게 발표하면서 큰 무리 없이 진행할 수 있는 활동이라고 할 수 있으며 스크립트를 단순히 읽는 차원이 아니라 무죄 판결을 이끌어내기 위한 주인공의 최종 변론 상황에 대한 진지함과 간절함이 잘 표현될 수 있도록 발표시 비언어적 요소들 또한 평가에 반영하도록 한다.

① 교수 · 학습 지도안

목표	변호사 제이크의 최종 변론과 관련된 영화 속 해당 장면과 스크립트를 참고하여 영단어 100~150자 요약 스크립트를 작성하여 자연스럽게 발표할 수 있다.		차시	9차시
단계	교수-학습 활동	평가	자료 및 유의점	
도입 (5')	· 영화 A Time to Kill 중 변호사 제이크가 배심원들을 향해 피고인의 무죄를 호소하는 마지막 장면 감상 · 최종 변론의 내용에 대한 정보 공유 · 변론 상황 속 주인공의 non-verbal cues(비언어적 신호들) 찾아보기			
전개 (40')	· 최종 변론 스크립트를 해석해보며 내용 이해 · 스크립트의 주요 어휘 및 표현들 정리 · 최종 변론 스크립트를 바탕으로 영단어 100~150자로 요약	변호사 제이크의 최종 변론 스크립트를 바탕으로, 영단어 100~150자로 요약하기	최종 변론 원본 스크립트 및 요약본 양식	
정리 (5')	· 각자 요약한 스크립트 상에 구체적인 발표 상황과 어울리는 비언어적 신호들 넣어 극적인 요소 더하기			

② 과정중심평가 요소 및 기준

평가 요소	평가 기준	배점
주어진 과제 조건에 맞게 양적으로 충분한가?	1) 스크립트의 내용을 101~150개의 영단어를 활용해 요약 : 20점 2) 스크립트의 내용을 50~100개의 영단어를 활용해 요약 : 15점 3) 스크립트의 내용을 50개 미만의 영단어를 활용해 요약 : 10점	20
요약 내용의 일관성과 논리적 적절성을 측정하는 것으로 응집 장치를 사용하여 논리적으로 문장을 구성하였는가?	1) 작성한 스크립트 상의 연결사와 지칭어 사용이 적절함 : 20점 2) 작성한 스크립트 상의 연결사와 지칭어 사용이 3~4회 부적절함 : 15점 3) 작성한 스크립트 상의 연결사와 지칭어 사용이 5회 이상 부적절함: 10점	20
어휘 및 표현의 적절성과 어법적 정확성을 바탕으로 문장 구조 및 표현이 정확하였는가?	1) 어휘 및 표현의 적절성과 어법 사용이 적절함 : 20점 2) 어휘 및 표현의 적절성과 어법 사용이 3~4회 부적절함 : 15점 3) 어휘 및 표현의 적절성과 어법 사용이 5회 이상 부적절함 : 10점	20
발표 시 말의 속도, 억양, 제스처, 눈 마주침 등의 비언어적 요소들을 충분히 활용하여 극적 분위기를 연출하였는가?	1) 발표시 비언어적 요소들을 충분히 활용하였음 : 20점 2) 발표시 비언어적 요소들을 약간 활용하였음 : 15점 3) 발표시 비언어적 요소들을 거의 활용하지 않았음 : 10점	20
의미 전달 매체인 발음이 전체적인 의미를 효과적으로 전달하였는가?	1) 발음이 의미 전달에 있어 전반적으로 적절함 : 20점 2) 발음이 의미 전달에 있어 약간의 곤란함을 유발 : 15점 3) 발음이 의미 전달을 다수 방해함 : 10점	20

변호사 제이크의 최종 변론 대사 원본 스크립트 및 요약본 양식

〈변호사 제이크의 최종 변론 대사 원본〉
Cause the eyes of the law are human eyes... yours and mine, and until we can see each other as equals. justice is never going to be even handed. It will remain nothing more than a reflection of our own prejudices. So, until that day... we have a duty, under God to seek the truth. not with our eyes and not with our minds, where fear and hate turn commonality into prejudice... but with our hearts where we don't know better. Now, I want to tell you a story. I'm gonna ask you all to close your eyes. while I tell you this story. I want you to listen to me. I want you to listen to yourselves.

Go ahead.

Close your eyes, please.
This is a story about a little girl walking home from the grocery store one sunny afternoon.
I want you to picture this little girl.
Suddenly a truck races up, two men jump out and grab her.
They drag her into a nearby field, and they tie her up then they rip her clothes from her body.
Now, they climb on. First one, then the other raping her.
Shattering everything innocent and pure with a vicious thrust in a fog of drunken breath and sweat.
And when they're done... after they've killed her tiny womb...
murdered any chance for her to bear children to have life beyond her own
they decide to use her for target practice.
So, they start throwing full beer cans at her.
They throw them so hard that it tears the flesh all the way to her bones.
Then they urinate on her.
Now comes the hanging.
They have a rope.
They tie a noose.
Imagine the noose coiling tight around her neck and a sudden blinding jerk.
She's pulled into the air and her feet and legs go kicking and...
they don't find the ground.
The hanging branch isn't strong enough.
It snaps and she falls back to the earth.
So they pick her up throw her in the back of the truck and drive out to Foggy Creek Bridge pitch her over the edge.
And she drops some thirty feet down into the creek bottom below.
Can you see her?
Her raped...beaten...broken body, soaked in their urine... soaked in their semen, soaked in her blood...left to die.
Can you see her?
I want you to picture that little girl...
Now, imagine she's white.

〈 변호사 제이크의 최종 변론 대사 요약본 〉_ 영단어 100~150자 내외로 작성

영화 'A Time to Kill'을 감상한 후 작품 속 변호사 제이크가 배심원들을 향해 피고인의 무죄를 주장하는 최종 변론 스크립트를 바탕으로 영단어 100~150자로 요약해 발표함. 최종 변론 원본 스크립트의 주요 내용이 효과적으로 전달될 수 있도록 요약 스크립트의 내용을 연결사와 지칭어 등의 응집장치를 이용해 논리적으로 구성함. 영화 속에서 배심원들을 상대로 최종 변론에 임하는 변호사 제이크가 보여준 진지함과 간절함처럼 표정, 제스처, 청중과의 눈 마주침, 말의 완급 조절 등의 비언어적 극적 요소들을 충분히 활용하여 내용 전달에 장점을 발휘함.

4) 영어 모의재판 활동 중 '스크립트 노트 작성 및 발표 활동'

영화 감상과 원서 읽기를 통한 reading log 작성, 주인공의 명대사 요약해 발표하기를 거치며 해당 작품에 대한 이해도를 높인 다음 모둠별 영어 모의재판 활동을 위한 스크립트 노트 제작 및 발표 활동을 진행한다. 하지만 이전의 두 활동들 보다 스크립트 노트 작성 및 발표 활동은 좀 더 난이도가 있는 활동이기 때문에 학생들이 스크립트 노트 작성 및 발표 활동을 진행하기 이전에 법정 내 등장인물의 명칭과 역할 그리고 법정 내에서 사용하는 주요 용어 및 역할에 따른 주요 대사 등을 영어 버전으로 소개하고 학습할 수 있는 시간을 마련해준다면 자신이 맡은 역할의 스크립트 노트를 작성하고 발표를 준비하는 과정에 꽤 도움이 될 것이다. 영어 모의재판의 사건명은 작품의 내용과 동일한 'Accusation of the Carl Lee Killing Two Suspects(칼 리의 두명의 용의자 살해사건)'이며 스크립트 노트 제작에 앞서 8인 1모둠을 구성하여 검사 2명, 변호사 2명, 증인 2명, 배심원 2명과 같이 모둠 내 역할을 분담하도록 한다. 증인 2명은 각각 원고측과 피고측에 유리한 증언을 할 수 있는 사람들로 구성이 되며, 그 외의 각 역할에 대해 2명이 배정된 이유는 모둠 내 소모둠 활동 과정에서 스크립트 작성 및 발표를 위한 협력을 유도하기 위함이다. 스크립트 노트 작성 과정에서는 모둠 내 소모둠 활동을 바탕으로 사전에 배부될 〈Setting the Scene〉, 〈Cast of Characters〉, 〈Words from the Script〉, 〈Useful Expressions〉 등의 법정 관련 자료를 참고하도록 한다.

모둠 내에서 각자가 맡은 역할에 따라 작성한 스크립트 노트는 최종적으로 모의법정 공간으로 꾸며진 수업 분석실에서 모둠별 영어 모의재판을 위한 3~5분 정도의 동영상 클립으로 녹화를 하게 되며 이를 바탕으로 발표 평가가 이루어진다. 발표 평가 시 각자가 작성한 역할에 따른 스크립트 노트를 참고하는 것이 가능하며 앞서 소개된 법정 내 등장인물의 위치에 따른 좌석 배치와 소품을 준비하여 법정 상황의 현장감을 더해줄 수도 있다. 모둠별 발표는 한 번의 동영상 클립 녹화로만 기회가 제한되기 때문에 모둠 발표 이전에 수차례 모둠 내 구성원들과 협력하여 모의재판 발표 연습을 하고 이 과정에서 자신의 스크립트를 일부 수정 및 보완하는 작업을 통해 최종 모의재판 발표의 완성도를 높여나갈 필요가 있다.

① 교수 · 학습 지도안

목표	모둠 내 역할 분담을 통하여 영어 모의재판 활동을 위한 스크립트 노트를 작성하여 발표할 수 있다.		차시	11차시
단계	교수–학습 활동	평가	자료 및 유의점	
도입 (5')	· 재판 과정에서의 등장인물에 대한 역할 이해 · 법정 내 등장인물의 위치도 이해 · 모의재판에서 다루어질 사건 Accusation of the Carl Lee Killing Two Suspects에 관한 정보 교환			
전개 (40')	· 재판 과정에서의 등장인물의 역할 명칭 및 주요 법정 용어 및 대사 영어로 학습하기 · 8인 1모둠 구성을 통하여 검사, 변호사, 증인, 배심원 각 2명씩 역할 분담 · 검사, 변호사, 증인, 배심원 등 각 역할 내 모의재판 스크립트 노트 작성을 위한 모둠 협력 활동	영화 감상 및 독서 내용에 대한 이해와 모의재판을 위한 역할 분담을 바탕으로, 모의재판 스크립트 노트 작성	1. 역할에 따른 스크립트 노트 양식 2. 법정내 등장인물의 위치도 3. 등장인물의 영어 명칭 및 역할표 4. 법정 내에서 사용되는 주요 용어표	
정리 (5')	실제 모의재판을 위한 모둠별 리허설을 통한 스크립트 노트 수정 및 보완			

② 과정중심평가 요소 및 기준

평가 요소	평가 기준	배점
주어진 과제 조건에 맞게 스크립트 노트 상의 빈칸 양식을 충실히 작성하였는가?	1) 스크립트 노트 상의 모든 빈칸 양식을 작성 : 20점 2) 스크립트 노트 상의 모든 빈칸 양식 중 1~2군데 미작성 : 15점 3) 스크립트 노트 상의 모든 빈칸 양식 중 3군데 이상 미작성 : 10점	20
작성한 스크립트 노트의 내용이 맡은 역할에 어울리게 내용상의 일관성과 논리적 적절성을 갖추었는가?	1) 작성한 스크립트 노트의 내용이 맡은 역할에 맞게 내용상의 일관성과 논리적 적절성을 갖춤 : 20점 2) 작성한 스크립트 노트의 내용이 맡은 역할에 맞게 내용상의 일관성과 논리적 적절성이 부족함 : 15점 3) 작성한 스크립트 노트의 내용이 맡은 역할에 맞게 내용상의 일관성과 논리적 적절성이 많이 부족함: 10점	20
어휘 및 표현의 적절성과 어법적 정확성을 바탕으로 스크립트 노트를 작성하였는가?	1) 어휘 및 표현의 적절성과 어법 사용이 적절함 : 20점 2) 어휘 및 표현의 적절성과 어법 사용이 3~4회 부적절함 : 15점 3) 어휘 및 표현의 적절성과 어법 사용이 5회 이상 부적절함 : 10점	20
발표시 더듬거리거나 망설이지 않고 적절한 속도를 유지하면서 자연스럽게 말하였는가?	1) 발표시 더듬거리거나 망설임의 횟수가 거의 없음 : 20점 2) 발표시 더듬거리거나 망설임의 횟수가 3~4회 : 15점 3) 발표시 더듬거리거나 망설임의 횟수가 5회 이상 : 10점	20
의미 전달 매체인 발음이 전체적인 의미를 효과적으로 전달하였는가?	1) 발음이 의미 전달에 있어 전반적으로 적절함 : 20점 2) 발음이 의미 전달에 있어 약간의 곤란함을 유발 : 15점 3) 발음이 의미 전달을 다수 방해함 : 10점	20

(모둠 내 역할: 검사)

- Case Name : Accusation of Carl Lee Killing Two Suspects

- Prosecutor's Script Note

- Student Number & Name: _____

1. Opening Statement

Your Honor, in this case, we will show that ~

2. Examination Chart

to Whom (Witness)	Question	Anticipated Response

3. Closing Argument

Your Honor, ladies and gentlemen of the jury, we have proved that~

(모둠 내 역할: 변호사)

- Case Name : Accusation of Carl Lee Killing Two Suspects

- Student Number & Name:

- Defendant's Attorney's Script Note

1. Opening Statement

Your Honor, in this case, we will show that ~

2. Examination Chart

to Whom (Witness)	Question	Anticipated Response

3. Closing Argument

Your Honor, ladies and gentlemen of the jury, we have proved that ~

(모둠 내 역할: 증인)

- Case Name : Accusation of Carl Lee Killing Two Suspects

- Student Number & Name:

- Witness Chart

Name	
Age	
Occupation	
Relation with the defendant	
What	
When	
Where	
How	
With whom	
For What	
How long	

(모둠 내 역할: 배심원)

- Case Name : Accusation of Carl Lee Killing Two Suspects

- Student Number & Name:

- Juror's Note

〈 Pre-Trial 〉

What do you think about Carl Lee?	Guilty / Not Guilty
Reason 1	
Reason 2	
Reason 3	

⟨ After-Trial ⟩

What do you think about Carl Lee?	Guilty / Not Guilty
Reason 1	
Reason 2	
Reason 3	

참고자료1

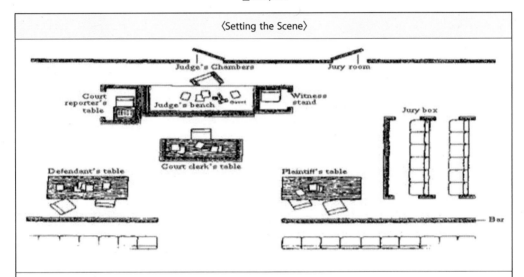

⟨Setting the Scene⟩

Judge's chambers: A small room off the courtroom where the judge changes into robes and confers with lawyers.

Jury room: A room outside the courtroom where the jury deliberates.

Bar: A fence-like barricade that separates the spectators from the court.

〈Cast of Characters〉

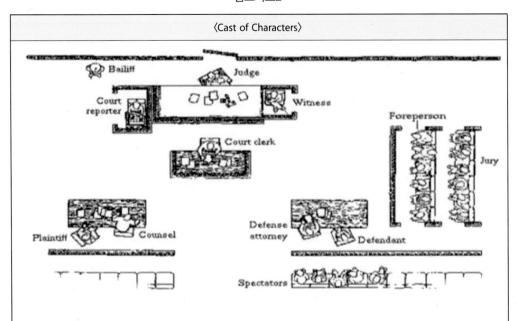

Bailiff: The police officer who maintains order in the court.

Counsel: A name for the lawyer engaged in the trial. Both the plaintiff and the defendant have counsel.

Court clerk: The person who helps with administrative duties and stores the physical exhibits introduced as evidence at the trial.

Court reporter: A person who types every word said during the trial. The typewritten document is a permanent record of the trial.

Defendant: The person who is accused of a crime and is being tried.

Defense attorney or public defender: The lawyer who defends the accused person. A public defender is appointed if the accused is unable to pay for an attorney.

Foreperson: The foreperson of the jury speaks for the entire jury.

Grand jury: A group of people who decide whether or not there is enough evidence to formally accuse someone of a crime.

Judge: The legal officer who presides over the courtroom and directs and controls the trial.

Plaintiff: The person who accuses another and brings the lawsuit to the court.

Prosecutor: A public official who brings the government's case against a person accused of a crime and asks the court to convict that person.

Trial jury: Usually made up of six to twelve people, the jury listens to testimony from both the plaintiff and defendant's side and decides the verdict of a case.

Witness: A person who gives the jury information about the case.

Acquittal: A legal determination that a person who has been charged with a crime is innocent.

Appeal: A request for a higher court to review a decision made by a lower court.

Arraignment: When the accused is brought before the court to hear the charges against the person to plead guilty or not guilty.

Conviction: The result of a criminal trial in which a person is found guilty.

Cross−examination: The questioning of a witness by the lawyer for the opposing side.

Direct−examination: The first questioning in a trial of a witness by the lawyer who called that witness.

Information: An accusation of a crime, made against a person by the prosecutor.

Mistrial: A trial that becomes invalid, is essentially canceled, because of a mistake in procedure.

Motion: How a lawyer asks the judge to make a decision.

Objection: The opposing side finds fault with the question being asked the witness.

Overruled: The judge, following an objection, decides the questions may continue.

Sentence: The punishment given to a person who has been convicted of a crime.

Sustained: The judge, following an objection, agrees that th eline of qeustioning should not continue. .

Verdict: A verdict of guilty or not guilty is handed down by the jury.

Your Honor: The way a judge is addressed in a courtroom.

Useful Expressions I

Bailiff: All rise, the Court is now in session, the Honorable Judge (say Judge's last name) presiding.

Judge: Please be seated. Today's case is that of (case name) is suing (defendant's name) for (   ) claims that (   ). Now, are there any opening statements?

Prosecutor: Your Honor, in this case, we will show that (   ).

Judge: Does the Defense attorney have any opening statement?

Attorney for (defendant's name): Your Honor, (defendant's name)'s charge is ridiculous. We will show that (   ).

Judge: Very well, call your first witness.

Attorney for (defendant's name): I call (defense witness's name) as my first witness.

Prosecutor: Objection, Your Honor, (   ).

Judge: Sustained. Please ask more specific questions.

Bailiff: Please raise your right hand. (witness's name raises right hand.) Do you swear or affirm that the evidence that you are about to give is the truth, the whole truth, and nothing but the truth?

Attorney: Objection! The witness is guessing at my client's motives.

Judge: I agree. Objection sustained. Continue with a new question. The jury will disregard the last statement made by (defense witness's name).

Judge: Defense attorney, would you like to question (prosecution witness)?

Judge: Overruled. This is cross-examination.

Judge: (defense witness's name), you may step down and return to your seat. Are there any closing arguments?

Attorney for (defendant's name): Your Honor, ladies and gentlemen of the jury, we have proved that (   ). Thank you for your attention in our case.

Judge: (Turning to jury) Jury members, you have now heard the evidence. Now it is your job to decide whether (   ). Will you please go with the bailiff to the jury room? Because this is a civil case, there must be at least ten of the twelve jurors voting to find (   ). The presiding juror will make sure that each of you has a chance to give your ideas and to take your vote. When you have decided, the bailiff will bring you back to tell us what you decided.

Judge: Have you reached a verdict?

Presiding Juror: Yes, we have, Your Honor.

Judge: What is the verdict?

Presiding Juror: We the jury voted and decided that ……. (Presiding juror reports the decision of the jury.)

Judge: Thank you, jury members.

Bailiff: Court is adjourned.

Useful Expressions II

- Bailiff

1. 판사가 들어올 때
All rise, the Court is now in session, the Honorable Judge (say Judge's last name) presiding.

2. 증인이 선서할 때
Please raise your right hand. Do you swear or affirm that the evidence that you are about to

give is the truth, the whole truth, and nothing but the truth?

3. 재판의 종료를 알릴 때
Court is adjourned.

- Attorney
1. 이의를 재기할 때
Objection! The witness is guessing at my client's motives.

2. opening statement를 할 때
Prosecution: Your Honor, in this case, we will show that ~
Defense : Your Honor, the charge is ridiculous. We will show that ~

3. Closing Argument를 할 때
Your Honor, ladies and gentlemen of the jury, we have proved that ~

- Presiding Juror
1. 판결문을 읽을 때
We the jury voted and decided that (   ). (Presiding juror reports the decision of the jury.)

- Judge
1. 변호인의 의견을 받아들일 때
Objection sustained.

2. 변호인의 의견을 기각할 때
Overruled

③ 과목별 세부능력 및 특기사항 예시

영어 모의재판 스크립트 노트 작성 및 발표 활동에 배심원으로 참여하여 검사와 변호사의 변론 내용을 참고해서 판결 전후 스크립트 노트를 작성함. 변호사의 변론 내용을 듣기 전에는 검사쪽의 법정 진술을 옹호하는 입장이었으나 변호사의 최종 변론 내용을 접한 후에 무죄 판결 쪽입장을 취하게 됨. 배심원의 입장에서 피의자의 유죄와 무죄에 대한 판결 전후의 이유를 각각 세가지씩 논리적으로 작성하였고 이를 바탕으로 3~5분간 이루어진 실제 영어 모의재판 활동에서 배심원이 사용하는 주요 영어 대사 표현들을 활용해 최종 배심 판결에 동참함. 영어 모의재판 활동을 통하여 다양한 사회적 주제에 대한 관심이 높아졌으며 배심원 역할을 맡아서 참여하였지만 그 외 법정 내 여러 등장인물들의 역할과 재판 진행 과정에 대해 구체적으로 이해하게 됨. 또한, 모둠별 모의재판을 진행하면서 다양한 영어 공부 방법에 관심을 갖게 됨.

17
독서 멘토링 활동 모형
: 인성 함양과 자아발견

독서 멘토링 활동은 멘토가 추천한 책을 매개로 이를 추천받은 멘티가 책을 읽고 독서한 내용을 바탕으로 상호 소통해가며 가치를 발견해 나갈 수 있도록 디딤돌을 놓아주는데 의미가 있다. 이번 과정중심평가에서 활용할 ⟨⟨Tuesdays with Morrie⟩⟩(모리와 함께한 화요일)이라는 추천 도서는 저자이자 제자인 미치 앨봄(Mitch Albom)과 그의 스승이자 죽음을 얼마 밖에 앞두지 않은 노교수 모리(Morrie)가 '인생의 의미'에 대해 나누었던 서로 다른 주제의 열네 번의 수업 내용을 담고 있는데 학생들은 독서 활동을 통하여 각자의 인생을 설계하는데 필요한 인생의 가치를 발견하며 아울러 자신의 삶을 들여다보고 올바른 가치관을 정립함으로써 긍정적인 미래를 꿈꿀 수 있도록 도와 줄 수 있다.

⟨영화⟩   ⟨영어 원서⟩

영어 원서 읽기에 대한 부담을 조금이나마 줄여주고자 원서와 동명의 영화를 감상한 후 14번의 화요일 수업에 대한 내용에 대한 이해를 바탕으로 모둠원들과 함께 각 수업의 주제를 함께 정리해 보도록 한다. 영화 감상 과정은 수업 내용에 대한 이해가 선행되기 때문에 비교적 원서 읽기에 대한 부담감은 줄여줄 수 있다는 장점이 있다. 아울러 에세이 형식의 책이기 때문에 원서에서 포함된 단어나 표현의 난이도가 그리 높지 않아 내용에 대한 집중과 몰입이 수월하다는 것 또한 긍정적인 부분이다.

영화 감상을 바탕으로 영어 원서를 읽은 후 'reading log'(독서활동 기록지)를 작성해야하며 각자가 선택한 인상 깊고 교훈적이었던 두 번의 수업 내용을 요약하고 가치 있었던 부분을 영어원서에서 발췌해 자신의 소감을 작성하게 된다. 또한, 독서활동의 가치가 배가 될 수 있도록 자신이 읽은 부분에서 알아야할 주요 어휘와 표현들을 정리해봄으로써 영어 어휘 실력을 쌓을 수 있도록 한다.

1) 평가 개요

수행평가 모형	학습저널형
핵심 역량	인성역량, 사회적 역량
시행 대상 및 학기	고등학교 2학년 1학기
사용할 교과서와 단원	영어 II Lesson 1 ~ Lesson 8
영역별 성취기준	〈말하기〉 · 비교적 다양한 주제에 관해 듣거나 읽고 주제를 말할 수 있다. · 일반적 주제에 관해 자신의 감정을 말할 수 있다. 〈읽기〉 · 다양한 주제에 관한 글을 읽고 주제를 파악할 수 있다. · 다양한 주제에 관한 글을 읽고 필자의 심정을 파악할 수 있다. · 비교적 다양한 주제에 관한 글을 읽고 단어나 어구의 함축적인 의미를 파악할 수 있다. 〈쓰기〉 · 일반적 주제에 관해 자신의 의견을 표현하는 글을 쓸 수 있다. · 일반적 주제에 관해 다른 사람의 의견과 자신의 의견을 비교·대조하는 글을 논리적으로 쓸 수 있다. · 일반적인 주제에 대한 말을 듣거나 글을 읽고 자신이 필요로 하는 정보를 찾아 기록할 수 있다. · 친숙한 일반적인 주제에 대하여 찬반이나 장단점 등과 같이 자신의 의견을 표현하는 글을 쓸 수 있다.

참고사항	영어 II 과목에 독서 멘토링 학습 저널형 수행평가를 적용한다. 학생들은 Mitch Albom의 원작 소설 Tuesdays with Morrie의 동명 영화를 감상한 후 모둠별로 14개의 인생 테마를 정리하며 이에 대해 모둠원들끼리 각자의 생각을 발표 및 교환한다. 그 후 개별 활동으로 각자 가장 인상적이었던 2번의 화요일 수업 내용을 요약하고 교훈적이었던 부분을 발췌해 자신의 생각과 느낌을 정리하여 발표한다.

2) 교수 · 학습 활동 및 평가 계획

학습 단계	교수 · 학습 활동	평가 계획
1, 2차시	· 독서 멘토링 활동에 대한 이해 · 영화 'Tuesdays with Morrie' 감상 · 영화 감상 후 14번의 화요일 수업의 주제 정리하기	

⇩

3, 4, 5, 6차시	· 가장 인상 깊고 교훈적이었던 2번의 화요일 수업 정하기 · 각자 정한 2번의 화요일 수업에 해당하는 원서 챕터 독서 · 챕터별 인상적이었거나 교훈적이었던 구체적인 부분을 발췌하여 내용 요약하기 · 발췌한 부분의 내용과 관련된 주요 어휘 및 표현 20개 정리하기	평가과제 1. reading log(독서활동 기록지) 작성하기

⇩

7, 8, 9, 10차시	작성한 reading log를 바탕으로 인상적이었던 2번의 수업에 대한 내용 요약, 원서 발췌 부분에 대한 개인적 소감 발표하기	평가과제 2. 작성한 reading log 발표하기

3) 교수 · 학습 지도안

목표	독서 멘토링 활동 중 영화 감상에 대한 소감을 바탕으로 영어 원서를 읽고 각자에게 교훈적인 인생테마 2가지를 요약 및 정리할 수 있다.		차시	3차시
단계	교수-학습 활동	평가	자료 및 유의점	
도입 (5')	· 이전 차시의 영화감상에 대한 소감 발표 · 영화 속 주요 등장인물에 대한 소개와 그들 사이에 벌어진 일을 바탕으로 교훈적인 인생 테마 14가지를 정리			
전개 (40')	· 2인 1모둠 조직 후 가장 인상 깊었던 서로 다른 테마 2개씩 정하기 · 각자 정한 2개의 테마 중 한가지와 관련된 영어 원서의 해당 부분 읽고 독서활동 일지 기록하기 · 모둠별로 각자가 기록한 독서활동 일지 발표	독서활동 일지를 바탕으로, 1. 2개의 테마 정하기 2. 각 테마별 책 내용 요약 3. 인상적이었던 구나 문장을 인용하여 각자의 소감 작성 4. 모둠별 발표 및 참여	reading log(독서일지), 영한 사전	
정리 (5')	자신이 선택한 테마 외의 내용들 나누기			

4) 과정중심평가 요소 및 기준

평가 요소	평가 기준	배점
우리말 작성글과 영어 발췌글의 분량이 제시 기준에 부합하는 글을 써서 과제 완성도가 높은가?	1) 우리말 작성글과 영어 발췌글의 분량이 제시 기준에 부합하는 글을 써서 과제 완성이 우수함 : 25점 2) 우리말 작성글과 영어 발췌글의 분량이 제시 기준에 비해 약간 부족한 글을 써서 과제 완성이 비교적 양호함 : 20점 3) 우리말 작성글과 영어 발췌글의 분량이 제시 기준에 비해 부족한 글을 써서 과제 완성이 미흡함 : 15점 4) 우리말 작성글과 영어 발췌글의 분량이 제시 기준에 비해 매우 부족한 글을 써서 과제 완성이 거의 이루어지지 않음 : 10점	25
주제에 대하여 타당하고 관련성 있는 내용을 매우 풍부하고 충실하게 제시하였는가?	1) 주제에 대하여 타당하고 관련성 있는 내용을 매우 풍부하고 충실하게 제시함 : 25점 2) 주제에 대하여 타당하고 관련성 있는 내용을 비교적 양호하게 제시함 : 20점 3) 주제에 대하여 언급한 내용의 타당성과 관련성이 부족함 : 15점 4) 주제에 대하여 언급한 내용이 매우 타당하지 않고 관련성이 없음 : 10점	25

발췌한 영어 단락에 대한 해석이 해당 단락의 내용을 자연스럽고 정확하게 전달하고 있는가?	1) 발췌한 영어 단락에 대한 해석이 해당 단락의 내용을 매우 자연스럽고 정확하게 전달하고 있음 : 25점 2) 발췌한 영어 단락에 대한 해석이 해당 단락의 내용을 비교적 자연스럽고 정확해서 내용-전달에 무리가 없음 : 20점 3) 발췌한 영어 단락에 대한 해석이 해당 단락의 내용을 전달하기에 부자연스럽고 정확성이 미흡함 : 15점 4) 발췌한 영어 단락에 대한 해석이 해당 단락의 내용을 전달하기에 매우 부자연스럽고 정확성이 없음 : 10점	25
발췌한 영어 단락의 내용과 관련된 핵심 단어나 표현을 풍부하고 정확하게 제시하였는가?	1) 발췌한 영어 단락의 내용과 관련된 핵심 단어나 표현 10개를 제시함 : 25점 2) 발췌한 영어 단락의 내용과 관련된 핵심 단어나 표현 7개 이상을 제시함 : 20점 3) 발췌한 영어 단락의 내용과 관련된 핵심 단어나 표현 5개 이상을 제시함 : 15점 4) 발췌한 영어 단락의 내용과 관련된 핵심 단어나 표현 3개 이상을 제시함 : 10점	25

Reading Log

Date		년 월 일	Book Title	Tuesdays with Morrie
			Author	Mitch Albom
Student Number			Student Name	

총 14번의 화요일 수업 중 가장 감명 깊었던 수업 두 가지를 선택하여 제시된 조건에 맞게 글을 작성하시오

( )번째 화 요일 수업	읽고 느낀 점을 활용해 우리말 100~150자 내외의 주제와 관련된 내용을 요약하시오.
	주제와 관련된 인상 깊고 교훈적이었던 영단어 100자 내외의 부분을 발췌하여 해석하시오. (책 속에 제 시된 교훈적인 내용의 구나 절, 등장인물의 대사 인용 가능)

영어원서에서 발췌한 내용 관련 주요 어휘 20개를 아래에 정리하시오.

Key Words for Understanding

#	English	Korean	#	English	Korean
1			6		
2			7		
3			8		
4			9		
5			10		

5) 과목별 세부능력 및 특기사항 예시

〈〈Tuesdays with Morrie〉〉을 읽고 저자이자 제자인 미치 앨봄과 그의 스승이자 죽음을 앞둔 노교수 모리가 '인생의 의미'에 대해 나누었던 서로 다른 주제의 열네 번의 수업 내용을 접하였으며, 그 중 가장 인상적이었던 두 번째 화요일(주제: 자기 연민)과 여섯 번째 화요일(주제: 감정) 수업들에 대해 내용 요약과 영어 발췌본 해석 및 개인적인 느낌을 기록한 독서일지를 작성함. 특히, '자기 연민'을 주제로 한 두 번째 화요일 수업 중 다른 사람들이 나를 믿게 만들기 위해 나 또한 그들을 믿고 있음을 느껴야하기 때문에 하루에 잠깐 몇 분만이라도 자기 연민에 할애하라는 모리 교수님의 말이 인상적이었음. 하지만, '감정'을 주제로 한 여섯 번째 화요일의 수업 내용 중 온전하고 완전하게 괴로운 감정을 경험할 수 있다면 결국 그 괴로운 감정에서 벗어날 수 있을 것이라는 부분이 매력적이었으나 어떻게 온전하게 괴로운 감정을 경험할 수 있을까라는 개인적 의문이 남음.

18

영자신문 제작 활동 모형
: 언어를 통한 글로벌한 세계관

현장의 어느 학교 도서관이나 영어 전용교실을 둘러보더라도 국내에서 발행된 다양한 형태의 영자신문이나 잡지 등과 같은 정기 간행물이 비치되어 있을 것이다. 하지만 해당 장소에 단순히 비치만 해두고 홍보가 부족하게 되면 학생들의 자발적 접근이 지극히 일부 학생들에게만 한정될 수 있기 때문에 이를 평가 자료로 활용해 평소 'authentic reading materials (실제적 읽기 자료)'에 대한 관심을 유도한다면 좀 더 많은 학생들이 다양한 형태의 영어 학습법을 접하고 평소 자기주도적인 외국어 학습 및 교내 관련 활동 등에 응용하여 활용할 수 있는 기회를 만들어 줄 수 있을 것이다.

이를 위한 과정형 수행평가 중 하나로 '모둠별 영자신문 만들기' 활동이 있는데, 이는 신문 기사를 영어로 작성해보는 것이 아니라 기존에 발행된 한 달 단위의 일간 영자신문들을 활용해 National(국내뉴스), World(국제뉴스), Science & Technology(과학기술), Business(경제), World Business(국제경제), Opinion-Editorial(의견 사설), Culture & Entertainment(문화오락), People & events(인물) 등과 같이 해당 기간 동안 벌어진 사건 사고에 관한 흥미로운 기사들을 섹션별로 스크랩해서 모둠별 English Monthly Newspaper 즉, 월간 영자 신문으로 재탄생시키는 활동이다. authentic reading materials (실제적 읽기 자료)를 활용해 실제 과거에 벌어진 일에 대한 흥미로운 정보를 수집하여 자신만의 외국어 학습 자료로 재구성해본다는데 의의가 있고 여러 기사들 중 학생들마다 섹션별로 자신이 흥미로운 기사를 직접 선택해 읽고 배워나갈 수 있다는 점에서 유익하다. 물론, 영자신문 기사를 직접 써보는 활동이 포함되어 있지 않아서 아쉬운 감이 없지 않지만 추후 기사를 직접 써보는 단계 이전에 신문기사의 섹션별 배치와 내용 및 구조적으로 완성도 높은 기사들을 접해 봄으로써 영자신문을 활용한 자기주도적 영어 학습과 향후 기사 작성에 필요한 내공을 쌓아나갈 수 있는 기회가 될 수 있다는 점에서 의미 있는 활동이 될 수 있다.

1) 평가 개요

수행평가 모형	프로젝트형
핵심 역량	지적역량, 사회적 역량
시행 대상 및 학기	고등학교 2학년 1학기
사용할 교과서와 단원	영어 II Lesson 1 ~ Lesson 8
영역별 성취기준	〈말하기〉 · 비교적 다양한 주제에 관해 듣거나 읽고 주제를 말할 수 있다. · 일반적 주제에 관해 자신의 감정을 말할 수 있다. 〈읽기〉 · 다양한 주제에 관한 글을 읽고 주제 및 요지를 파악할 수 있다. · 비교적 다양한 주제에 관한 글을 읽고 단어나 어구의 함축적인 의미를 파악할 수 있다. 〈쓰기〉 · 비교적 다양한 주제에 관해 듣거나 읽고 자신이 필요로 하는 정보를 찾아 체계적으로 기록할 수 있다. · 일반적 주제에 관해 자신의 의견을 표현하는 글을 쓸 수 있다.
참고사항	영어 II 과목에 '응답하라 2016! 나만의 영자신문 만들기' 수행평가를 적용한다. 학생들은 2016년 1월부터 12월까지 각 월의 일간 영자신문들을 바탕으로 섹션별 기사들을 스크랩하여 English Monthly Newspaper를 만든다. 모둠원들은 서로 다른 섹션을 정하여 가장 흥미로운 기사를 발췌해 필사하고 5W1H에 따라 기사 내용을 정리 및 요약하며, 기사 내용에 대한 느낌과 단어 및 숙어적 표현들을 정리한 나만의 영자신문을 만들어본다.

2) 교수 · 학습 활동 및 평가 계획

학습 단계	교수 · 학습 활동	평가 계획
1, 2차시	· 응답하라 2016! 나만의 영자신문 만들기 활동에 대한 이해 · 영자신문의 기사 배치와 구성 확인 · 헤드라인 작성법 학습 · 5W1H란?	

| 3, 4차시 | · 가장 흥미로운 섹션별 기사 선정
· 해당 기사 스크랩
· 5W1H에 따라 기사의 내용 요약하기
· 해당 기사에 대한 헤드라인 작성하기
· 기사 내용과 관련된 핵심 어휘 10개 정리하기
· 기사의 내용과 관련 어휘들을 바탕으로 8개의 문제 작성하기 | 평가과제 1.
섹션별 영자신문 기사 스
크랩 및 요약하기 |

| 5, 6차시 | English Monthly Newspaper 제작 활동에 참여한 소감 발표 및 다양한 영어
학습법에 대한 소개 | |

3) 교수 · 학습 지도안

목표	영자신문의 관심있는 각 섹션을 스크랩하고 기사의 내용을 정리 및 요약할 수 있다.	차시	3차시
단계	교수-학습 활동	평가	자료 및 유의점
도입 (5')	· 영자신문의 기사 구성 및 배치 이해하기 · 헤드라인이란? 헤드라인 작성법 소개		
전개 (40')	· 5인 1모둠 조직 후 모둠 내 각자 스크랩할 섹션 정하기 예) National(국내뉴스), World(국제뉴스), Science & Technology(과학기술), Business(경제), Opinion-Editorial(의견-사설), Culture & Entertainment(문화 오락), People & Events(인물사건) · 각자 스크랩한 기사를 활용하여 스크랩 양식 작성 · 기사 내용 요약과 이를 바탕으로 헤드라인 작성하기	기사 스크랩 양식을 바탕으로, 1. 각자 정한 섹션별 스크랩 기사 필사 및 국문 해석 작성 2. 기사 속 주요 단어 및 숙어적 표현 정리 3. 5W1H에 따라 기사 요약 4. 스크랩 기사 내용에 대한 헤드라인 작성	한 달 단위의 서로 다른 영자신문을 모둠별 모둠원 수에 맞게 배부 영한 사전 모둠 내에서 스크랩 기사의 섹션이 겹치지 않도록 유도
정리 (5')	기사의 주요 내용과 정리한 어휘 및 헤드라인 내용의 관련성 점검		

4) 과정중심평가 요소 및 기준

평가 요소	평가 기준	배점
발췌기사의 내용을 5W1H에 따라 정확하게 요약하여 과제 완성도가 높은가?	1) 발췌기사의 내용을 5W1H에 따라 정확하게 요약하여 과제 완성이 우수함 : 25점 2) 발췌기사의 내용을 5W1H에 따라 정확하게 요약하여 과제 완성이 비교적 양호함 : 20점 3) 발췌기사의 내용을 5W1H에 따라 정확하게 요약하여 과제 완성이 미흡함 : 15점 4) 발췌기사의 내용을 5W1H에 따라 정확하게 요약하여 과제 완성이 거의 이루어지지 않음 : 10점	25
기사의 주제에 대하여 타당하고 관련성 있는 내용의 헤드라인을 작성하였는가?	1) 기사의 주제에 대하여 타당하고 관련성 있는 내용의 헤드라인을 충실하게 작성 : 25점 2) 기사의 주제에 대하여 타당하고 관련성 있는 내용의 헤드라인을 비교적 양호하게 작성 : 20점 3) 기사의 주제에 대해 작성한 헤드라인 내용의 타당성과 관련성이 부족 : 15점 4) 기사의 주제에 대해 작성한 헤드라인의 내용이 매우 타당하지 않고 관련성이 없음 : 10점	25
발췌한 기사의 내용과 관련된 핵심 단어나 표현을 풍부하고 정확하게 제시하였는가?	1) 발췌한 기사의 내용과 관련된 핵심 단어나 표현 10개를 제시함 : 25점 2) 발췌한 기사의 내용과 관련된 핵심 단어나 표현 7개 이상을 제시함 : 20점 3) 발췌한 기사의 내용과 관련된 핵심 단어나 표현 5개 이상을 제시함 : 15점 4) 발췌한 기사의 내용과 관련된 핵심 단어나 표현 3개 이상을 제시함 : 10점	25
발췌한 기사의 내용과 정리한 어휘들을 활용하여 제시 조건대로 충실히 문제를 작성하였는가?	1) 발췌한 기사의 내용과 정리한 어휘들을 활용하여 제시 조건대로 8개의 문제를 작성 : 25점 2) 발췌한 기사의 내용과 정리한 어휘들을 활용하여 제시 조건대로 6개 이상의 문제를 작성 : 20점 3) 발췌한 기사의 내용과 정리한 어휘들을 활용하여 제시 조건대로 4개 이상의 문제를 작성 : 15점 4) 발췌한 기사의 내용과 정리한 어휘들을 활용하여 제시 조건대로 2개 이상의 문제를 작성 : 10점	25

응답하라 2016! 나만의 영자신문 만들기

원본 기사 작성일	년 월 일	Section	
		Original Writer	
원본 기사 제목		Student Name	

아래에 원본 기사를 스크랩하여 붙이시오.

5W1H(Who, When, Where, What, Why, How)에 따라 기사를 요약하시오.

스크랩한 기사에 대해 나만의 헤드라인을 작성해보시오.

Key Words & Phrases for Understanding Article

#	English	Korean	#	English
1			6	
2			7	
3			8	
4			9	
5			10	

스크랩 기사를 읽은 후 이해를 점검할 수 있도록 아래 예시와 같이 문제를 작성해보세요.

Reading Comprehension

After reading the article, mark "O" if the sentence is true and "X" if it is false.

예시) The Korean War Veterans Memorial in Washington D.C. features 19 stainless steel statues in a squad on patrol, representing each branch of the South Korean armed forces. (   )

1.

2.

3.

Vocabulary I

All of the words below appeared in the article. Put the right word in each blank.

1) joint   2) wounded 3) unknown

A John Grisham novel titled A Painted House implies how faraway and (   ) Korea was to Americans at the time.

1.

2.

3.

Vocabulary II

Find the synonyms for the following words from the article.

invade   a) attack   b) praise   c) concentrate

1.

2.

5) 과목별 세부능력 및 특기사항 예시

2013년 6월 일간 영자신문들을 스크랩 활용하여 English Monthly Newspaper 제작 활동에 참여함. 그 중 People(인물)란에 장애를 지니고 있지만 당당하게 살아나가는 닉 부이치치가 한국을 방문하여 장애에 대한 편견 극복 과정과 삶의 희망을 전하는 이야기의 기사를 스크랩하여 5W1H에 따라 해당 기사에 대한 요약과 감상평을 기록하고 나만의 헤드라인을 작성함. 또한, 기사 속에 등장하는 낯선 어휘와 표현들을 정리 및 활용하여 다른 모둠원들이 자신의 스크랩 기사를 읽은 후 이해도를 점검할 수 있도록 reading comprehension과 vocabulary란에 문제를 만들어 공유함. 모둠별 English Monthly Newspaper 제작 활동에 참여하면서 신문 기사의 배치 및 구성, 헤드라인 작성법에 대해 구체적으로 이해하게 되었으며 추후 직접 특정 주제에 관한 신문 기사 작성에 도전해보기로 다짐함.

19
과제해결-모둠 프로젝트 활동 모형
: 문제해결 능력과 소통 능력

우리 주변에는 많은 정보들이 홍수처럼 쏟아져 주변을 맴돌고 있습니다. 정보 중에는 우리들을 기쁘게 하는 정보도 있지만 우리를 슬프게 하는 정보도 많습니다. 우리가 함께 살아가고 있는 공간 속에서 과거에는 다른 공간에 사는 타인의 삶을 알 수 없었습니다. 그래서 내가 한 일이 타인에게 어떠한 영향을 미치는지 알 수 없었습니다. 그러나 언제 어디서나 상호 연결되어 정보를 주고받을 수 있는 초연결사회의 도래는 내가 한 일과 행동들이 부메랑이 되어 다시 나에게 되돌아오는 것을 알 수 있습니다. 환경문제를 생각하면 아실 겁니다. 우리가 무심코 사용하고 버린 1회용 쓰레기가 원인이 되어 현재의 이상기후 현상을 만들었다는 것입니다. 청주에 엄청난 양의 비가 내렸습니다. 정말 살아생전 처음 있는 일입니다. 처음 겪는 것이니 당연히 대책을 마련하지 못했습니다. 많은 분들이 집을 잃고 망연자실하는 모습을 보았습니다. 관심이 없다면 내 일이 아니므로 상관없이 살아갈 수도 있습니다. 그러나 현재 발생하는 자연재해와 사람들이 만든 재해가 곳곳에 도사리고 있습니다. 우리는 이러한 현상들을 관심 깊게 보고 이것을 극복하는 방법을 알아 대처해야합니다. 따라서 과학의 발달로 제공해 주는 정보를 바탕으로 우리 사회 및 지구적 차원에서 발생하는 문제에 대해 고민하고 함께 해결하는 방법을 찾아야합니다.

과학정보기술의 발달은 우리를 지구촌이라는 마을에 살게 했습니다. 즉 세계화의 진행입니다. 세계화로 우리의 삶은 많은 변화를 가져왔습니다. 긍정적인 영향도 있고 부정적인 영향이 있습니다.

세계화로 인해 발생하는 문제들에 대해 고민해야합니다. 즉 민주시민뿐만 아니라 세계시민으로서 살아가야 합니다. 따라서 세계화로 인한 문제와 국제 사회의 분쟁을 해결하는 노력을 해야 합니다. 지금 유럽에서는 난민과 테러로 인해 힘든 상황입니다. 우리나라는 북한의 핵실험이 큰 주목을 받고 있습니다. 한 나라만의 문제가 아니라 많은 주변 국가들이 관련된 국제문제입니다. 이러한 현상의 원인과 해결책에 대해 관심을 가져야 합니다. 정확한 분석과 비판적 사고력으로 문제를 해결하는 능력을 길러야 하는 것입니다. 따라서 사회교과에서는 주제중심 통합수업으로 모둠별로 과제를 정하여 통합적 관점으로 사회현상을 이해하고, 이를 해결하기 위한 협력 프로젝트 모형의 수업을 구안할 수 있습니다. 이 과정 속에서 사회현상의 이해도, 사회문제의 추출, 사회문제 해결을 위한 정보 분석력, 비판적 사고력, 창의적 아이디어, 실천의지 및 실행능력 등을 평가할 수 있습니다.

1) 사회현상의 이해도와 사회문제 추출에 대한 평가

사회교과에서는 주로 신문이나 뉴스, 시사 잡지 등을 통해 시사문제를 찾아낼 수 있습니다. 찾아낸 문제에 대해 원인을 분석하고, 원인에 따른 해결책을 찾아보는 과정을 거치게 됩니다. 다음은 사회현상을 바라보는 관점 및 사회문제의 추출 예시자료입니다. 먼저 신문이나 뉴스를 바라보는 비판적 사고력이 필요합니다. 학생들에게 주간별로 가장 흥미로운 기사 내용을 찾아 사회현상에 대한 관심을 갖게 합니다. 포트폴리오로 작성하여 평가할 수 있으며 학생들 개개인의 관심 있는 분야를 찾을 수 있습니다. 포트폴리오의 내용을 간략히 살펴보겠습니다.

① 사회문제에 대한 요약 및 포트폴리오 작성
첫째, 한 주간에 가장 이슈가 된 관심 있는 기사를 선정한다.
둘째, 선정된 기사 내용을 요약한다.
셋째, 모르는 단어는 5개 이상 찾아 그 뜻을 쓰고 개념을 이해한다.
넷째, 이슈 원인과 느낀 점을 쓰고 자신의 의견을 써본다.

② 사례를 통해 관심 분야 찾기
첫째, 가장 관심 있는 분야를 검색하여 제목을 찾습니다. 사례로 든 학생의 경우 '○○시 식품법 위반 대기업 봐주기 논란'을 선택했습니다.
둘째, 기사 내용을 요약합니다. 예) ○○시 ○○점 ○○마트에서

셋째, 이 기사에 나오는 내용 중 생소한 단어를 찾아 내용을 이해합니다. 이 학생의 경우 '행정처분'이라는 단어와 '공권력'이란 단어를 찾아보았습니다. 그러다 보면 계속 새로운 용어를 발견하게 되고 궁금한 단어들이 생기게 됩니다.

- 행정처분: 행정청이 행하는 구체적인 사실에 관한 집행으로서의 공권력의 행사 또는 그 거부와 그 밖에 이에 준하는 행정작용
- 공권력: 국가나 공공단체가 국민에 대하여 우월한 의사주체로서 명령강제하는 권력

넷째, 느낀 점이나 자신의 의견을 댓글로 답니다. 이 학생의 경우는 다음과 같이 댓글을 달았습니다.

대기업이라고 솜방망이 처분이 내려진다면 그것은 잘못된 것이다. 잘못이 분명하다면 그에 대한 대가를 치루는 것이 맞는 것이니 ○○시의 결정은 잘못된 점이 있다고 생각한다. 앞으로도 대형마트라고 대기업이라고 해서 처벌받지 않는 것에 대해 정의의 이름으로 공평하게 처리되기 바란다.

댓글 사례들

'반가사유상 미국 간다' : 반가사유상이 미국에서 전시를 한다니 다른 세계 여러 나라에 우리나라 문화재를 소개하기에는 좋은 경험이 될 것이다. 하지만 국외로 문화재를 반출하게 된다면 문화재를 보호하기 쉽지 않을 것이다. 앞으로는 신중하게 우리 문화재를 국외 반출하고 잘 보존했으면 좋겠다.

'중국 효도도, 독서도 법으로 해결', '묻지 마' 입법 논란 : 모든 것을 법으로 해결하려는 것은 좋지 않다. 중국의 누리꾼들도 거세게 비난하고 있는데 효도법 뿐만 아니라 독서까지 법으로 정하고 강제로 독서를 하게 만든다면 오히려 역효과를 낼 수 있다. 독서 같은 경우에는 법보다는 캠페인을 만들어 함께 독서를 할 수 있게 노력하거나 독서를 할 수 있는 환경을 조성하는 것이 더 바람직하다.

'주민이 가장 편하게, 인권 생각한 주민센터 짓는다' : 안암동 주민센터를 직접 주민과 함께 설

계부터 시작했다는 것이 놀라웠다. 정말로 주민을 위한 청사를 만들기 노력했다는 것이 눈에 보인다. 이 기사와 1층 평면도를 보면 나도 안암동 주민센터에 가보고 싶어진다. 성북구뿐만 아니라 다른 지역들도 인권을 생각하며 공공장소를 만들었으면 좋겠다.

'친일' ○○○ 물품, 근대 문화재 등록 일단 보류: 대한민국 장군복의 각 유형별 복식형태를 알 수 있다지만 친일파였던 ○○○ 물품을 근대문화재로 등록하는 것은 옳지 않다고 생각한다. 조선인과 중국 팔로군을 토벌했던 인물이라고 한다. 친일파는 나라를 팔아넘긴 사람들인데 그런 사람의 물품을 근대문화재로 등록하는 것이 잘못된 것이다.

이 학생은 많은 주제들 중에서 법적인 문제와 문화, 역사적인 기사에 관심이 많으며 각 이슈에 대해 자신의 의견을 명확하게 밝히고 있다.

③ 평가 요소

사회문제인가?

기사내용을 잘 요약하였는가?

모르는 용어를 정리하였는가?

자신의 입장을 논거를 들어 정확히 밝혔는가?

세+특에도 다음과 같이 쓸 수 있다. 사회문제 중 역사적 문화재의 보존과 법의 공평성에 대해 관심이 있으며 역사와 법에 대한 용어 개념을 잘 이해하고 기사를 요약하여 문제점을 추출하는 능력이 뛰어남.

2) 사회문제 해결을 위한 정보 분석력, 비판적 사고력, 창의적 아이디어 평가

먼저 모둠별로 과제 해결이 필요한 주제를 선정합니다.

첫째, 사회문제에 해당하는 주제를 선정한다.

둘째, 탐구하고 싶은 주제의 모둠으로 이동한다.

셋째, 주제에 대한 역할을 분담한다.

넷째, 역할에 따른 정보를 수집, 분석, 대책을 수립한다.

다섯째, 모둠별 상호 피드백을 통한 종합 정리 및 보고서를 작성한다.

각자 한 학급이 25명이라면 25명이 탐구하고 싶은 사회문제 주제를 2개씩 포스트잇에 적어 냅니다. 이중 같은 주제별로 모으고, 모인 주제를 칠판에 정리한 후 가장 탐구하고 싶은 주제를 스티커를 3개씩 주어 붙이게 합니다. 주제별로 정리합니다. 적게 나온 주제도 학생들은 탐구할 수 있기 때문에 그대로 유지하고 학생들이 탐구주제별로 원하는 주제로 이동을 합니다. 여기서 명수가 너무 넘치는 같은 주제를 2모둠으로 편성하고 2명 이상이 나오는 주제는 2명이 할 수 있 도록 합니다. 이는 학생들이 관심 있는 분야를 선택하므로 자발성에 기초한 열정을 기대할 수 있 습니다. 따라서 자신이 좋아하고 자신의 진로 학과를 고려한 주제를 선정할 수 있는 환경을 제공 하게 됩니다. 학생들에게는 의사결정능력이 필요하겠습니다.

모둠이 결정되었으면 모둠별로 모여 역할을 정합니다. 여기에서도 자신이 주제에 맞게 어떤 분야를 탐구하고 싶을지 선택하게 됩니다. 개별 과제를 정하고 모둠별 역할도 정해야겠습니다. 리더가 되어서 전체적인 기획을 하고 싶다면 조장을 하고 싶다는 의사를 주장해야 합니다. 모둠 의 역할도 조율해야 하며, 정보활용 능력이 뛰어나다면 보고서 및 프레젠테이션 자료 제작 역할 을 하면 좋습니다. 예를 들어 환경에 따른 사회문제를 주제로 한 모둠에서 전자전기학과를 들 어가 한국원자력수력발전소에서 일하고 싶은 학생이라면 방사능오염물질의 피해와 대책이라는 소주제를 연결하여 개별 과제로 선택하여 탐구할 수 있습니다. 모둠에서 자신의 진로와 연계해 주제를 선택할 수 있게 합니다.

한 학생의 개별 탐구 과제 사례를 들어 보겠습니다. 환경문제 중에서도 방사능 관련 주제를 선 택한 학생입니다.

방사능이란? 방사능은 불안전한 원소의 원자핵이 스스로 붕괴하면서 내부로부터 방사선을 방

출하는데 이를 방사능이라고 합니다.

방사능 성분: 테므네숨, 리듐 등

방사능이 인체에 미치는 영향: 인체에 끼친 영향은 다양하지만 가장 큰 영향은 방사선에 의한

세포조직의 손상입니다.

방사능의 피해를 줄이려면:

방사능위험지역:

방사능의 원인:

개별과제를 마치면

　

이것을 모둠 과제로 환경문제 보고서를 정리합니다. 함께 토의를 통해 각 개인의 과제를 논리적으로 비판적 사고로 더하고 빼는 과정을 거쳐 상호피드백을 한 후 모둠과제를 완성하여 프레젠테이션 및 종합 정리합니다.

① 평가 요소

개별과제는 모둠 주제에 적합한가?

개별과제 내용에 오류는 없는가?

모둠별 맡은 역할을 잘 수행했는가?

모둠별 과제수행에 기여했는가?

동료의 의견을 받아들이고 수용했는가?

동료의 과제에 대해 비판적 사고력을 발휘했는가?

모둠별 과제 해결시 협력했는가?

　

세+특에도 다음과 같이 쓸 수 있습니다. 사회현상 중 환경문제가 인간생활에 미치는 영향을 깊게 탐구하고 특히 핵문제에 관련하여 이슈가 되는 방사능오염에 따른 피해를 줄이는 방법을 조사 분석하여 정리를 잘하여 모둠주제 과제활동에 기여함. 또한 정보활용능력이 우수하여 모둠의 과제 이행 주제 내용을 단순하면서도 명료하게 프레젠테이션으로 표현함.

3) 공감능력, 문제 실천력 등 평가

보고서를 가지고 발표를 통해 함께 공감하는 시간을 가집니다. 대부분은 보고서 작성이 끝나면 교사들은 보고서 작성을 형식에 맞추어서 정리한 후 오류를 찾아내고 상중하로 점수를 주게 됩니다. 그러나 이제 과정중심평가에서는 보고서를 교사에게 제출하는 것이 아니고 동료들과 함께 나누는 작업 즉 학급 전체 상호피드백 시간을 가집니다. 모둠에서 만들어낸 창의적인 지식정보를 동료에게 설득하고 함께 실천하는 공감을 얻어내는지 관찰하게 됩니다. 따라서 교육과정 재구성을 통해 시간을 안배해서 2시간 정도 할애를 해야 합니다. 시간적으로 부족하겠지만 4차 산업혁명 시대에 문제를 해결하는 능력을 가졌다하더라도 혼자서는 해결할 수 없습니다. 따라서 함께 해결하기 위해서는 자신들의 해결책을 널리 알리고 설득하여 공감대를 형성하는 작업이 매우 중요한 역량이 되겠습니다. 이때는 주로 토의토론기법을 활용하여 학생들에게 의사소통할 기회를 제공합니다. 시간을 많이 할애할 수 있다면 보통 '둘 가고, 둘 남기 방법'을 통해 학급 전체 학생들이 사회문제를 인식하고 실천할 수 있도록 합니다. (시간이 없다면 갤러리 워크를 통해 보고서 및 프레젠테이션 자료를 인쇄하여 학급에 1주일 정도 전시를 합니다. 쉬는 시간이나 점심시간을 활용해 볼 수 있도록 합니다. 그리고 갤러리 작품에 오류가 있는 내용, 창의적인 자신의 의견을 제시할 수 있도록 공간을 마련해 적을 수 있도록 하고 반드시 이름을 쓰게 합니다. 또한 실천가이드도 제시하도록 합니다.).

① 둘 가고, 둘 남기 방법

모둠에서 정리된 종합 정리 보고서를 동료에게 설득할 수 있도록 재조직합니다. 간단하고 명료하게 문제의 원인과 대처방안, 또는 해결방안 그리고 우리들이 해야 할 일, 실행 체크리스트 등으로 정리하게 됩니다. 4명이 한 모둠일 경우 2명은 이동하여 다른 모둠에서 사회문제라고 인식되는 주제를 듣고 공감하고 그 주제에 대해 다른 대안이 있다면 설명과 주장을 다 들은 후에 자신의 창의적인 아이디어를 제공해 줍니다. 즉 상호 피드백을 주게 됩니다. 그리고 설명하는 중에 궁금한 점이 생길 경우는 질문하고 이에 대한 답변도 듣게 됩니다. 확장된 사고가 요구되는 순간입니다. 다음 모둠 주제로 이동하여 사회문제에 대한 원인과 대책을 같은 방법으로 돌면서 정리노트를 가져가서 정리도 하고 의견도 제시하면서 활동합니다. 한 모둠 당 10분 내외로 하게 되어 50분이면 5개의 모둠을 돌아오게 됩니다.

이동하지 않은 모둠원들은 다른 모둠에서 오는 2명에게 자신의 모둠에서 진행된 사회문제의 현상, 원인, 대책 등을 설명하고 문제가 해결될 수 있도록 실천해 달라는 체크리스트를 소개하며 설득 및 주장을 합니다. 동료에게 설득하고 발표하는 과정에서 두 명이 있을 경우 한 명이 계속 하는 것이 아니라 돌아가면서 꼭 한번 씩은 발표할 수 있는 기회를 제공합니다. 여러 번 반복하다 보면 자신감이 생기고 계속 해보고 싶다는 의지가 생겨납니다.

제가 경험한 바로는 처음에는 아이들이 두려움에 놓여있습니다. 한 번도 동료에게 자신 있게 말할 수 있는 기회를 부여받지 못했기 때문입니다. 그러나 두 번 정도 이 기법을 활용하면 누구나 친구에게 자신 있는 어조로 설득하게 됩니다. 자신들이 이 문제에 관해 가장 전문가라는 사실을 깨닫게 되기 때문입니다. 따라서 모둠별 주제는 각기 다른 주제를 가지고 모둠별로 선택하여 활동하는 것이 학생들의 자존감을 높이는 데 효과적입니다. 모둠이 돌다보면 최소 2~3번 정도의 기회가 생기고 반복하다 보면 자신감이 생기게 됩니다.

자신의 모둠보고서 내용을 설득하는 학생들은 호기심에 가득 찬 동료들에게 질문에 대해 답변도 해야 합니다. 모르는 부분도 있고 자신 있게 아는 내용도 있습니다. 모르는 부분은 인정하고 나중에 조사해서 알려주겠다고 합니다. 이 문제에 대해서는 전문가의식이 자리 잡히는 순간입니다. 이제 거꾸로 설명했던 동료가 이동하고 남은 학생들은 설명할 준비를 합니다. 따라서 둘 가고 둘 남기 방법은 최소한 두 시간이 필요합니다. 이렇게 둘 가고, 둘 남기가 모두 마치게 되면 다음은 평가가 기다리고 있습니다. 평가 내용은 모둠별 과제 보고서이기 때문에 서술형으로 할 수 있습니다. 학급에서 다루었던 주제들을 종합하여 정리하게 한 후 2주일 후에 서술형 평가를 보게 됩니다. 또한 환경문제에 대해서 개인이 실천 가능하고 가족이 실천 가능하다면 계획을 세우고 체크리스트를 작성하여 1달 정도 실천하여 가져오게 합니다.

② 서술형 평가 예시

투발루는 9개의 섬으로 되어 있습니다. 현재는 해수면이 상승하여 섬들이 바다에 잠기고 있다고 합니다. 투발루 주민들은 다른 곳으로 이동하며 살려고 하고 있지만 주변 국가에서 받아주지 않아서 바다 위를 떠돌고 있습니다. 이들은 먹을 것을 구하기 위해 해적이 되기도 한답니다. 그들의 섬에서 오랫동안 살 수 있도록 도움이 필요합니다.

위 지역이 겪고 있는 전 지구적 차원의 환경문제와 그 원인 물질을 쓰시오

위 환경문제의 원인 물질을 발생하는 인간의 행위를 5개 이상 서술하시오

위 지역의 환경문제를 해결하기 위한 국제적 노력을 서술하시오

위와 같은 전 지구적 차원의 환경문제를 쓰시오

위의 주민이 나라면 어떤 심정일지 서술하시오

우리가 도와 줄 수 있는 일상생활 속의 실천 가능한 행동과 그 이유를 5가지 서술하시오

[예시] 체크리스트 목록 만들어 실천하기 프로그램

내용/ 날짜	10.1.	10.2.	10.3.	10.4.	10.5.	10.6.	10.7.	10.8.	비고
일회용품을 사용하지 않기									잘함/보통/미흡
가까운 곳 이동수단은 자전거 및 걷기									
학용품 아껴쓰기									
먹을 만큼 덜어 먹기									
친환경마크 물건사기									

[예시] 과목별 세부능력 및 특기사항

(사회문제 탐구) 세부능력 및 특기사항
일상생활 속에서 문화재 관련 역사에 대해 관심이 많으며 문화재를 보호하고 사랑하는 마음이 깊음. 사회적 갈등을 약자의 입장에서 바라보며 사회구성원이 모두 행복한 세상에서 살기를 희망하는 정의로운 태도를 가지고 실천함. 자신이 관심 있는 전 지구적 차원의 환경문제에 도전의식을 가지고 환경문제해결 모둠활동에서 주제에 대한 기획을 추진하고 모둠의 조장으로서 사회문제 탐구 계획을 세움. 환경문제 중 방사능 오염에 대한 관심이 깊어 원자력 발전에 대한 호기심으로 긍정적 효과와 부정적 효과에 대해 조사하고 방사능 위험을 어떻게 대처하는지 선진국 사례 정보를 수집하여 리스트를 작성하여 정리함. 원자력 발전을 대체할 수 있는 친환경에너지 사용에 대해 해결 방안을 제시하여 발전에 대한 개념을 신재생에너지의 관점에서 발전해야하는 것을 느끼고 우리나라 환경에 맞는 신재생에너지 개발 연구에 대한 직업군을 조사함.

4) 문제해결 과정의 창의적인 아이디어로 1등급 도전하기

① 사회현상에 대해 관심 갖기

학생들은 학교에서 공부하는 서책형태를 학습하는데 익숙해져 있습니다. 하지만 서책뿐 아니라 현재 살아있는 교재로서 따끈따끈한 정보들에 관심을 가질 필요가 있습니다. 즉 대중매체에서 주는 정보들에 대해서도 관심을 가지고 학습의 교재로 삼을 수 있어야 합니다. 급속도로 변화하는 현대 사회에서는 오늘 이슈 뉴스가 가치 있는 학습 교재가 되는 것입니다. 따라서 다양한 사회현상을 이해하고 그 속에서 문제를 찾아낼 수 있는 힘을 길러야합니다. 그리고 문제의 원인이 무엇인지 알아야합니다. 근원을 파악해야합니다. 그러다 보면 깊이 있는 탐구로 이어집니다. 호기심을 갖고 그 속에서 탐구하다보면 자신도 모르는 사이에 넓은 안목이 생겨있습니다. 배경 지식이 확장되어 있습니다. 현상과 현상이 연결된 창의적인 아이디어를 제시하게 됩니다. 인간에게 가치 있는 것이 무엇인지 관심이 생깁니다. 그리고 공헌하고 싶어집니다. 내가 누구인가를 묻게 되고, 세상 한 가운데 내가 있음을 깨닫게 됩니다. 그러면 철학, 논리학, 심리학까지 넓힌 사고를 할 수 있습니다. 이것이 인문학적 상상력을 발휘할 수 있는 역량입니다.

② 문제를 바라보는 관점 설정과 그 관점의 근거 확보

　문제의 해결 방법은 다양합니다. 우리나라의 경우도 저 출산과 고령화, 북한과의 관계, 주변국들과의 이해관계 등의 많은 사회문제들이 서로 복잡하게 얽혀있습니다. 사드 문제만 해도 우리나라의 입장, 북한의 입장, 미국의 입장, 중국의 입장, 일본의 입장, 러시아의 입장 등 다양한 입장이 존재합니다. 또한 이 문제를 경제적인 측면에서 볼 것인가? 정치적인 측면에서 볼 것인가? 국제적인 관점에서 볼 것인가? 평화론자 입장에서 볼 것인가? 민족주의자 입장에서 볼 것인가? 등의 관점에 따라 문제의 해결 방법이 달라집니다. 모든 사회현상들이 서로 연결되어 있기 때문에 폭넓은 시각을 가져야 합니다. 단순히 한 문제의 해결만 보고 해답을 찾는다면 더 많은 다른 문제들이 생길 수 있습니다. 그래서 하나의 해결 방법에 대한 다양한 피드백이 있을 수 있습니다. 다른 입장을 가진 사람들이 보면 문제점이 보일 수 있기 때문입니다. 따라서 자신의 문제 해결 방법에 대해 객관적 근거를 들어 설득해야 하며 이 과정에서 통찰력, 논리적 사고력, 합리적 판단력이 드러납니다.

③ 함께 문제를 해결하기 위해 공감능력 발휘

　우리 모두에게는 무한한 가능성이 있습니다. 나뿐만 아니라 타인도 마찬가지입니다. 세상에 존재하는 많은 사회문제들은 한 사람의 아이디어나 실천으로 해결될 수 있는 일이 아닙니다. 개인문제는 개인이 해답을 찾을 수 있겠지만 사회문제는 사회를 구성하는 사람들이 집단지성의 힘으로 함께 해결하는 것입니다. 따라서 문제를 해결할 실마리를 찾았다면 그것을 타인에게 정확하게 표현하고 함께 실행해 옮길 수 있는 강력한 의지가 필요합니다. 즉 설득하는 능력이 필요합니다. 그리고 끈기를 가지고 나와 다른 입장에 있는 사람들에게도 지속성을 가지고 논리를 펼 수 있어야합니다. 당연히 합리적인 방법이어야 공감을 얻을 수 있습니다. 많은 생각을 필요로 합니다. 또한 상대방을 설득하는 과정에서 상대방의 의견이 좋은 의견이라면 유연하게 나의 생각을 다시 정리할 필요가 있습니다. 언제든지 나보다 좋은 의견이 나올 수 있다는 생각을 가져야겠습니다. 따라서 내가 또는 우리 모둠이 내린 보고서의 내용을 반드시 피드백을 받는 과정이 필요합니다. 우리 모둠 결론의 좋은 점과 개선할 점 새로운 아이디어를 제안하여 보완하는 점검이 필요합니다. 문제해결 과정중심평가 진행 예시 자료입니다.

사회문제 탐구 과정중심평가 교수 · 학습과정안

1. 주제: 사회문제 탐구

2. 수업의 개요

과정 중심 평가 형태	사회문제 탐구 및 문제해결 과정					
주제	'사회문제 어떻게 해결할 것인가?'				학생좌석 배치형태	4명 한 모둠
핵심 역량	자기관리 역량	지식정보처리 역량	창의적 사고 역량	심미적 감성 역량	의사소통 역량	공동체 역량
		○	○		○	○

진행차시	진행	내용	비고
1~2	사회 문제 탐구	탐구 수업 안내 개인별 일상생활 및 대중매체 활용 다양한 정보 수집을 통한 사회현상 및 문제 파악하기	컴퓨터실 스마트기기활용 개별 과제 보고서 작성 [보고서법 교사평가]
	전 지구적 차원의 사회문제 도출	일상생활 속 해결 가능한 사회문제 도출하기 사회 문제별 개인이 관심 있는 주제로 모둠 선택하고 이동하기	모둠 주제 선정 [합의형성기법] 관심 있는 주제 선택 [의사결정능력, 호기심 및 도전능력-교사관찰평가]
	모둠별 탐구 계획 수립 및 문제의 현황 분석	모둠별 개별 과제 부여 및 조사하기 생각 나눔 계획서 생각 나눔 활동지	독서활동, 정보검색활동 연계기관방문[책임감, 비판적사고력-자기평가][동료평가]
3~4	문제해결 방안 도출	모둠별 개별 조사 내용 분석, 확인, 피드백 및 종합 정리하기	모둠 토의 토론활동 [비판적사고력-동료평가] [교사관찰평가]
		종합 분석을 통한 사회문제해결 방안 모색하기	아이디어 창출 침묵의 마인드맵 활용 [교사관찰평가]
		구체적 실천 체크리스트 만들기 실행안 만들기 (좋은 점, 나쁜 점, 궁금한 점, 아이디어 제안)	모둠별 상호 피드백을 통한 실천 가능하고 가치 있는 해결책 만들기

문제 탐구해결 실천 방안 피드백	모둠별 발표 자료 제작하기 문제 탐구 및 해결 과정 공유하기 실천 계획 상호 피드백하기 (둘 가고 둘 남기)	문제탐구 및 해결과정보고 [보고서법 교사평가] 실천방안 지지도 실천방안 보완점 피드백 [동료평가]
서술형 종합 평가 실천 체크리스트	평가지 제작 체크리스트 점검/최종보고서 작성제출	2주 후

과정중심평가 방법 및 평가 문항

평가방법	문제해결	평가 도구	관찰평가, 모둠평가, 자기평가, 모둠 내 동료평가
평가과제	'사회문제 어떻게 해결할 것인가?'		
평가관점	문제 도출 능력을 갖추고 문제에 대한 다양한 관점을 이해하고 창의적인 아이디어로 문제해결 능력을 길러 일상생활 속에서 함께 실천할 수 있는 역량을 기른다.		
평가 내용	문제 도출 능력 (사회문제 이해도)	문제해결 능력 (사회문제의 원인 및 해결 방안)	공감능력 (상호 피드백 과정 기여도)	실천 역량 (체크리스트 실행점검)
총 30점	5점	10점	10점	5점

사회문제(이슈 뉴스) 개인 보고서

제목	사회문제 탐구
주제	문제 도출 능력(사회문제 이해도)
성취 기준	12사탐06-01 자신이 일상생활에서 경험하는 사회문제 중 하나를 탐구 대상으로 선정하고, 선정 이유에 대해 설명한다.
학습 목표	1. 대중매체(신문, 시사 잡지, 뉴스) 및 주변에서 발생하는 사회문제에 관심을 갖는다. 2. 내가 관심 있는 이슈 사회문제를 찾을 수 있다. 3. 사회문제 정보를 요약하고 새롭게 알게 된 용어의 뜻을 설명할 수 있다. 4. 내가 찾은 사회문제에 의견을 제시할 수 있다.

1. 개인 보고서 평가

채점 기준 및 내용

평가 요소	문제 찾기	내용 요약	용어 이해도	댓글(의견) 달기	합계
평가 기준	사회문제인가?	기사 내용을 잘 요약하였는가?	새롭게 알게 된 용어를 정리하였는가?	자신의 입장을 논거를 들어 정확히 밝혔는가?	
점수	1/0	1/0	1/0	2/1	5

2. 사회문제(이슈 뉴스)를 찾은 내용을 모두 쓰고 가장 관심 있는 문제(분야) 선정 이유를 적어보세요

관심 있는 분야

1.

2.

3.

4.

5.

최종 사회문제 선정 이유

사회문제 모둠 탐구 및 활동 관찰

제목	사회문제 탐구
주제	문제 해결 능력(사회문제 원인 및 해결 방안)
성취 기준	12사탐06-02 선정한 사회문제를 해결하기 위한 탐구 계획을 수립하고 , 다양한 자료 수집 방법을 활용하여 선정한 사회문제의 현황을 분석한다. 12사탐06-03 선정한 사회문제를 바라보는 다양한 관점을 파악하고, 토의를 통해 해결 방안을 도출한다.
학습 목표	1. 사회문제를 해결하기 위한 탐구 계획을 수립할 수 있다. 2. 모둠에서의 자신 맡은 과제를 책임감 있게 수행할 수 있다. 3. 다양한 자료 수집 방법을 활용하여 사회문제의 원인 및 현황을 분석할 수 있다. 4. 모둠 토의를 통해 해결 방안을 도출할 수 있다.

1. 모둠 관찰 평가

평가 요소	채점 기준 및 내용				
	주제 선택 (의사결정능력)	탐구 계획 수립 (기획력)	탐구 실행 (협력도)	문제해결 (책임감)	합 계
평가 기준	모둠(주제) 선택을 스스로 했는가? (자율 1점)	모둠 구성원과 합의된 적절한 역할을 부여한 계획인가? (합의 1점, 역할 부여 1점, 기본 1점)	문제의 원인 및 현황 분석 능력이 있는가? (원인 분석 1점, 현황 분석 1점, 기본 1점)	모둠 문제 해결 방안 토의에 적극적으로 참여하였는가? (구성원 전체 참신한 아이디어 제공 3점, 구성원 일반적인 아이디어 제공 2점 구성원 미 참여자 있을 시 1점)	
점수	1/0	3/2/1	3/2/1	3/2/1	10

2. 모둠 활동 중 동료 및 자신에 대해 새롭게 알게 된 능력을 적어보세요.

나:

동료1:

동료2:

동료3:

사회문제 공감 및 실천 계획

제목	사회문제 탐구
주제	사회 문제에 대한 공감 능력 (상호 피드백)
성취 기준	12사탐06-03 선정한 사회문제를 바라보는 다양한 관점을 파악하고, 토의를 통해 해결 방안을 도출한다. 12사탐06-04 토의를 통해 도출된 사회문제 해결 방안을 직접 실천해 보고 사회문제 탐구 및 해결 과정에 대한 보고서를 작성하여 발표한다.
학습 목표	1. 모둠을 대표해서 사회문제 탐구 및 해결 과정에 대한 산출물을 설명할 수 있다. 2. 학급 내 다른 모둠의 사회문제 해결 방안에 대한 아이디어를 제공할 수 있다. 3. 상호 피드백이 반영된 실천 체크리스트를 제작할 수 있다.

1. 동료 평가

채점 기준 및 내용		
평가 요소	산출물 발표 (의사소통능력)	상호 피드백 (창의적 사고)	합 계
평가 기준	모둠의 문제에 대한 해결 과정과 결과를 잘 표현(발표)하였는가? (학급수의 동료 평가 20% 이상 나온 경우 5점)	타 모둠에 참신한 아이디어를 제공하여 문제 해결 과정에 기여했는가? (타 모둠 아이디어 제공 채택 3개 이상 5점)	
점수	5/4	5/4	10

2. 타 모둠에서 설명 및 질문에 대한 응답 발표를 잘해 준 동료(2명)과 질문과 답변 내용을 적어보세요

타 모둠 동료 1/

타 모둠 동료 2/

3. 우리 모둠에 참신한 아이디어 및 개선하면 좋은 점을 제시한 동료와 반영된 내용을 적어보세요.

동료 1/ 반영 내용:

동료 2/ 반영 내용:

사회문제 실천 및 반성적 성찰

제목	사회문제 탐구
주제	실천 역량(사회문제해결 방안)
성취 기준	12사탐06-04 토의를 통해 도출된 사회문제해결 방안을 직접 실천해 보고 사회문제 탐구 및 해결 과정에 대한 보고서를 작성하여 발표한다.
학습 목표	1. 상호 피드백이 반영된 실천 체크리스트를 제작할 수 있다. 2. 사회문제해결 방안 체크리스트 내용을 실천에 옮길 수 있다. 3. 실행 결과를 반영한 종합 보고서를 산출할 수 있다.

1. 교사 보고서(또는 서술형) 평가

채점 기준 및 내용				
평가 요소	체크리스트 실행	교사 산출물 평가		합 계
		체크리스트	보고서	
평가 기준	이행 1점, 미이행 0점	모두가 일상생활 속에서 실행 가능하며 효과있는 내용인가? (실행가능 1점, 기대효과 1점)	모둠의 사회문제 탐구 과정과 결과가 잘 정리되었는가? (과정 1점, 결과 1점)	
점수	1/0	2/1	2/1	5

2. 체크리스트 내용을 실행하면서 생각했던 부분과 다르게 나타난 결과(어려움)가 있다면 정리해 보세요

20
리더십 토의 활동 모형
: 창의와 리더십 개발

1) 미래 인재 육성을 위한 토의 학습의 의미

2010년 서울에서 열린 G-20 기자 회견 현장. 미국 오바마 대통령이 G-20을 성공적으로 개최한 한국 기자들에게 우선적으로 발언권을 주었죠. 그런데 기자 회견장은 정적이 흐릅니다. "누구 없나요?" 오바마 대통령이 다시 묻습니다. "누구 없나요?" 이때 한 명의 기자가 일어납니다. "실망시켜드려 죄송하지만 저는 중국 기자입니다. 제가 아시아를 대표하여 질문을 해도 될까요?"

이 즈음이었을까요? 교사들이 교실 수업에서 교사의 가르침이 아닌, 학생들의 배움을 이야기하기 시작합니다. 교사의 강의식 수업보다 학생의 생각과 표현에 관심이 많아졌습니다. 역사 수업에서 토의 학습은 학생들의 생각을 입술로 표현하고, 배움을 통해 성장을 이끌어내기 위한 방법입니다. 토의 학습에는 창의적 아이디어와 발견이 있습니다. 학생들은 서로의 생각에서 '다름과 차이'를 배웁니다. 집단지성을 이용한 협력으로 주어진 주제의 문제를 해결합니다. 산출한 결과물에 대해서는 나눔을 통해 배움을 확장하고, 평가를 통해 자기 성찰과 비판능력을 함양합니다. 이와 같은 과정에서 학생들은 역사적 사고력을 함양하고 민주적 공동체를 향한 질서를 배웁니다.

저는 리더십 토의 모형에서 과정평가의 실제를 말씀드리려고 합니다. 수업은 토의를 통해 진행되며, 학생들은 소통과 문제 해결 과정에서 리더십의 중요 덕목이 무엇인지 발견하게 될 것입니다. 교사가 수업을 의도한 목적과 학생들의 성장점을 어디에 두고 있는지도 볼 수 있습니다.

수업에서 과정평가는 어떻게 이루어지는지, 피드백이 학생부 교과 세부능력 특기사항으로 어떻게 기록되는지도 확인할 수 있습니다.

2) 리더의 자질에 관한 토의학습 – 삼국의 왕

고등학교에 막 들어 온 신입생이 한국사를 배울 때 숨차게 올라야 할 계단이 있습니다. 바로 삼국 시대[1]입니다. 광개토대왕, 고이왕, 무령왕, 소수림왕, 내물왕… 학생들은 갑자기 내리는 소나기처럼 머리가 복잡해지기 시작합니다. 고구려, 백제, 신라의 왕을 분류하는 작업도 어려워하는데, 삼국의 상호 관계를 시기별로 정리하기가 쉽지는 않겠죠. 이때부터 "역사는 어렵고 암기할 것은 많다"라고 외치며 학생들이 하나둘씩 고개를 숙입니다.

이를 해결하기 위해 역사 교사들은 학습카드, 게임, 비주얼 씽킹, 극화, 드라마, 영상 등 다양한 수업기법을 고민합니다. 저 또한 삼국시대 왕의 리더십을 통해 현재적 삶과 미래적 관점을 열어보고자 리더십 토의 모형을 설계하였습니다.

2017년 5월 대선이 시작되었습니다. 저는 학교 담 벽에 붙어있는 대선 포스터를 유심히 바라보면서 '진정 이 나라 리더에게 필요한 자질은 무엇일까' 생각하게 되었습니다. 그리고 우리 학생들과 이 문제를 함께 풀어보고 싶었죠. 리더의 생각과 행동은 개인과 전체에 영향을 주며, 사회를 이끌어가는 원동력으로 나타납니다. 우리 학생들은 미래에 작거나 큰 조직의 리더로 성장할 것입니다. 때문에 청소년기에 바른 가치 정립은 미래 사회 발전을 위해 필요하다고 생각합니다.

수업의 전체적 맥락은 삼국의 왕의 업적을 분석하여 그들의 성품을 파악하고, 리더의 자질을 찾으며, 그들을 통해 우리가 꿈꾸는 나라를 그려보도록 했습니다. 모둠에서 협의된 리더의 자질과 그에 합당한 역량을 가진 왕이 타임머신을 타고 현재 우리나라의 대통령으로 온다면 신나지 않을까요? 저는 우리가 꿈꾸는 아름다운 세상의 꽃을 피우고 싶었습니다. 그리고 그 푯대를 향해 길을 떠남으로 꿈이 실현되는 미래의 당당한 리더로 성장되기를 기대하고 수업을 시작했습니다.

---

[1] 2015개정교육과정의 성취 수준에 의하면 '삼국 및 가야의 발전 과정을 파악하고, 이를 통해 고대 국가의 특성과 상호 관계 및 대외 관계를 시기별로 정리하여 설명할 수 있다'고 적고 있습니다.

3) 과정중심평가 실제 사례

'왕의 리더십으로 본 우리가 꿈꾸는 세상'을 주제로 한 리더십 토의 모형은 수업설계에서 과정평가를 계획하고, 평가의 목적과 평가기준을 알려주었습니다.

생각 열기는 브레인스토밍으로 시작되었습니다. 질문은 '리더에게 필요한 자질은 무엇인가'입니다. 질문 전에 학생들에게 각자의 펜을 선택하도록 했습니다. 브레인스토밍은 학생들로 하여금 수업에 집중할 수 있도록 동기를 유발하는 것입니다. 모든 학생들이 참여하는 것이 중요하죠. 각자의 펜을 이용함으로 자기 주도적 학생 참여를 격려하기 위함입니다.

단원	2. 삼국의 성립과 정치발전		
주제	왕의 리더십으로 본 우리가 꿈꾸는 세상		
성취 기준	10한사 02-01) 삼국의 성장 과정을 통해 고대 국가의 특성을 이해하고, 가야 여러 나라의 성립과 성장 과정을 통해 가야사의 특성을 파악한다. (10한사 02-02) 삼국 간의 경쟁과 가야 세력의 쇠퇴 및 고구려와 수·당의 전쟁 과정을 살펴보고, 삼국 통일의 역사적 의미를 토론한다.		
성취 수준	상	삼국 및 가야의 발전 과정을 파악하고, 이를 통해 고대 국가의 특성과 상호 관계 및 대외 관계를 시기별로 정리하여 설명할 수 있다.	
	중	삼국 및 가야의 발전 과정을 파악하고, 고대 국가의 특성과 대외 관계를 설명할 수 있다.	
	하	삼국 및 가야의 발전 과정과 대외 관계를 개략적으로 말할 수 있다.	

토의학습을 위한 수업 과정안

학습 목표	삼국의 왕에서 리더의 자질을 파악하고 우리가 꿈꾸는 세상을 그릴 수 있다.	
블럭 타임	· 브레인스토밍 - 리더에게 필요한 자질은 무엇일까? · 집중토의 - 우리가 뽑은 리더의 자질에 합당한 왕은 누구일까? - (왕)을 통해 우리가 꿈꾸는 세상은? · 발표와 공유 · 평가 및 글쓰기	평가 1.산출물 2.글쓰기

학생들은 리더에게 필요한 자질에 대해 생각나는 대로 적도록 했습니다. 학생들의 손이 '질보다 양'이라는 미션에 역동적으로 움직입니다. 하나하나 읽어보면 진정 소홀히 여길 수 없는 가치입니다. 가장 많은 자질을 적은 모둠을 선정하고 한 명에게 빠르게 읽어보도록 합니다. 다른 모둠은 경청하며 우리 모둠의 생각과 무엇이 다른가를 확인합니다. 그리고 다른 모둠에서는 어떤 특별한 자질이 있는가를 질문하며 수업 분위기를 이끌어 갑니다.

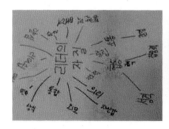

〈브레인스토밍 결과〉

수업의 전개에 해당하는 집중토의는 4개의 발문으로 진행됩니다. 첫째는 우리 모둠 최고의 리더의 자질 찾기입니다. 교사는 '리더가 갖추어야 할 최고의 자질'을 모둠에서 제시한 내용 중 1인 2개씩 선택하여 별표를 하도록 했습니다. 모둠원과 같은 생각이라면 중복 체크 가능합니다. 각 모둠에서 가장 많은 별을 받은 가치가 우리 모둠이 생각하는 '최고의 리더로서의 자질(사랑)[2]'이 됩니다.

둘째는 '우리가 선정한 리더의 자질에 가장 합당한 삼국의 왕은 누구일까?' 소통을 통한 모둠 내 합의가 필요한 부분입니다. 모둠원은 각자 포스트잇에 자신이 생각한 왕과 그 이유를 적도록 했습니다. 학생들은 적은 내용을 서로 나누며 합의를 통해 한 명의 왕(고국천왕)을 선정합니다.

셋째는 '(사랑)의 자질에 왕(고국천왕)을 선정한 이유는 무엇인가'입니다. 학생들은 교과적 지식과 논의를 통해 왕의 업적에서 사랑을 뽑은 근거를 제시합니다.

넷째는 '왕(고국천왕)을 통해 우리가 꿈꾸는 세상은 무엇인가?'입니다. 수업에서 역사적 사고 능력과 현실 문제에 대한 이해 및 모둠 내 협력이 가장 필요한 부분입니다. 우리가 꿈꾸는 세상을 현재적 삶에 적용하여 그려볼 것이기 때문입니다. 과연 학생들이 꿈꾸는 세상은 어떠할까요? 다소 엉뚱할지라도 미완성에서 완성으로 향하고 있음을 실제로 볼 수 있습니다.

본 수업에서 교사는 집중토의를 통해 4가지 발문을 하였습니다. 교사는 학생들에게 개방적 질

---

2 ( ) 안의 글은 예시입니다.

문을 통해 사고 능력의 확장을 꾀하고, 학생 스스로의 한계를 뛰어넘는 창의적 발상으로 성장할 것을 기대합니다. 교사는 학생들이 생각을 나누고 소통을 통해 문제를 해결하도록 한 것이죠. 교사의 수업의도가 가장 잘 나타나고, 학생 산출물을 평가하는 성장점이라 할 수 있습니다.

발표는 모둠내 학생들의 활동 결과를 나누고 공유하는 시간입니다. 발표를 통해 자신들의 생각을 표현하고, 다른 모둠의 결과물을 보면서 배움이 일어나는 과정입니다. 발표를 누가 할 것인가도 중요하겠죠.. 교사는 다양한 방법을 통해 발표를 시킬 수도 있고, 모둠 내에서 결정할 수도 있습니다. 발표를 대신하여 갤러리 워크를 실행할 수도 있는데 저는 학생들로 하여금 자신감을 갖게 하고, 말의 표현력을 길러주고자 발표를 선택했습니다.

학생들은 이 모든 과정을 통해 삼국 왕의 업적을 자연스럽게 말할 수 있고, 리더로 갖추어야 할 자질에 대한 가치를 판단할 수 있게 될 것입니다. 토의를 통한 모둠 활동은 원활한 의사소통과 경청, 배려와 협력, 의사 결정, 문제 해결까지 다양한 역량이 길러지는 시간이 되겠죠.

4) 리더십 토의 과정에서 과정중심평가 정복하기

과정평가는 학생들이 수업시간에 이루어지는 학습 수행 과정 및 결과를 교사가 직접 관찰하고, 그 관찰 결과를 전문적으로 판단하는 평가 방법입니다. 또한 과정평가는 절대평가를 지향함으로 경쟁이 아닌 협력을 통해 학생 스스로의 역량을 발휘하도록 설계합니다.

리더십 토의 모형에서도 개별 활동과 모둠 활동을 연계하였습니다. 리더의 자질 브레인스토밍은 개별 활동과 모둠 활동으로 통합되었으며, 집중 토의는 모둠 활동으로, 글쓰기는 개별 활동으로 구성되었습니다. 교사는 평가 과정에서 학생의 활동을 관찰하고, 산출물을 통해 역량을 평가할 수 있습니다. 학기 중 3회의 수행평가를 통해 30점의 점수를 부여함으로 1회 수행평가는 10점입니다. 수행평가의 점수 폭이 크지 않아 현재는 학생들의 부담이 적을 수 있지만, 수행평가의 비율이 계속 높아지고 있는 추세입니다.

토의 모형에서는 참여와 경청, 문제 해결을 위한 노력 등이 교사 관찰과 모둠 내 평가에서 중요하게 적용됩니다. 산출물의 평가에서는 앞서 말한 바 평가기준을 통과하면 점수를 부여하는 절대평가이기에 목표에 도달하기 위한 성실한 노력과 창의적 아이디어가 필요하겠죠. 평가는 교사의 평가기준에 의하며 평가 방법은 수업시간에 진행된 학생의 주제 수행 산출물 외에 교사의 관찰, 학생 평가지 등을 활용할 수 있습니다. 다만, 수업 시간에 30명이 넘는 학생들의 활동을 객관성·공정성·투명성·신뢰성에 입각하여 관찰하는 것이 쉽지는 않습니다. 교실에서의 표면적 모습으로 미처 확인되지 못하는 내면적인 부분도 있기 때문입니다. 따라서 영상을 촬영한다거나 학생 평가지, 또는 글쓰기를 하는 이유는 교사가 관찰에서 얻지 못한 부족한 부분을 채울 수 있기 때문입니다.

평가 기준은 단원의 수업이 시작되기 전에 학생들에게 학급 게시를 통해 알립니다. 이에 따라 학생들은 수업과 평가가 어떤 과정을 통해 이루어지는지 확인하고 준비할 수 있겠죠. 평가 방법은 앞서 말한 바와 같이 절대 평가로, 목표에 도달한 모둠에게는 기준에 입각하여 점수를 부여합니다. 학생들은 수업에서 경쟁이 아닌 협력을 통해 자신의 역량을 발휘함으로 평가에 대한 부담이 해소할 수 있을 것입니다.

과정중심 수행평가 채점 기준

영역	왕의 리더십으로 본 우리가 꿈꾸는 세상(10점)				
성취 기준	(10한사 02-01) 삼국의 성장 과정을 통해 고대 국가의 특성을 이해하고, 가야 여러 나라의 성립과 성장 과정을 통해 가야사의 특성을 파악한다. (10한사 02-02) 삼국 간의 경쟁과 가야 세력의 쇠퇴 및 고구려와 수·당의 전쟁 과정을 살펴보고, 삼국 통일의 역사적 의미를 토론한다.				
영역 (만점)	평가기준		배점	채점 기준(점수부여)	
평가 내용	우리가 꿈 꾸는 세상	모둠 (토의)	5	1. 창의적 사고 2. 내용의 적합성 3. 현재적 삶의 적용성	3개 만족	5
					2개 만족	3
					1개 만족	1
		개별 (글쓰기)	5	1. 내가 생각하는 리더의 자질은? 2. 1에 대한 이유 제시(3가지) 3. 내가 꿈꾸는 세상은?	3개 만족	5
					2개 만족	3
					1개 만족	1

학생 평가지의 경우 자기평가와 모둠평가를 실시하기도 합니다. 스스로 학습을 평가함으로 성찰을 돕기도 하며 모둠 내에서 이루어지는 활동 중에 베스트 모둠원을 적도록 함으로 모둠 구성원의 역할을 학생의 눈으로 평가하는 방법입니다. 이것은 교사가 관찰 평가에 적용할 수도 있고 베스트 모둠원으로 선정되는 학생에게는 별도의 점수를 부여할 수도 있습니다. 모둠구성으로 인해 불이익을 받는다고 생각하는 학생에게 기회가 될 수도 있고, 누구나 열심히 참여하면 환경

에 관계없이 좋은 결과를 얻는다는 것을 가르치고 싶은 교사의 마음입니다.

5) 과정중심평가 활동을 생활기록부에 기록하기

피드백은 평가 후 평가 결과로 드러난 학생의 정보를 통틀어 이르는 말입니다. 지필평가의 정 · 오답을 통해 학생의 오개념을 수정하는 것에서 넓게는 학생의 성장을 위해 교사와 학생이 상호 의사소통하는 모든 행위를 말합니다. 학교생활기록부의 교과세부능력 특기사항도 피드백의 한 형태입니다.

피드백은 학생의 현재와 학생의 학습 및 성장을 위해 '무엇에' 그리고 '어떻게' 집중해야 할지를 제언합니다. 학생의 잠재력과 소질을 최대한 발현하도록 이끌어가는 것이 피드백의 목적이라 하겠습니다. 피드백은 즉시, 또는 다음 학습이 일어나기 이루어집니다. 개별적으로 학생 개인에게 하는 경우도 있고, 모둠과 전체를 대상으로 하기도 합니다. 칭찬과 격려, 성적표, 혹은 촬영 영상으로 학생들에게 전달되기도 합니다. 그러나 진로 진학에서 가장 관심이 고조되는 것은 생활기록부의 교과세부능력 특기사항이겠죠. 교과세부능력 특기사항은 교사의 관찰 및 평가와 연계한 학생 평가지와 글쓰기 등을 기초로 합니다. 교사는 이를 토대로 학생들의 역사적 사실 이해와 역사적 사고력, 역사의식의 내면을 통한 성장과 역량을 객관적으로 기술하게 됩니다.

교과세부능력 특기사항은 대학 진학에 있어 교사나 학생에게 중요하게 요소로 부각되고 있습니다. 역사의 경우, 2015 개정교육과정의 성취기준에 입각한 역사적 사실 이해와 학생 활동 관찰 및 결과물을 통한 역량 함양 정도, 학습 태도 등으로 작성하게 됩니다. 즉, 학생이 교과 지식에 근거하여 역사적 사실을 이해하고 있는지, 학습 활동을 통해 역량이 얼마나 성장했는지, 주어진 과제를 창의적으로 해결할 수 있는 능력이 함양되었는지를 판단하고 기록하는 것입니다. 더 나아가 2015개정교육과정에서 역사과 미래 인재 육성을 위한 역량[3]이 함축적으로 기록 될 수도 있습니다.

이번 수업을 통해 학교생활기록부 교과세부능력 특기사항으로 제시할 수 있는 피드백의 예시는 다음과 같습니다.

---

3 역사 사실 이해, 역사자료 분석과 해석, 역사 정보 활용 및 의사소통, 역사적 판단력과 문제 해결능력, 정체성과 상호존중

(상위권 예시) 삼국시대의 왕을 통해 삼국의 성장 과정과 삼국의 경쟁 과정을 이해하고, 〈왕의 리더십으로 본 우리가 꿈꾸는 세상〉을 주제로 한 토의 학습에서 리더의 가장 중요한 자질을 '사랑'이라 생각하였으며, 고국천왕의 진대법에 그 상징성이 있음을 인식함. 내가 꿈꾸는 세상의 글쓰기에서 민주주의 국가에서 협력과 상생의 공동체 사회를 이상적이라 생각하였으며, 현재적 문제를 해결하는 창의적 아이디어를 통해 미래 국가 건설에 적극 참여하는 모습을 보여줌. 모둠활동에서 협력과 배려를 중심으로 소통함으로 겸손하되 다른 사람의 생각을 존중하고 이를 실천함으로 베스트 모둠원으로 선정되는 계기가 되어 협력과 소통의 미래 지향적 리더 역량을 함양하는 계기가 됨.

(중위권 예시) 삼국시대의 성장과 경쟁 과정에 대한 역사적 사실은 삼국의 왕을 통해 이해하였으며, 이를 바탕으로 〈왕의 리더십으로 본 우리가 꿈꾸는 세상〉을 주제로 한 토의 학습에서 리더의 가장 중요한 자질을 '소통'이라 생각함. 내가 꿈꾸는 세상의 글쓰기에서 소통하는 민주주의 국가 건설을 통한 성장과 발전을 미래 사회 성장의 바탕이라 주장함으로 공동체적 역량을 강화하는 계기가 됨.

(하위권 예시) 삼국시대 성장과 경쟁 과정에 대한 역사적 사실에 대한 이해를 삼국의 왕을 통해 이해할 수 있었으며, 〈왕의 리더십으로 본 우리가 꿈꾸는 세상〉을 주제로 한 토의 학습에서 문제해결을 위해 모둠에서 협력하는 모습을 보임.

역사 교사는 수업에서 학생이 즐겁게 수업하며 몰입을 통해 의미 있는 성장이 일어나기를 기대합니다. 그리고 이러한 활동이 학생 내면에서 자발적으로 일어나 행복한 수업이 될 수 있기를 기대하며 수업을 디자인합니다. 그것이 교사와 학생을 생명력 있게 하며, 미래 인재 양성을 위한 역사 교사로서의 책무일 것입니다. 그 책무의 완성을 위해 함께 동행하는 학생들의 성장을 기대하며 오늘도 학교 현장에서 힘차게 걷고 있을 모두를 응원합니다.

21
인물 카드뉴스 제작 활동 모형
: 현실참여를 통한 문제해결 능력

2016년 이세돌과 알파고의 대결은 '인간과 기계의 대결'로 세계의 시선을 사로잡았습니다. 빅데이터를 바탕으로 AI가 인간의 한계를 뛰어 넘는 모습에 우리 모두는 당황했었죠. 영화 속에서나 가능하다고 생각했던 가상의 세계가 우리 옆으로 다가왔으니까요. 최근 교사는 4차 산업혁명 시대를 준비하며 교실 수업의 변화를 고민하고 있습니다. 수업을 통해 지성과 감성의 결합, 창의와 인성의 융합형 미래 인재를 육성하고, 교과 내용과 기능의 상호작용을 통한 창의적 문제해결 능력을 함양하도록 수업을 디자인하고자 합니다.

1) 역사 수업에서의 인물 학습

고려 시대에 들어와서 12세기는 문벌귀족사회를 이해하는데 있어 의미 있는 사건들이 많이 등장합니다. 그 중에 하나가 '묘청의 서경천도운동'입니다. 묘청의 서경천도운동은 사건의 역동적 사실도 흥미롭지만 묘청과 김부식 두 인물이 대조되면서 궁금증을 더합니다. 우리나라 민족주의 사학을 대표하는 단재 신채호도 "조선사연구초"에서 묘청의 자주적 주체적 성향을 높이 평가하였죠.

"묘청이 패하고 김부식이 승리하였으므로 조선 역사가 사대적, 보수적, 속박적인 유교 사상에 정복되었으니, 서경 전투를 어찌 일천년래 제일 대사건이라 하지 아니하랴"

수업을 마치면서 학생들에게 '신채호는 누구일까?' '그는 왜 묘청의 서경천도운동을 제일 대사건이라 표현했을까'라고 질문했습니다. 마침 제가 지금 근무하는 곳이 청주이며, 이곳은 단재가 어려서 학문을 시작했던 곳이고, 지금도 그의 사당과 묘가 있는 곳입니다. 저는 학생들의 입술을 통해 단재를 표현하는 단어가 나오기를 기대했겠죠? 그러나 학생들은 소리 없는 정적으로 나의 질문에 답변합니다. 이것이 단재 신채호를 인물학습 주제로 잡게 된 이유입니다.

4차 산업혁명 또한 궁극적으로는 인간의 역사이며 인간다운 삶을 위한 것이라 생각합니다. 인간에 대한 성찰과 반성이 없는 혁명이라면 모래 위에 성을 쌓는 것과 다를 바 없으니까요. 인간의 성장에는 모델이 필요합니다. 청소년기를 통과하는 학생들은 재미와 의미를 겸비한 스토리가 있는 역사 수업을 통해 인간에 대한 삶의 통찰과 미래 비전을 함양할 수 있을 것입니다. 역사는 인간 개인의 삶을 통해 시대를 통찰하는 인문학적 상상력의 필요 불가결한 교과입니다. 여기에 인물학습으로서 역사교육은 우리 학생들을 과거와 현재에 머무르지 않고, 거시적 시간의 흐름을 통해 미래를 예측하는 식견을 넓혀 줄 것입니다.

2) 카드뉴스 제작 수업에서 함양할 수 있는 역량

수업이 시작되는 교실 풍경을 상상해 보셨나요? 종이 울리면 모든 학생들이 책상에 앉을 것이라 상상하신다면 그건 '응답하라 19○○'에 나올 광경이 아닐까요. 이를 해결하기 위해 교사는 수업에 대한 동기를 유발하고 주제를 해결하기 위한 최적의 수업 설계를 고민하게 됩니다. '수업 모형은 어떻게 할까?' '단재 신채호를 50분 수업에 담아낼 수 있을까?' '평가는 어떻게 하면 좋을까?' 이러한 다양한 고민으로 디자인된 것이 제작 수업의 카드뉴스였습니다.

카드뉴스는 지식적 내용과 감성적 이미지를 엮어 문제를 해결하는 방법입니다. 역사적 사고력과 창의적 아이디어를 결집하여 제작하기에 창의 인성의 융합적 인재 양성을 기대하는 2015 개정교육과정에도 부합됩니다. 그리고 무엇보다 SNS를 항상 접하고 있는 학생들에게는 친숙한 모형이라 생각했습니다. 카드뉴스는 협력 수업으로 진행되었습니다.

교사는 이 수업을 통해 학생들이 역사적 사실에 대한 이해와 감성적 능력으로 자존과 절개를 지키고자 했던 단재 신채호의 삶과 시대적 아픔을 한 문장으로 표현할 수 있도록 수업을 설계하였습니다. 이 과정에서 학생들은 역사적 사실에 대한 이해와 역사 정보 활용 및 의사소통 능력을 함양하게 될 것이며, 모둠 내 협력으로 카드뉴스를 완성함으로 심미적 감성 역량과 문제 해결 역량을 함양할 수 있을 것입니다.

3) 과정중심평가 실제 사례

본 수업은 블록 타임으로 설계되었습니다. 1차시는 고려 문벌귀족사회의 동요와 몰락으로 교과 내용은 학습지를 통해 마인드맵으로 전개했습니다. 마인드맵은 개별학습으로 진행되며, 학생들의 역사 사실 이해를 돕기 위해 진행되었습니다. 2차시가 카드뉴스 제작 학습이며, 주제는 '다시 쓰는 묘청의 서경천도운동'입니다.

다시 쓰는 묘청의 서경천도운동 차시 구성

단원	3. 문벌 귀족사회의 성립과 정치 발전	학습주제	다시 쓰는 묘청의 서경천도운동
성취 기준	(10한사03-02) 이자겸의 난, 묘청의 서경천도운동 등 문벌귀족사회가 동요한 내용을 살펴본다. (10한사06-03) 1930~1940년대 국내외 민족운동의 흐름과 건국 준비 활동을 이해한다.		
학습 목표	· 고려 문벌귀족사회의 동요를 정치적으로 이해할 수 있다. · 묘청의 서경천도운동을 역사가의 눈으로 평가 할 수 있다.		
차시 (블록타임)	1차시 (개별활동)	(마인드맵) 12세기 고려 중기의 문벌귀족사회 의 동요와 몰락-이자겸의 난, 묘청 의 서경천도운동, 무신정변 마인드맵으로 정리하기	평가 - 마인드맵 - 카드뉴스 - 글쓰기
	2차시 (모둠활동)	· (카드뉴스 제작) 자존과 절개의 단재 신채호 인물학습 (역사 다시 쓰기) 역사가로 묘청의 서경천도운동 다시 쓰기	

생각 열기는 교사의 발문으로 시작되었습니다. 학생들에게 주어진 발문은 "우리 시대 영웅이라 칭할 수 있는 인물과 그 이유는 무엇인가요?"였습니다. 학생들은 포스트잇에 이를 적고 칠판에 부착하였고 교사는 분류를 통해 학생들의 생각을 정리하고 공유하였습니다.

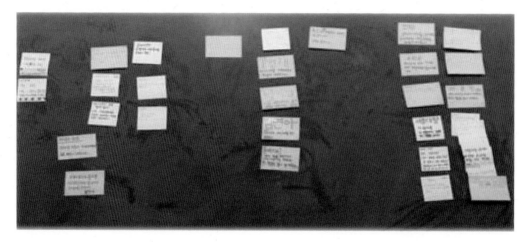

〈브레인스토밍 결과 분류〉

브레인스토밍의 생각 열기는 학생들의 생각을 나눌 수 있고, 서로의 생각을 공유할 수 있습니다. 학생들이 생각 열기로 수업에 집중하면 교사는 오늘 수업의 주제와 학습 목표를 제시하고 학생 활동 및 평가를 안내합니다.

수업의 전개는 카드뉴스 제작으로 활발한 의사소통과 창의적 사고 능력 및 모둠 내 협력이 필요한 곳입니다. 교사는 모둠별로 단재와 관련된 읽기 자료와 사진 자료, 그리고 카드뉴스에 필요한 자료를 동일하게 지급했습니다.

전개는 개별 학습과 모둠 활동, 그리고 발표의 세 단계로 진행됩니다. 첫째는 개별 학습은 한 문장 쓰기입니다. 학생들은 6명을 모둠으로, 주어진 읽기 자료를 통해 단재 신채호의 역사적 사실을 이해하고 그의 삶을 한 문장으로 표현합니다. 그리고 문장과 가장 적합한 사진을 선택하여 한 장의 카드를 완성합니다.

둘째는 모둠 활동입니다. 모둠 내 6장의 카드가 완성되면 학생들은 문맥에 맞게 카드를 배열하게 되는데, 여기서 활발한 의사소통이 필요하겠죠. 모둠 내 배려와 협력으로 6장의 카드를 순서대로 배열할 때 쯤 교사는 돌발 미션을 제시합니다. 미션은 카드뉴스의 제목 정하기입니다. 학생들의 순간적 판단력과 창의력이 필요한 순간입니다. 학생들에게는 최상의 에너지가 발휘되며, 교사로서는 협력하여 수업을 만들어가는 학생들에게 감동하게 되죠.

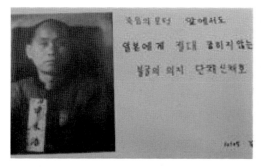

개별 활동 한 줄 문장 쓰기 　　　　　　　　　　　모둠활동 6장의 카드 배열하기

　셋째는 발표입니다. 발표를 누가 할 것인가는 매우 민감하게 다가옵니다. 발표에 따라 실제로 모둠평가가 달라질 수 있으니까요. 모든 학생들에게 발표의 기회를 주고 학생들도 모둠 활동에 적극 참여하게 하고자 무작위로 시키기도 했습니다. 그러나 표현력이 부족한 학생에게 결과에 대한 책임이 지워지고, 모둠 내 불필요한 긴장감을 조성하는 것은 옳지 않다는 생각이 들었습니다. 그래서 발표자를 선정하는 시간을 통해 모둠 내에서 추천을 가장 많이 받은 학생이 발표하는 것으로 했습니다.

모둠 내에서 완성된 6장의 카드뉴스

4) 카드뉴스 제작 과정중심평가 정복하기

　학교 현장은 학생의 생활기록부의 세부능력 특기사항과 관련하여 교육과정-수업-평가-기록의 일체화를 추구하고 있습니다. 이번 수업도 과정평가를 염두에 두고 설계하였습니다. 평가는

학생들에게 뿐만 아니라 교사에게도 긴장되는 순간입니다. 평가의 신뢰성과 객관성을 확보하기 위한 과정이 쉽지 않기 때문이겠지요. 교사는 학생 모두에게 불합리한 평가가 되지 않도록 심혈을 기울여 평가 기준안을 작성하게 됩니다. 학기 초에 학생들에게 제시된 다시 쓰는 묘청의 서경천도운동의 점수 반영은 10점입니다. 수행평가 만점은 30점이며 세 번에 걸쳐 시행 됩니다. 평가 관련 기준은 아래 표와 같습니다.

과정중심 수행평가 채점 기준

영역	다시 쓰는 묘청의 서경천도운동(10%, 100점)						
성취 기준	(10한사 03-02) 이자겸의 난, 묘청의 서경천도운동 등 문벌귀족사회가 동요한 내용을 살펴본다. (10한사 06-03) 1930~1940년대 국내외 민족운동의 흐름과 건국준비 활동을 이해한다.						
영역 (만점)	평가기준		배점	채점기준(점수부여)			
평가 과정	카드뉴스 제작	모둠	5	카드뉴스 1. 제목이 내용과 적합한가? 2. 역사의식이 드러나는가? 3. 창의적이고 심미적인가?	상	중	하
					3개 이상 만족		5
					2개 이상 만족		3
					1개 이상 만족		1
	역사 다시 쓰기	개별	5	주장이나 내용의 적절성 역사적 근거 제시 표현의 적절성 공감 정도 완성도(분량 적절성)	5개 이상 만족		5
					4개 이상 만족		4
					3개 이상 만족		3
					2개 이상 만족		2
					1개 이상 만족		1

　　평가는 채점기준에 의거하여 절대 평가로 실시하였습니다. 앞서 말씀드린 것처럼 평가 준거에 도달하면 점수를 부여하며, 평가는 경쟁이 아니라 목표에 도달하는 것이 중요하다는 것을 말씀드립니다. 일부 평가의 객관성에 시비가 있을 수 있습니다. 교사는 이에 대해 신뢰성을 확보하고자 산출물에 대해 동 교과 교사가 협력하여 평가하기도 합니다. 교사의 관찰과 학생들이 작성하는 학생 평가지도 평가에 반영될 수 있습니다. 학생 평가지의 경우 그대로 반영하는 것이 옳은가에 대한 반론도 있습니다. 이 경우 교사의 객관적 신뢰가 학생들에게 형성되어 있지 않거나, 학생 평가지를 이용하여 평가를 높게 받고자 하는 학생이 있다면 교사의 주의가 필요하겠죠.

학생들은 평가지를 작성하면서 자신의 수업을 성찰하기도 하며, 함께한 친구들을 칭찬하기도 합니다. 모둠평가 부분의 베스트 모둠원은 모둠 내 공로를 인정받기도 합니다.

수업이 끝난 후 학생들이 작성한 평가지를 피드백하면서 특별한 학생들은 격려하기도 합니다. 평소 수업에 집중하지 못하거나 지필 평가에서 성적이 낮은 학생들의 경우입니다. 이 학생들은 교사와 학우들로부터 평가지에서 격려와 칭찬의 긍정적 피드백을 받게 될 때 이후의 수업과 학생 활동에서 적극 참여하는 모습을 보여주기도 합니다.

2017년 월 일		반 번호 이름:	
주제: 다시 쓰는 서경천도운동		수업 모형	제작학습과 글쓰기
자기 평가	참여	나는 오늘 수업을 통해 ( )부분에서 모둠 활동에 적극 기여하였다.	
	문제 해결	모둠 활동 중 부분에서 ( )부분에서 어려움이 있었지만 ( )방법으로 해결할 수 있었다.	
	창의성	카드뉴스 제작 과정에서 ( )에서 창의적 제안을 하였고 이를 통해 나는 ( )(을)를 배웠다.	
모둠 평가	베스트 모둠원	나는 ( )(가)이 최고의 모둠원이라고 생각한다. 왜냐하면( )이기 때문이다.	
〈역사 다시 쓰기〉 1. 나의 주장 2. 역사적 근거(3가지) 3. 현재 시점에서 묘청과 김부식 평가하기			

5) 한국사 학생부 세+특으로 대학가기

인물학습에서 카드뉴스 제작 수업의 학생 활동은 학교생활기록부 한국사 세부능력 특기사항에 다음과 같이 기록될 수 있습니다.

예시) 마인드맵 그리기를 통해 12세기 문벌귀족사회의 동요를 이자겸의 난과 묘청의 서경천도운동으로 이해할 수 있었으며, 일제 강점기 민족주의 역사학자였던 신채호를 〈자존과 절개의 단재 신채호〉 제작수업에서 만나면서 역사적 정체성을 함양하는 계기가 됨. 역사적 사실에 대한 이해와 역사 자료 분석능력으로 카드뉴스를 제작할 때 단재 내면의 역사의식을 추체험할 수 있었으며, 〈나도 역사가〉의 입장에서 묘청과 김부식을 오늘의 시각에서 평가함으로 역사적 사고력과 비판 능력을 함양함. 짝꿍과의 학습에서 협력하여 상생하는 기쁨을 깨달았으며, 문제를 해결하기 위한 소통과 배려와 협력의 가치를 배우는 계기가 됨.

학생부종합전형 비중의 증가는 교실 수업에 큰 변화를 가져왔습니다. 그동안 수능에서 강점이었던 강의식 수업과 지필평가만으로는 학생의 역량을 평가하고 관찰하기 어렵기 때문이죠. 따라서 교사들은 수업을 통해 학생의 역량이 어떻게 성장하고 있는지에 대해 관심을 가지기 시작했습니다. 그리고 그 관찰에 대한 결과가 학교생활기록부 교과세부능력 특기사항에 교사의 문체로 기록됩니다.

역사 공부 어떻게 하면 좋을까요? 라고 질문하는 학생들이 있습니다. 어쩌면 뻔한 답이 될 수도 있지만 그 질문에 답해 보고자 합니다. 첫째는 역사 사실에 대한 이해입니다. 많은 학생들이 한국사 교과서를 읽는 것이 어렵다고 합니다. 새롭게 출판되는 교과서는 지금보다 쉽게 쓰여 질 것을 기대하지만 독서시간을 통해 매일 한 시간, 아니면 30분이라도 종이로 된 책을 읽는 습관이 필요합니다. 교과서의 내용을 구조화 할 수 있다면 교과 내용에 대한 이해가 빠를 수 있으니까요.

둘째는 역사적 상상력을 기르는 것입니다. 공감 능력, 추체험, 감정이입, 역지사지 등으로 표현해도 좋겠네요. 역사적 사실에 대해 '나라면 어떻게 했을까'라는 상상력은 재미와 사고력의 향상을 가져올 수 있습니다. 또한 역사적 인물의 입장에서 시대를 보는 것도 좋겠습니다. 과거가 오늘의 삶과 연계되어 있음을 발견하면 역사를 공부하는 의미도 찾을 수 있으니까요.

셋째는 나도 역사가입니다. 이 에이치 카(E.H.Car)가 말한 바, 과거의 사실을 통해 현재의 삶에서 역사의 교훈과 지혜를 끌어낼 수 있어야 합니다. 나아가 이를 통해 현실의 문제를 비판과 분석의 눈으로 해결하고 미래를 긍정으로 이끌어나갈 수 있어야 합니다. 역사는 인간의 삶입니다. 그리고 우리도 역사를 살아갑니다. 현재를 살아가는 우리도 역사가입니다.

넷째는 시대를 보되 거시적 시각에서 미시적 시각으로 보기를 바랍니다. 역사를 큰 틀에서 먼저 보면 나머지 사실은 쉽게 풀어질 수 있습니다. 또한 한 시대의 정치, 경제, 사회, 문화를 통으로 볼 수 있는 능력도 생깁니다.

다섯째는 종합적 사고 능력입니다. 오늘날의 학습은 단과가 아니라 종합입니다. 모든 교과의 학습이 융합적으로 표출됩니다. 특히 인문 교과와 예능 교과의 융합은 창의적 발상을 돕는 요소이며 심미적 역량과 깊은 관계가 있습니다. 일부 수능 선택 교과에만 관심을 가질 것이 아니라 고등학교에서 학습하는 모든 교과를 즐겁게 공부하는 것이 나만의 세특을 만들어가는 방법이 아닐까 생각합니다.

저자 약력

박종석

울산제일고등학교 교사

동아대학교 국어국문학과 박사과정 졸업(문학박사)

전국연합학력평가 언어영역 출제팀장(전국시도연합 주관)

EBS 수능완성(고3) 실전편 집필/ EBS 천제의 약속(한국교육방송공사)

2015개정 '국어'교과서 집필 위원(2018, 미래엔)

*

『조연현평전』(2006): 동아일보, 서울신문, 부산일보, 연합뉴스(서울) 소개

『대학을 사로잡는 자기소개서, 추천서』: 한국일보 인터뷰 소개

『송욱문학연구』(2000), 『송욱평전』(2000), 『한국 현대시의 탐색』(2001)

『작가 연구 방법론』(2003년도 문화관광부 추천-우수학술도서)

『비평과 삶의 감각』(2004), 『현대시 분석 방법론』(2005년도 제2회 울산작가상)

『정상으로 통하는 논술』(2007)

『통합교과 논술 100시간』(2008, 공저)

『현대시와 표절 양상』(2008)

『송욱의 실험시와 주체적 시학』(2008)

『에고티스트 송욱의 삶과 문학』(2009)

『박종석의 글쓰기 기술』(수정증보판, 2015)

『대학을 사로잡는 자기소개서, 추천서』(2012, 공저)

『명문대가 뽑아주는 대입 자기소개서, 추천서』(2013, 공저)

『명문대가 뽑아주는 대입 면접의 모든 것』(2014, 공저)

『명문대가 뽑아 주는 대입전략의 모든 것』(2015, 공저)

『명문대가 뽑아 주는 동아리 활동의 모든 것』(2016, 공저)

『자소설 말고 자소서』(교육법인 동아일보사, 2016, 공저)

김재국

세광중학교 교사, 충북대 강사, 충북보건과학대 강사

청주대학교 대학원 및 충북대학교 대학원 졸업(문학박사, 교육학 석사), 문학평론가, 교육칼럼니스트

국가수준학업성취도평가 출제 및 채점 위원, 교육정책 배심원단 및 모니터단

*

『사교육 1번지!, 대치동 돼지 엄마의 추억』(북랩),

『사이버리즘과 사이버소설』(국학자료원),

『디지털시대의 대중소설론』(도서출판 예림기획)

류형철

충남태안고등학교 교사

공주사대 국어교육과 및 교육대학원 졸업(교육학 석사)

전국연합학력평가 언어영역 출제팀(전국시도연합 주관)

*

『자소설 말고 자소서』(교육법인 동아일보사, 2016, 공저)

이민규

서울 오산고등학교 교사

인하대학교 사범대학 국어교육과 졸업

고려대학교 교육대학원 국어교육과 졸업(교육학 석사)

창의적 체험활동 워크북 『행복으로 가는 길』(2011, 공저)

전국연합학력평가 국어영역 출제 위원

KBS 한국어능력시험 출제 위원

서울시교육청 독서, 토론, 인문소양교육 현장 협력단(2017)

서울시교육청 서울미래교육 교사단(2017)

질문이 있는 서울형토론모형 수업지원단(2017)

서울시교육청 독서교육 유공 표창 수상(2013)

서울 독서교육 대상 교육감 표창 수상(2017)

*

『자소설 말고 자소서』(교육법인 동아일보사, 2016, 공저)

이동훈

은광여자고등학교 교사

고려대학교 국어교육학과 석사과정 졸업(문학석사)

*

『자소설 말고 자소서』(교육법인 동아일보사, 2016, 공저)

유진곤

안면고등학교 국어교사

인하대학교 사범대학 교육학과 학사

공주대학교 교육대학원 교육행정학 석사

이호승

서울오산고등학교 교사

고려대학교 국어국문학과 박사과정 졸업(문학박사)

고등학교 문학교과서 검정위원

KBS 한국어능력시험 출제위원

2015 개정 '국어'교과서 집필위원

숭실대학교 입학처 자문위원

*

『고전문학교육론』(2017)

『명문대가 뽑아 주는 동아리 활동의 모든 것』(2016, 공저)

『자소설 말고 자소서』(교육법인 동아일보사, 2016, 공저)

김봉호

양업고등학교

충북대학교 사범대학 영어교육과 졸업

한국교원대 교육대학원 영어교육학 석사

EBS 국가영어능력평가 학부모공개특강 'NEAT, 어떻게 준비하나?'강사 출연(2012)

영어컨설팅단 (교육부 및 충청북도 도교육청 위원, 2015~2017)

충북형 미래 학력 연수 강사(2015 개정교육과정 영어과 평가방법 연수강사, 2017. 9~11)

송동연

울산제일고등학교 교사

한국교원대학교 영어교육학과 졸업

전국연합학력평가 영어영역 출제, 검토위원(전국시도연합 주관)

울산광역시교육청 지역영재학급 논술 강사

EBS 수능 영어 연계교재 검토위원

EBS 수능 영어 Q&A 게시판 상담교사

*

『명문대가 뽑아주는 대입전략의 모든 것』(2015 공저)

박주옥

충북교육과학연구원 파견

충북대학교 교육대학원 교육학 석사

자유학기제 정책과정 연수 강의 및 장학위원(2014~17')

인성교육중심수업강화를 위한 교수학습자료 검토위원(교육부,14')

성취기준에 따른 과정중심 평가방법 개선 1차, 2차 집합연수 퍼실리테이터(교육부,15')

조옥선

봉명고등학교 수석교사

한국교원대학교 교육대학원 석사

2017. 찾아가는 교실수업 개선 강사

2017. 충북 맞춤형 컨설팅 컨설턴트 활동

2017. 역사 현장답사단 국외팀 컨설턴트 활동

*

『이야기가 있는 우리 고장 땅이름』(2009) 공저

『금강 물 길 따라 떠나는 문학여행』(2010) 공저

『중원 옛 터의 향기를 찾아서 Ⅱ』(2012) 공저

『청사에 남은 충북의 역사인물 열전』(2014) 공저

MEMO

MEMO

MEMO

MEMO